# Markt ohne Moral?

# Studien zur Ethik in Ostmitteleuropa

Herausgegeben von Jan C. Joerden

Band 5

PETER LANG

Frankfurt am Main · Berlin · Bern · Bruxelles · New York · Oxford · Wien

Michael S. Aßländer/Jan C. Joerden (Hrsg.)

# Markt ohne Moral?

Transformationsökonomien aus
ethischer Perspektive

PETER LANG
Europäischer Verlag der Wissenschaften

Die Deutsche Bibliothek - CIP-Einheitsaufnahme

Markt ohne Moral? : Transformationsökonomien aus ethischer
Perspektive / Michael S. Aßländer / Jan C. Joerden (Hrsg.). -
Frankfurt am Main ; Berlin ; Bern ; Bruxelles ; New York ;
Oxford ; Wien : Lang, 2002
(Studien zur Ethik in Ostmitteleuropa ; Bd. 5)
ISBN 3-631-39110-2

Gedruckt auf alterungsbeständigem,
säurefreiem Papier.

ISSN 1437-9783
ISBN 3-631-39110-2
© Peter Lang GmbH
Europäischer Verlag der Wissenschaften
Frankfurt am Main 2002
Alle Rechte vorbehalten.

Printed in Germany 1 2 3 4  6 7
www.peterlang.de

# VORWORT

Der vorliegende Band ist aus einer gemeinsamen Tagung des *Interdisziplinären Zentrums für Ethik* an der *Europa-Universität Viadrina* Frankfurt (Oder) und des *Lehrstuhls für Sozialwissenschaften* am *Internationalen Hochschulinstitut* in Zittau hervorgegangen. Ziel war es, Transformationsökonomien, insbesondere aus dem mittelosteuropäischen Raum, aus wirtschaftsethischer Perspektive zu analysieren und nach möglichen Lösungsansätzen für deren spezifisch moralische Probleme in der Übergangsphase zu suchen.

Unter dem Rahmenthema „Markt ohne Moral? – Transformationsökonomien aus ethischer Perspektive" trafen sich Wissenschaftler aus Russland, Polen, der Schweiz und aus Deutschland auf Einladung des *Interdisziplinären Zentrums für Ethik* zum gemeinsamen Expertengespräch in Frankfurt (Oder). Dabei wurde das Problemfeld der Wirtschafts- und Unternehmensethik in Transformationsökonomien sowohl aus der Praxisperspektive als auch aus theoretischer Perspektive beleuchtet. Die sozialen und kulturellen Differenzen zwischen den einzelnen Ländern kamen ebenso zur Sprache wie die unternehmensethischen Probleme im Bereich internationaler Kooperationen.

Der vorliegende Band entstand unter Mithilfe der Mitarbeiter des *Interdisziplinären Zentrums für Ethik* an der *Viadrina* und des *Lehrstuhls für Sozialwissenschaften* am *Internationalen Hochschulinstitut* in Zittau. Unser Dank gilt hierbei insbesondere Frau *Anette Hübner*, Frau *Anja Richter* (beide Frankfurt [Oder]) und Frau *Julia Roloff* (Zittau) für ihre Mithilfe bei der Vorbereitung der Tagung und der Erstellung dieses Bandes. Dank gebührt ebenso Herrn Prof. Dr. *Albert Löhr* (Zittau) für seine wertvollen Hinweise und Hilfestellungen im Vorfeld der Tagung und seine Unterstützung bei ihrer Durchführung. Für die Finanzierung der Tagung sind wir der Europäischen Union, Projektförderung Interreg II, zu Dank verpflichtet.

*Die Herausgeber*

# INHALTSVERZEICHNIS

**Markt ohne Moral?**
*– Wirtschaftsethik in der Transformationsökonomie*

# Markt, Politik und Moral
## – *Die Aufgabe der Wirtschaftsethik*

# Problemfelder der Wirtschaftsethik

## *Jan C. Joerden*

Will man sich einen Überblick über das Aufgabenfeld der Wirtschaftsethik verschaffen, so bietet es sich an, nach den (Wirtschafts-) Beziehungen zwischen den insoweit in Betracht kommenden Adressaten einer möglichen Ethik zu fragen. Diese Adressaten sind auf den ersten Blick allein die Unternehmen, die sich ethischen Anforderungen ausgesetzt sehen könnten. Fasst man indes nur die Unternehmen ins Auge, wird der Blick auf „Unternehmensethik" verkürzt, während die „Wirtschaftsethik" durchaus eine Reihe weiterer Themenbereiche aufweist. Als weitere Akteure der wirtschaftlichen Beziehungen sind nämlich zumindest noch die *einzelne Person* und der *Staat* neben den *Unternehmen* als „prototypische" Adressaten wirtschaftsethischer Anforderungen zu nennen. Der Wirtschaftsethik muss es demnach um die ethischen Beziehungen zwischen diesen drei „Prototypen" gehen, sofern diese sich als Akteure am Wirtschaftsleben beteiligen. Dabei kommt hinzu, dass die so bezeichneten Akteure teilweise „innerhalb", teilweise „außerhalb" der jeweils anderen Akteure stehen. So kann eine einzelne Person es mit einem Unternehmen als dessen Mitarbeiter (also gleichsam „intern"), aber auch mit einem Unternehmen als Außenstehender („extern") zu tun bekommen. Es liegt nahe, dass hier jeweils unterschiedliche ethische Maßstäbe anwendbar sein könnten. Auch kann das Unternehmen – wie übrigens auch die einzelne Person – innerhalb des Staates angesiedelt sein, zu dem wirtschafts-ethisch relevante Beziehungen entstehen, oder einem anderen, „fremden" Staat gegenüberstehen; es kann sogar „multinational" ausgestaltet sein, was ebenfalls die ethischen Anforderungsprofile verändern könnte. Schließlich gehören auch die (wirtschaftlich relevanten) Beziehungen zwischen Staaten in den möglichen Bereich der Wirtschaftsethik.

Für das Beziehungsgeflecht zwischen einzelnen Personen und Staaten hat Immanuel Kant in seiner Schrift „Zum ewigen Frieden" (1795) drei zu unterscheidende Ebenen nebeneinander gestellt. Kant spricht dabei von „Rechten", aber durchaus in dem weiten, über das positive Recht hinausgehenden Sinn vom „Recht", der etwa in der Wendung „jede(r) hat ein Recht auf Leben" seinen Ausdruck findet, wo ja auch diese Behauptung unabhängig davon aufgestellt wird, ob ein bestimmter Staat dieses Recht nun in seiner positiven Gesetzgebung garantiert oder nicht. *Kant* meint hier die „Rechte" und „Pflichten" von einzelnen Personen und von Staaten im Verhältnis zueinander, die sich aus dem positiven

Recht *vorgelagerten ethischen* Überlegungen ergeben. Die drei Arten von Rechten, die Kant feststellt, sind die folgenden:[1]

„Alle rechtliche Verfassung aber ist, was die Personen betrifft, die darin stehen,

1) die nach dem *Staatsbürgerrecht* der Menschen, in einem Volke (ius civitatis),

2) nach dem *Völkerrecht* der Staaten im Verhältnis gegen einander (ius gentium),

3) die nach dem *Weltbürgerrecht,* so fern Menschen und Staaten, in äußerem auf einander einfließendem Verhältnis stehend, als Bürger eines allgemeinen Menschenstaats anzusehen sind (ius cosmopoliticum)."

Kant meint, dass ein auf allen diesen drei Ebenen denkbarer bloßer „Naturzustand" zwischen Mensch und Mensch, Staat und Staat sowie Mensch und Staat durch rechtliche Regelungen überwunden werden müsse, um eine berechtigte Aussicht auf „ewigen Frieden" zu erhalten. Auch insofern spielt es nur eine letztlich sekundäre Rolle, ob es sich dabei um positivierte rechtliche Regeln oder um ethische Regeln handelt; wesentlich wichtiger ist, dass die Beteiligten ihr Verhalten nach diesen Regeln tatsächlich richten. Das Ungewohnte an Kants Zusammenstellung der relevanten Rechtsbeziehungen ist, dass er auch das Verhältnis zwischen dem einzelnen Menschen und Staaten, denen dieser Mensch *nicht* angehört, mit berücksichtigt; so ist nämlich Kants These von der Notwendigkeit eines „Weltbürgerrechts (ius cosmopoliticum)" zu verstehen.[2] Unterschieden wird damit zwischen den Rechtsbeziehungen des Bürgers im Verhältnis zu „seinem" Staat und den Rechtsbeziehungen eines Menschen zu einem anderen, „fremden" Staat. Die nach Kant relevanten Rechtsbeziehungen lassen sich damit in folgender Übersicht zusammenstellen, wobei die aus der Überschneidung der Zeilen und Spalten entstehenden Quadranten die jeweils maßgebliche rechtliche Beziehung enthalten:

---

1   *Immanuel Kant,* Zum ewigen Frieden, in: Gesammelte Schriften, Akad.-Ausg., Bd. 8, S. 349. Vgl. auch *ders.,* Metaphysik der Sitten, a.a.O., Bd. 6, S. 311 (§ 43).

2   Näher dazu etwa *Pauline Kleingeld,* „Kants politischer Kosmopolitismus", in: Jahrbuch für Recht und Ethik/Annual Review for Law and Ethics, Bd. 5 (1997), S. 333 ff.

| "eigen" \ "fremd" | Mensch | Staat |
|---|---|---|
| Mensch | Privatrecht | Weltbürgerrecht (ius cosmopoliticum) |
| Staat | Staatsrecht (ius civitatis) | Völkerrecht (ius gentium) |

Kant verwendet hier die Ausdrücke „Privatrecht" und „Staatsrecht" allerdings etwas anders, als dies heute üblich ist. Das Privatrecht bezeichnet nach Kant die vorstaatlichen Rechtsbeziehungen zwischen Personen, während diese Rechte erst im Staat und durch den Staat mit Hilfe des Staatsrechts gesichert werden. Das *BGB* etwa würde Kant daher zum Staatsrecht zählen. Der Ausdruck „Öffentliches Recht", den Kant durchaus auch kennt, verwendet er als Oberbegriff zu Staatsrecht und Völkerrecht.[3] Was schließlich das Weltbürgerrecht betrifft, so versteht Kant darunter die Rechtsbeziehungen einer Person zu einem Staat, dem er nicht angehört. In diesem Kontext nennt Kant etwa ein von ihm so bezeichnetes „Recht eines Fremdlings, seiner Ankunft auf dem Boden eines anderen wegen, von diesem nicht feindselig behandelt zu werden". Kant nennt dies auch „Hospitalität (Wirthbarkeit)".[4] Aus dieser Art von „Besuchsrecht, welches allen Menschen zusteht, sich zur Gesellschaft anzubieten"[5], leitet Kant dann u.a. auch eine scharfe Kritik der gewalttätigen Eroberung, Kolonialisierung, eines anderen Landes ab[6], womit klar wird, dass es hier letztlich um die ethisch-rechtlichen Verhältnisse eines Staates (Volkes) zu den für ihn „fremden" Personen geht, und zwar nicht im Sinne bloßer „Philanthropie"[7], sondern durchaus mit zumindest ethischer Verbindlichkeit.

---

3   Vgl. *Kant*, Metaphysik der Sitten, a.a.O., S. 343 ff.
4   *Kant*, Zum ewigen Frieden, a.a.O., S. 357 f.
5   Ebenda, S. 358.
6   Ebenda, S. 358 ff.
7   Ebenda, S. 357.

Alle diese Überlegungen führen nur scheinbar vom Thema der Wirtschaftsethik ab. Denn sie stellen eine Struktur zur Verfügung, die für eine Explikation der Themen der Wirtschaftsethik genutzt werden kann. Dabei ist allerdings eine Erweiterung erforderlich, und zwar um die *Unternehmen* als zusätzliche Akteure. Andererseits ist eine Einschränkung der Thematik auf allein wirtschaftlich relevante Aktivitäten der Akteure *einzelner Mensch, Unternehmen* und *Staat* notwendig. Wenn ich diese drei Prototypen unterscheide, verkenne ich dabei nicht, dass auch einzelne Personen sich als Unternehmer betätigen und dass Staaten wie Unternehmen auftreten können. Gemeinsam haben Staat und Unternehmen im hier verwendbaren Sinn des Begriffs und im Unterschied zur einzelne Person jedoch, dass sie beide nicht natürliche Personen, sondern *juristische* Personen sind. Juristische Personen sind dabei dadurch gekennzeichnet, dass sie sich aus natürlichen (oder juristischen oder natürlichen und juristischen) Personen zusammensetzen, aber gleichwohl selbst Träger von Rechten und Pflichten sein können und damit auch – wie natürliche Personen – potentielle Adressaten ethischer Anforderungen sind. Setzt man dies alles voraus, so lassen sich die für Wirtschaftsrecht und Wirtschaftsethik relevanten Beziehungen in einer gegenüber der vorstehenden Übersicht erweiterten Übersicht zusammenfassen; wobei ich die Bezeichnungen für die entstehenden Quadranten nunmehr gegenüber denen von Kant verwendeten „modernisiere" und – ohne Anspruch auf Vollständigkeit – auf die Probleme der Wirtschaftsethik beziehe.

während es mir an nichts fehlte, doch die Plagen Chinas sind Kinder ein und derselben Familie. Keines von ihnen entrinnt dem gemeinsamen Los.

Wenn ich es unternehme, mein Leben zu erzählen, so keineswegs deshalb, weil ich es für exemplarisch halte: was wiegen meine Leiden angesichts der Qualen, von denen ein ganzer Kontinent während der fünfzig Jahre vor meiner Geburt und der dreizehn Jahre danach, daß heißt bis in das Jahr, in dem China in jeder Hinsicht seine Befreiung erlebte, zerrissen wurde? In die Kokons des Kleinbürgertums von Shanghai, wo sechzigtausend Ausländer lebten, drang zwar das Lärmen der zechenden Matrosen von Flotten aus aller Herren Ländern, doch war man taub für den jahrelangen gewaltigen Kampf der in Lumpen gehüllten roten Armeen gegen die gut ausgerüsteten Heere des Herrn über China, des Generalissimus Chiang Kai-shek. Niemand in meiner Familie – mit Ausnahme meines älteren Bruders – war darauf gefaßt, daß unsere Geschichte mit einem Schlage eine Wende nehmen würde.

Ich bin in einem noch mittelalterlichen Land geboren, das im Innern der Räuberei der »Kriegsherren« ausgeliefert war und von außen her der der Ausländer, die über Kanton und vor allem über Shanghai in das Land eindrangen. Meine Familie stammte mütterlicherseits aus Kanton und väterlicherseits aus Shanghai. Shanghai war eine chinesische Stadt kosmopolitischen Zuschnitts, ähnlich wie New York. Ich wurde von einem Vater erzogen, der mir die Prinzipien der traditionellen chinesischen Moral einpflanzte und zugleich selbst von seiner westlichen Erziehung geprägt war. Meine Mutter war noch eine echte chinesische Bauerstochter, eine glühende Buddhistin, während ich eine amerikanische Schule besuchte, wo ich als kleines Mädchen zugleich zu Buddha und zu Jesus Christus betete. Ich erblickte kurz vor Ausbruch des Chinesisch-Japanischen Krieges das Licht der Welt, als China sich bereits seiner selbst bewußt wurde und nach nationaler Geschlossenheit zu streben begann, zugleich aber Chiang Kai-shek und die »Nationalisten« unter der Protektion der Amerikaner Truppen gegen Chinesen einsetzten. Einerseits las ich als Schülerin mit Begeisterung die Abenteuer des Grafen von Monte Christo, andererseits hörten wir nichts lieber als die amerikanischen Schlager, die unablässig über die Radiosender liefen, und unsere Idole waren Esther Williams und Frank Sinatra. Shanghai repräsentierte so die inneren Widersprüche und die Verworrenheit der Situation im damaligen China. Shanghai war die Hauptstadt der Korruption und der Prostitution, war mit seiner europäischen Mode, seinen

Ich bin im China des Elends und der Tränen geboren. Schon als kleines Mädchen habe ich das Leid kennengelernt. Ich war hübsch, aber das war kein Vorzug, sondern ein Fluch; denn wäre ich häßlich gewesen und weniger gut gewachsen, hätte man mich gewiß nicht mit dreizehn Jahren zur Heirat gezwungen. Doch rührte mein Unglück nicht allein von meinem schönen Äußeren her – in diesem Land war es ganz allgemein ein Fluch, als Mädchen geboren zu sein. Wäre ich in einer armen Familie zur Welt gekommen, hätte man mich sofort nach meiner Geburt in Lumpen gehüllt und ausgesetzt. Doch was ist grausamer: ein Kind gleich bei seiner Geburt zu ersticken, oder es später, weil man es nicht ernähren kann, zu verkaufen, damit es dann in einem der geschlossenen Häuser in Shanghais Vierter Straße aufgezogen wird? Ich spreche hier nicht etwa vom Mittelalter, sondern vom Los der Chinesin in der Mitte unseres Jahrhunderts, genau gesagt bis zu Mao Tse-tung, der 1950 das erste Gesetz erließ, das unter anderem die Tötung von Neugeborenen, die Zwangsverheiratung und den von den Schwiegermüttern geübten Machtmißbrauch verbot, all jene Plagen also, die genauso schmerzlich waren wie Überschwemmungen und Hungersnöte.

Die Familie, in die ich 1936 hineingeboren wurde, hätte mich bestimmt nicht ohne weiteres verkauft. Während meiner Kindheit in Shanghai war ich von Zuneigung umgeben, ja, ich war geradezu der Augapfel meines Vaters. Allein, der Wohlstand, in dem wir lebten, währte noch nicht lange genug, um die Erinnerung an die Armut, aus der unsere Familie sich gerade erst gelöst hatte, zum Verblassen zu bringen. Ein Teil meiner Familie war so habgierig, daß ich, wenn auch in der gewiß ehrbareren Form der Verheiratung, im Grunde doch verkauft wurde. Darüber konnte auch der Prunk nicht hinwegtäuschen, wie man ihn in meinem Land bei einer solchen Feier selten sah. Es war die Komödie einer großen Familienverbrüderung, die durch ihre Lächerlichkeit meine persönliche Tragödie nur noch ärger machte: ich war eine Schülerin, die die Legende von Liang und Tsu kannte, die wie Romeo und Julia für ihre Liebe sterben, und sah mich nun dazu verurteilt, ohne Liebe zu leben. Millionen andere hatten Hunger gelitten,

| „fremd"<br>„eigen" | Mensch | Unternehmen | Staat |
|---|---|---|---|
| Mensch | 1)<br><br>Privathandelsrecht;<br><br>Ethik privatrechtlicher Verträge | 4)<br><br>Handelsrecht;<br><br>Ethik der Vertragsbeziehungen; „Konsumentenethik" | 7)<br><br>Menschenrechte;<br><br>„Besuchsrecht" zur Aufnahme von Wirtschaftsbeziehungen |
| Unternehmen | 2)<br><br>Arbeitsrecht;<br><br>Ethik der Personalwirtschaft und –führung, Arbeitsethos | 5)<br><br>Handelsrecht zwischen Unternehmen;<br><br>faire Konkurrenz | 8)<br><br>Internationales Wirtschaftsrecht;<br><br>Respektierung der staatlichen Ordnung |
| Staat | 3)<br><br>Menschenrechte, insbes. Rechte auf Eigentum, Ausübung wirtschaftlicher Betätigung; Steuerrecht; Steuermoral | 6)<br><br>Recht auf Eigentum, Ausübung wirtschaftlicher Betätigung, Gewerbefreiheit etc.;<br><br>Public Private Partnership | 9)<br><br>Völkerrecht;<br><br>Recht der staatlichen Wirtschaftsbeziehungen; Internationaler Währungsfond |

Die Tafel ist dabei so zu deuten, dass oberhalb der Diagonalen (von links oben nach rechts unten) die Beziehungen zu externen Akteuren, unterhalb der Diagonalen dagegen die Beziehungen zu internen Akteuren verzeichnet sind. Dies bedarf näherer Erläuterung mit Bezug auf alle 9 Quadranten, die die obige Tafel aufweist:

(1) Die Beziehung zwischen Mensch und Mensch

Die Fragestellungen in diesem Bereich sind seit langem bekannt. Hier geht es primär um die von Aristoteles unter dem Stichwort der ausgleichenden Gerechtigkeit thematisierten ethisch-rechtlichen Probleme. Also um Redlichkeit im Geschäftsverkehr, Vertragstreue, Angemessenheit von Leistung und Gegenleistung etc.

(2)  Die Beziehung zwischen Mensch und „seinem" Unternehmen

Die hier interessierenden Fragestellungen sind die nach der ethisch adäquaten Behandlung der Mitarbeiter eines Unternehmens, die erforderlichen Personalführungsqualitäten, Fragen des Arbeitsrechts, der Mitbestimmung, Fürsorgepflichten des Arbeitgebers, aber auch Fragen des Arbeitsethos bzw. der Arbeitsmoral etc.

(3)  Die Beziehung zwischen Mensch und „seinem" Staat

Da es hier in erster Linie um auf die Wirtschaft bezogene Fragestellungen geht (anders als in dem Text von Kant), stehen im Vordergrund diejenigen Problemstellungen, die mit den Rechten auf Ausübung der wirtschaftlichen Freiheit verbunden sind, d.h. Eigentumsrecht, Gewerbefreiheit, das Recht am eingerichteten und ausgeübten Gewerbebetrieb, aber auch das Steuerrecht und vice versa die Steuermoral. Es geht auch um die Einstellung des Einzelnen zu „seinem" Staat, also die Fragestellungen von Leistungsgesellschaft und Vorsorgepflichten des Staates.

(4)  Die Beziehung zwischen Unternehmen und „fremden" Menschen

Im Unterschied zu oben 2) geht es hier nicht um die „internen" ethischen Beziehungen, sondern um die Außenbeziehungen des Unternehmens zu Personen, die nicht zugleich Mitarbeiter des Unternehmens sind. Im wesentlichen stellen sich hier parallele Probleme wie unter 1), allerdings wird man dabei verstärkt auch an die Schwierigkeiten zu denken haben, die sich aus Beziehungen von Unternehmen zu Menschen in fremden Staaten und Kulturen ergeben.

(5)  Die Beziehung zwischen Unternehmen und Unternehmen

In diesen Problemkomplex gehören die ethisch-rechtlichen Fragen, die sich mit der Koexistenz von Unternehmen befassen. Auch hier geht es um Austauschgerechtigkeit, aber im Vordergrund steht die Konkurrenz, jedenfalls sofern es sich um Unternehmen handelt, die auf denselben Märkten tätig sind. Schon im Vorgriff auf nähere Erörterungen wird man sagen können, dass hier vermutlich andere ethische Regeln gelten als in der Beziehung zwischen Mensch und Mensch. Denn – um nur ein Beispiel zu nennen – man wird es einem Unternehmen nicht verübeln können, wenn es danach trachtet, seinen Konkurrenten auf dem Markt „auszustechen", ihm in diesem Sinne sogar „nach dem Leben" zu trachten – ein Verhalten, das man gegenüber einem Menschen keinesfalls für akzeptabel halten würde. Hier zeigt sich im übrigen ein wesentlicher Unterschied zwischen natürlichen und juristischen Personen. Allerdings wird man auch nicht sagen können, dass die Konkurrenz nur dem „Recht des Stärkeren" unterworfen wäre; es gibt vielmehr auch hier Fairnessgebote, die es einzuhalten gilt.

(6)  Die Beziehung zwischen einem Unternehmen und „seinem" Staat

Wie schon bei dem Problembereich 3) geht es auch hier um das Recht auf freie wirtschaftliche Betätigung, um „unternehmerische Freiheit" und ihre innerstaatlichen Begrenzungen. Hierher gehört das Stichwort von der Public Private Partnership, bei der es auf Fragen der Stellung eines Unternehmens in der staatlichen Gemeinschaft – etwa in Fragen der Umweltethik – ankommt. Wie in allen anderen der genannten Problembereiche geht es auch hier sowohl um Rechte als auch um Pflichten, eventuell auch Pflichten gegenüber der Öffentlichkeit und viele Fragen, die unter dem Stichwort „Imagepflege" zusammengefasst werden können.

(7)  Die Beziehung zwischen Mensch und „fremdem" Staat

Im Hinblick auf Wirtschaftsbeziehungen handelt es sich hierbei insbesondere um die damit in Zusammenhang stehenden Menschenrechte (Eigentum, Handelsfreiheit), das Verbot der Ausbeutung im Wege der Kolonialisierung (z.B. aus wirtschaftlichen Gründen), aber auch das Kantische „Besuchsrecht", um sich und seine Waren „anbieten" zu können.

(8)  Die Beziehung zwischen einem Unternehmen und einem „fremden" Staat

Aus rechtlicher Perspektive geht es hier um das Recht der internationalen Wirtschaftsbeziehungen. Wichtig ist aber auch, welche ethischen Regeln Unternehmen im Umgang mit „fremden" Staaten zu berücksichtigen haben, also etwa die Frage, ob Regeln über das Verbot aktiver Bestechung von Staatsangestellten, die im „eigenen" Land gelten, auch im Ausland zu berücksichtigen sind oder nicht, insbesondere falls letzteres den dortigen Usancen entspricht.

(9)  Die Beziehung zwischen Staat und Staat

In diesem Zusammenhang geht es um die auf den Wirtschaftsverkehr bezogenen Regeln des Völkerrechts, also Abkommen über Handelsbeziehungen, Zollabkommen, Internationales Bankenwesen, Internationale Währungsfonds, aber auch um mögliche Interventionsrechte bei Umweltgefährdungen oder Wirtschaftsboykotts bei Beeinträchtigung der Menschenrechte in bestimmten Staaten.

Die voranstehenden Überlegungen geben eine erste Orientierung, mit welchen Fragestellungen sich die Wirtschaftsethik konfrontiert sehen könnte. Der vorliegende Band hat es sich dabei zur Aufgabe gesetzt, die Relevanz dieser Fragestellungen insbesondere für die Transformationsökonomien Ostmitteleuropas zu thematisieren. Diesen Diskussionsrahmen näher zu explizieren, unternimmt der folgende Beitrag von Michael Aßländer.

**Literatur**

*Kant, Immanuel*, Metaphysik der Sitten, Akademie-Ausgabe, Bd. 6.

*Kant, Immanuel*, Zum ewigen Frieden, Akademie-Ausgabe, Bd. 8.

*Kleingeld, Pauline*, Kants politischer Kosmopolitismus, in: Jahrbuch für Recht und Ethik/Annual Review of Law and Ethics, Bd. 5 (1997), S. 333 ff.

# Der lange Weg nach Westen – ethische Probleme mittelosteuropäischer Transformationsökonomien

## *Michael S. Aßländer*

Der Transformationsprozess in den Staaten Mittelosteuropas dauert nun schon mehr als ein Jahrzehnt, und es sieht bei weitem nicht so aus, als ob er innerhalb der nächsten Jahre zu seinem Abschluss gelangen würde. Die ursprüngliche Hoffnung westlicher Politiker und Wirtschaftsexperten, aber auch vieler ehemaliger Sowjetbürger und der Einwohner der ehemaligen Satellitenstaaten des Sowjetimperiums, der Transformationsprozess sei ein kurzfristiges Übergangsphänomen, an dessen Ende eine liberale politische und wirtschaftliche Ordnung nach westlichem Vorbild stünde, hat sich schlicht als falsch erwiesen. Weder gelang es den meisten der genannten Staaten bisher, geordnete wirtschaftliche Verhältnisse noch eine stabile politische Ordnung zu schaffen. Im Gegenteil: in vielen dieser Staaten wurden durch den Zusammenbruch des bisherigen Ordnungsgefüges der marode Zustand der Wirtschaft, die Korruptheit des politischen Systems und die Unfähigkeit der politischen Führung erst richtig sichtbar.

Allerdings scheint der Transformationsprozess in den einzelnen Ländern Mittelosteuropas unterschiedlich schnell voranzuschreiten. Während insbesondere Polen, die Slowakei und Tschechien, aber auch Ungarn und Slowenien kurz davor stehen, den Anschluss an das westeuropäische Wirtschaftsgefüge zu finden, kämpfen andere Länder, wie z.B. Rumänien, Bulgarien oder Albanien mit schwerwiegenden wirtschaftlichen und politischen Problemen. Während Polen, Tschechien und zukünftig wohl auch einige andere wirtschaftlich leistungsfähige mittelosteuropäische Staaten in absehbarer Zeit Mitglied der Europäischen Union und damit letztlich den westeuropäischen Industrienationen zuzurechnen sein werden, bleibt anderen Staaten dieser Anschluss verwehrt. Die Grenze zwischen den Ländern mit „westlichen" ökonomischen und politischen Standards und jenen, die diesen Standards nicht genügen können, wird sich weiter nach Osten verschieben, ohne dass die hieraus resultierenden Konsequenzen absehbar wären. Doch auch trotz zunehmender wirtschaftlicher Leistungsfähigkeit und politischer Stabilität in diesen Ländern sind die aus dem Transformationsprozess resultierenden sozialen und kulturellen Probleme nur schwer in den Griff zu bekommen.

Die Ursachen dieser Probleme sind vielschichtig. Wichtige Gründe sind das teilweise Fehlen traditioneller Werthaltungen, die an das neue politische und wirtschaftliche System anschließen könnten, Defizite in der rechtlichen und politischen Rahmenordnung, insbesondere innerhalb des Steuerrechts, die mangelnde Koordination und Abstimmung der jeweiligen Gesetze und Erlasse, die Existenz zahlreicher juristischer Grauzonen, innerhalb derer sich halblegale und moralisch fragwürdige Geschäftspraktiken etablieren konnten, das gerade zu Beginn des Transformationsprozesses charakteristische Fehlen einer klaren Eigentumsordnung, die unklaren Verflechtungen zwischen politischen Mandatsträgern und der lokalen Wirtschaft oder das „moralische Erbe" des kommunistischen Systems, in dem Eigentum und privatwirtschaftliche Aktivitäten geradezu als Verbrechen angesehen wurden, eine Einstellung, die in den Köpfen vor allem vieler älterer Menschen noch bestimmend ist. Hinzu kommt, dass durch die allgemeine Globalisierung der Wirtschaft und die Öffnung Osteuropas gegenüber den westlichen Industrienationen in den Ländern Mittelosteuropas Veränderungsprozesse ausgelöst wurden, deren Geschwindigkeit das Fassungsvermögen der an traditionelle, persönliche Beziehungen und eine stabile staatliche Ordnung gewöhnten Bevölkerung bei weitem übersteigt. Problematisch erscheint hierbei insbesondere die Erosion der bisher gewohnten sozialen Beziehungen und Mechanismen, die plötzliche Verarmung des bisherigen „Mittelstandes", der Zusammenbruch der staatlichen Wirtschaftslenkungsmechanismen, der zu Mangelversorgung und Lohnausfällen führte, die Konfrontation mit einer dramatischen Inflationsentwicklung und, insbesondere in den Ländern der vormaligen Sowjetunion, das schleichende Bewusstsein einer zunehmenden Bedeutungslosigkeit der einstigen Weltmacht.

Es ist offensichtlich, dass die bisherigen Bemühungen innerhalb des Transformationsprozesses, die vor allem auf die Öffnung der Märkte und die Aufhebung der herrschenden ökonomischen und politischen Strukturen gerichtet waren, bisher nicht von durchschlagendem Erfolg gekrönt worden sind. Dies mag zum einen an der Überschätzung der wirtschaftlichen Leistungsfähigkeit der jeweiligen Länder gelegen haben. Zum anderen aber ist ursächlich hierfür auch eine mangelnde Einsicht in die nur langsam voranschreitenden Entwicklungsprozesse jener informellen Einflussfaktoren, die maßgeblich für die Stabilisierung der neuen Wirtschafts- und Gesellschaftsordnung von Bedeutung gewesen wären. Als besonders problematisch erweist sich dabei, dass zwar einerseits die etablierten gesellschaftlichen, politischen und ökonomischen Strukturen nahezu vollständig aufgehoben wurden, dass zugleich aber wenig Wert auf die Etablierung eines neuen Wertebewusstseins gelegt wurde, das in der Lage gewesen wäre, diesen drastischen Wandel durch eine geeignete politische und ökonomische Moral zu unterstützen. Eine besondere Schwierigkeit liegt dabei vor allem darin begründet, dass durch den gleichzeitigen Wegfall der politischen wie der ökonomischen Ordnung es nun nicht mehr möglich ist, defizitäre Entwicklungen des einen Systems durch Ordnungsmaßnahmen des anderen Systems aufzufangen. Weder ist es möglich, Schwächen in der ökonomischen Entwicklung über eine geeignete politische Rahmengesetzgebung zu kompensieren, noch ist es möglich, politisch problematischen Entwicklungen durch den Verweis auf die Funktionsnotwendigkeiten des ökonomischen Systems entgegenzuwirken. Die Folge hiervon ist ein unentwirrbares Dickicht von Einzelverordnungen, die gegebenenfalls ausschließlich den partiellen Interessen einiger weniger dienen, und zugleich die Entstehung ökonomischer Strukturen fördern, innerhalb derer die Verflechtung zwischen Politik und Wirtschaft an der Tagesordnung zu sein scheint. Keines der Systeme ist in der Lage, das jeweils andere, in welch schwachem Umfang auch immer, kontrollieren zu können oder dies auch nur zu wollen.

Bisherige wirtschaftsethische Analysen der Länder mit Transformationsökonomien haben sich daher auch in der Hauptsache mit den rechtlichen, politischen und moralischen Defiziten dieser Länder auseinandergesetzt. So berichtet beispielsweise *Leonora Fuxman* über Kooperationsversuche europäischer und US-amerikanischer Firmen mit postsowjetischen Unternehmern. In einem der genannten Fälle scheiterte die Beziehung zwischen einem europäischen Saatguthersteller und seinem russischen Partner schlicht und ergreifend an der Tatsache, dass nach erfolgter Lieferung von Saatgut im Werte von 1 Million US-Dollar die russische Seite sich schriftlich bei dem europäischen Unternehmen für „die großzügige Spende" bedankte, aber alle weiteren Geschäftsbeziehungen damit als beendet anzusehen gedachte.[1] In einem anderen Fall schildert *Fuxman* den Joint-Venture-Versuch zwischen einem US-amerikanischen Unternehmen und seinem Partner in Moskau. Verabredet wurde der Bau eines Geschäftsgebäudes in der Moskauer Innenstadt. Als nach einigen Zahlungen die Amerikaner den Baufortschritt kontrollieren wollten, fanden sie einen leeren Platz und eine Baubude, während ihre russische Geschäftspartner schon mal Mercedes fuhren.[2] *George Neimanis* berichtet von einer parlamentarischen Anfrage in Litauen betreffs des Diebstahls von mehr als 250 km Oberleitungskabel der litauischen Staatsbahn.[3] *Ruben Apressyan* schildert die staatlichen und wirtschaftlichen

---

1 Vgl. *Fuxman, Leonora*: Ethical Dilemmas of Doing Business in Post-Sovjet Ukraine, in: Journal of Business Ethics: Vol 16, 12-13/1997. S. 1276.

2 Vgl. *Fuxman, Leonora*: Ethical Dilemmas of Doing Business in Post-Sovjet Ukraine, a.a.O. S. 1276.

3 Vgl. *Neimanis, George J.*: Business Ethics in the Former Soviet Union: A Report, in: Journal of Business Ethics: Vol. 16, 3/1997. S. 360.

Verflechtungen in Russland, so unter anderem ungleiche Steuersysteme, Bestechung, Verwicklung in kriminelle Aktivitäten usw.[4] Beispiele, die den skurrilen Gipfel eines Eisberges an Wirtschaftskriminalität darzustellen scheinen, und die nach westlichen Maßstäben nur mehr schwer nachvollzogen werden können.

Selten wird in derartigen Analysen allerdings die Frage nach jenen Werthaltungen gestellt, die geeignet scheinen, einen Transformationsprozess derartigen Ausmaßes, wie ihn die Länder Mittelosteuropas derzeit erleben, zu begleiten. Der vorliegende Band versucht hierzu einen Beitrag zu leisten.

Unter dem Stichwort „Markt, Politik und Moral – Die Aufgabe der Wirtschaftsethik" geht es zunächst darum, die Frage nach der allgemeinen Bedeutung einer Wirtschaftsethik und der Notwendigkeit zentraler Werte und Nomen für das Funktionieren einer Wirtschaftsordnung zu stellen.

Mit der Entstehung und der Funktion von Werten und Normen beschäftigt sich daher *Friedel Bolle* in einem ersten Beitrag mit dem Titel: „Bedeutung und Entstehung moralischer Regeln aus ökonomischer Sicht". Ausgehend von den Erkenntnissen der Soziobiologie schließt *Bolle* auf die Bedeutung moralischer Regeln für ökonomisches Handeln. Der Erfolg ökonomischen Handelns ist dabei nicht zuletzt abhängig von den Werten, die diesem Handeln zugrunde liegen. Die evolutionäre Selektion, die über Erfolg und Misserfolg entscheidet, setzt dabei ökonomisch gesehen nicht am konkreten Verhalten des einzelnen an, sondern selegiert eben jene Werte, die ein bestimmtes Verhalten veranlassen. Moralische Werte können so gesehen zum individuellen Erfolg des einzelnen beitragen, da sie in der Lage sind, die Strategiewahl zu optimieren. Zahlreiche Studien zur Wirkungsweise moralischer Regeln belegen den verhaltensstabilisierenden Wert positiver Kooperationssignale, da sie den Partner ebenfalls zur Kooperation motivieren und so zum Gesamterfolg beitragen.

In einem Beitrag mit dem Titel „Zum Primat der Politik vor der Logik des Marktes" analysiert *Peter Ulrich* die Bedeutung einer Wirtschaftsethik für die Etablierung staatlicher Wirtschaftsordnungsprinzipien. Dabei verweist er zum einen auf die Begründungsfunktion zum anderen auf die normative Funktion der Wirtschaftsethik: ihre Aufgabe ist es, eine legitime Wirtschaftsordnung zu begründen und diese gegen eine reine Funktionslogik des Marktes durchzusetzen. Weder darf das Verhältnis von ökonomischer und politischer Ordnung paläoliberal noch neoliberal interpretiert werden. Sollen politische und ökonomische Ord-

---

4    Vgl. *Apressyan, Ruben G.*: Business Ethics in Russia, in: Journal of Business Ethics: Vol. 16, 14/1997. S. 1564 f.

nung in Einklang gebracht werden, muss ihr Verhältnis im ordoliberalen Sinne verstanden werden: der Markt ist durch die Rahmenordnung so auszurichten, dass er den vitalen Interessen der Gemeinschaft dient. Allerdings lässt sich Gemeinschaft in diesem Sinne nicht als Ansammlung von homines oeconomici verstehen, sondern entspricht dem Ideal eines republikanischen Bürgerethos.

Hieran anknüpfend beschäftigt sich der Beitrag von *Markus Breuer*: „Corporate Citizenship als Kooperationsmodell auch im osteuropäischen Raum?" mit eben diesem Ideal des republikanischen Bürgers. *Breuer* begründet die Notwendigkeit des Leitbildes eines „Good Corporate Citizen" mit der essentiellen Bedeutung des eigenverantwortlichen moralischen Organisationsbürgers für unsere Auffassung von Kultur. Wesentlich ist dabei die Vermittlerrolle zwischen Mikro- und Makroebene einer „wirtschaftsethischen Kultur". Unternehmungen als Good Corporate Citizens kommt hier angesichts der durch die Globalisierung defizitär gewordenen gesamtgesellschaftlichen Steuerungsmöglichkeiten und der fortschreitenden Orientierungslosigkeit des einzelnen eine besondere Aufgabe zu. Sie alleine sind in der Lage, Normen und Werte zu generieren und deren Verbindlichkeit im internationalen Kontext zu garantieren. Insbesondere multinationalen Unternehmen kommt hier eine „kooperative Mitverantwortung" zu.

Einen eher kritischen Standpunkt gegenüber der gegenwärtigen Wirtschaftsethik nimmt *Hermann Ribhegge* in seinem Artikel „Unternehmensethik im Zeitalter der Globalisierung. Eine utopische Sackgasse?" ein. Wirtschaftsethik verharre im Stadium der Kritik globaler Wirtschaft, während zugleich aber die Globalisierung neue Freiräume schaffe, die es durch die Wirtschaftsethik auszufüllen gelte. Insbesondere die deutschsprachigen Vertreter der Wirtschafts- und Unternehmensethik begingen den Fehler, sich entweder von der Ökonomie durch die radikale Ablehnung des Gewinnprinzips zu entfernen oder aber durch die strikte Trennung von politischer Rahmenordnung und ökonomischem Handlungsraum moralische Freibriefe für ökonomisches Handeln zu erteilen. Gerade Letztgenannte übersehen dabei die Rolle, die multinationale Unternehmen tatsächlich im politischen Diskurs zu spielen in der Lage sind. Es scheint offensichtlich falsch, die konsequente Trennung von Moralität und Nützlichkeit in der einen oder anderen Weise aufrecht erhalten zu wollen.

In einem zweiten Teil unter dem Titel „Marktzwang und Marktlogik – Unternehmen zwischen Markt und Moral" stehen die Handlungsmöglichkeiten von Unternehmen im Zentrum der wirtschaftsethischen Betrachtungen. *Horst Steinmann* und *Albert Löhr* stellen dabei in ihrem Artikel „Unternehmensethik in der republikanischen Gesellschaft" vor allem die Rolle des Unternehmens als eines moralischen Akteurs heraus. Unternehmen besitzen eine eigene Unternehmenskultur und Unternehmensstruktur, die jeweils in den Dienst moralischen Verhaltens gestellt werden können oder nicht. Zudem besitzen Unternehmen durchaus einen Freiraum bei der Verfolgung ihrer Gewinnziele, der die Möglichkeit moralischen Handelns eröffnet. *Steinmann* und *Löhr* plädieren daher für eine „duale Verantwortung" der Unternehmen: für ihre Gewinnerzielung als Voraussetzung für die langfristige Bestandssicherung des Unternehmens einerseits und für die Vertretbarkeit der dafür gewählten Mittel als Grundlage unternehmerischer Moral andererseits. Unternehmen sind verpflichtet, Konflikte, die sich aus der Verfolgung ihrer Gewinnziele ergeben könnten, diskursiv aufzulösen. Dies kann im Rahmen eines „republikanischen Modells von Wirtschaft und Gesellschaft" geschehen.

Unter dem Titel „Auf dem Weg zur Next Economy – Elemente einer praxisorientierten Wirtschaftsethik" konkretisiert *Daniel Dietzfelbinger* die Anschlussschwierigkeiten von Ökonomie und Ethik aus praktischer Perspektive. Ausgehend von der Tatsache, dass der Mensch weder reiner „homo oeconomicus" noch reiner „homo ethicus" ist, muss unternehmerisches Handeln stets als Zielkonflikt begriffen werden, der sich aus der schwierig zu findenden Balance zwischen moralischem Anspruch und ökonomischer Notwendigkeit ergibt. Dabei stehen weder die moralischen Ansprüche, wie Vertrauensbildung, Loyalität etc., noch die ökonomische Notwendigkeit der Gewinnerzielung per se in Frage. Problematisch ist es vielmehr, im konkreten Einzelfall bei der Mittelwahl beide Ziele in ausreichendem Maße zu berücksichtigen. Hierzu muss eine „praxis-orientierte" Wirtschaftsethik ihren Beitrag leisten.

Moralische Probleme im Zusammenhang multinationaler Kooperationen schildert *Mikhail A. Ivanov* in seinem Beitrag „Moral Values in Russian Business: the Experience of a Consultant". *Ivanov* geht der Frage nach, in wieweit unterschiedliche Werthaltungen und kulturelle Hintergrundüberzeugungen erfolgreiche Kooperationen zwischen russischen und ausländischen Geschäftspartnern beeinträchtigen können. Ausgehend von der historischen Entwicklung des russischen Privatunternehmertums zu Beginn der 90er Jahre analysiert *Ivanov* den sozialen und kulturellen Hintergrund russischer Gewerbetreibender. Wichtig erscheinen hier jene unbewussten „Cultural Myths", die das Verhalten russischer Geschäftsleute bestimmen und ihre Handlungsweisen in den Augen westlicher Geschäftspartner oftmals unverständlich machen. Wichtig für eine erfolgreiche Partnerschaft ist es daher, die Werthaltungen beider Seiten zu analysieren, Gemeinsamkeiten und Differenzen zu eruieren und so zu einer Verständigung zu gelangen.

Der abschließende Teil widmet sich unter der Überschrift „Markt ohne Moral? – Wirtschaftsethik in der Transformationsökonomie" den Problemen des Übergangs zur Marktwirtschaft in den mittelosteuropäischen Staaten. Eine erste Beschreibung der besonderen Problematik dieses Übergangs aus russischer Perspektive stammt von *Alexey Yu. Sidorov*, der in seinem Beitrag „The Market Economy in Russia and Business Ethics" sowohl auf die historischen und kulturellen Hintergründe des Transformationsprozesses als auch auf die aktuellen Schwierigkeiten der russischen Transformationsökonomie eingeht. Als besondere Schwierigkeit zeigt sich vor allem das Fehlen einer legitimen Basis und die nur langsam wachsende Akzeptanz des privaten Unternehmertums. Die weitreichenden Verflechtungen zwischen staatlichen Organen und „privaten" Unternehmen resultieren daher zum einen aus traditionellen Gegebenheiten, zum anderen sind sie das Produkt eines mangelnden Verständnisses für die Funktionsweisen einer marktgesteuerten Ökonomie.

Verstärkt aus kulturhistorischer Sicht nähert sich *Elena N. Shklyarik* den Problemen der russischen Transformationsökonomie. Unter dem Titel „Values of Partnership: Ends and Trends in the Market Economy" analysiert sie die Differenzen in den Werthaltungen westlicher und östlicher Manager aus einer Perspektive der historisch unterschiedlichen Entwicklung von byzantinischer und römischer Kirche. Während das byzantinische Glaubensverständnis traditionell das individuelle Heil als Schicksal betrachtet und als abhängig von Gottes Gnade begreift, steht im römischen Verständnis eine kontraktuelle Beziehung zu Gott im Vordergrund. Entsprechend stünden sich im Bereich der wirtschaftlichen Aktivitäten ein „Kooperationsmodell" auf osteuropäischer Seite und ein „Korporationsmodell" auf westlicher Seite gegenüber. Ersteres basiert auf gemeinschaftlich geteilter Arbeit und Verantwortung, letzteres auf personalisierter Arbeit und Individualverantwortung.

In seinem Artikel „The Ethics of Transformation and the Role of Business Ethics – The Polish Perspective" fokussiert *Jacek Sojka* vor allem die Auswirkungen des Transformationsprozesses auf die zukünftige „europäische Grenze". Zukünftig – so seine These – wird es zu einer Verschiebung der Grenze zwischen West- und Osteuropa kommen. Staaten, denen bisher der Zugang zur ökonomischen Entwicklung des Westens versagt blieb, wird der ökonomische Anschluss an Westeuropa gelingen, andere Staaten werden hiervon weiter ausgeschlossen bleiben. Insgesamt wird sich so die Grenze zwischen West und Ost zunehmend nach Osten verschieben. Dass diese Frage des möglichen Anschlusses nicht ausschließlich allein eine Frage der ökonomischen Leistungsfähigkeit dieser Länder ist, sondern auch das historische Wertebewusstsein in diesen Ländern betrifft, erschwert die zukünftige Entwicklung. Je weiter sich die Grenze

Richtung Osten verschieben wird, desto problematischer wird die Wertedifferenz für eine zukünftige Integration.

Unter dem Titel „Vom Sinn moralischer Werte – die Bedeutung der moralischen Erziehung für den Transformationsprozess in Mittelosteuropa" untersucht *Michael Aßländer* die Rolle der moralischen Erziehung für den Wertewandel in Mittelosteuropa. Ausgehend von der Stufentheorie des moralischen Bewusstseins nach *Kohlberg* stellt *Aßländer* die Differenz zwischen moralischem Bewusstsein auf der einen Seite und der Motivation zu tatsächlichem moralischen Sich-Verhalten auf der anderen Seite heraus. Entsprechend seiner Analyse ist moralisches Verhalten abhängig von einer moralischen Erziehung. Allerdings stoßen die derart angelegten Verhaltensdispositionen auf unterschiedliche formale und informelle Widerstände, die eine Durchsetzung der Moral oftmals erschweren oder verhindern. Da das Phänomen der Transformationsökonomien in Mittelosteuropa nicht als zeitliches Übergangsphänomen begriffen werden darf, genügt es allerdings nicht, momentane Defizite in den Werthaltungen zu analysieren, die diesen Prozess behindern, es gilt vielmehr auch der Frage nach den Motivationslagen für unmoralisches Verhalten nachzugehen, um diese langfristig im Rahmen einer moralischen Erziehung modifizieren zu können.

## Literatur

*Apressyan, Ruben G.*, Business Ethics in Russia. In: Journal of Business Ethics: Vol. 16, 14/1997.

*Fuxman, Leonora*, Ethical Dilemmas of Doing Business in Post-Sovjet Ukraine. In: Journal of Business Ethics: Vol 16, 12-13/1997.

*Neimanis, George J.*, Business Ethics in the Former Soviet Union: A Report. In: Journal of Business Ethics: Vol. 16, 3/1997.

# Marktzwang und Marktlogik
*– Unternehmen zwischen Markt und Moral*

# Bedeutung und Entstehung moralischer Regeln aus ökonomischer Sicht

*Friedel Bolle*

## 1. Vorbemerkung

Worum geht es? Es geht um die Erklärung der Entstehung und Existenz von verinnerlichter Moral. Es geht darum, zu erklären, warum wir (manchmal) gut sind und warum wir (oft) egoistisch oder böse sind. Der Erklärungsansatz ist zum Teil (aber nicht nur) die Evolutionstheorie. Dies ist an sich nichts Neues – solch ein Ansatz gehört zum Programm der Soziobiologie oder evolutionären Psychologie. Was vielleicht neu ist, ist das Instrumentarium, das Wirtschaftswissenschaftler in dieses Programm einbringen.

Allerdings: Viele – oder die meisten – Wirtschaftswissenschaftler nehmen Präferenzen und verinnerlichte Verhaltensnormen als gegeben hin; insofern ist das, was ich hier berichte, nicht die Position der Wirtschaftswissenschaft, sondern eine Position, die – nicht nur aus meiner Sicht – dem Geist, dem Ansatz der Wirtschaftswissenschaft entspringt: Eine Position, die sich zumindest ein kleiner Teil der mikroökonomisch arbeitenden Wissenschaftler aktiv forschend zu eigen gemacht hat. Zugegebenermaßen überlässt der größte Teil unserer Profession dieses Gebiet anderen Wissenschaften: Philosophie, Psychologie, Biologie – um nur einige zu nennen. Dabei hat (ich weiß: imperialistische Attitüde) die Wirtschaftswissenschaft die besten Voraussetzungen, da sie – zumindest in größtem Umfang – über Handlungen, d.h. über bewusstes menschliches Verhalten nachgedacht hat.

Es ist klar, dass wir zur Erklärung unserer Präferenzen bei Nahrungsmitteln die Biologie/Biochemie zu Hilfe nehmen müssen, ebenso sicherlich bei Fragen von Schönheitsempfindungen und Partnerwahl – aber auch bei der Erklärung von moralischen Vorstellungen?

Welche Wissenschaft sollte da prinzipiell besser geeignet sein als diejenige, die ein detailliertes Gerüst zur Analyse von Handlungen aufgebaut hat? Um nicht falsch verstanden zu werden: ich will hier nicht der prinzipiellen Überlegenheit der Ökonomie das Wort reden, sondern vor allem meinen Fachkollegen klar machen, dass wir diese Aufgabe nicht einfach an andere abgeben können! Dabei muss man vielleicht daran erinnern, dass es nicht selbstverständlich ist, dass man Normen und Moral als Werte auffasst, die in einer ökonomischen Beschreibungsweise in die Nutzenfunktion aufgenommen werden. Viele Ökonomen haben sich dagegen gewehrt, sie haben lange Zeit die Ansicht favorisiert, dass Moral in den Restriktionen des Verhaltens abgebildet wird. Auch in der älteren Literatur anderer Gesellschaftswissenschaften findet man keine wirkliche Auseinandersetzung mit der Frage, welche Konsequenzen es hat, wenn sich Moral in den Präferenzen manifestiert. Opp z. B. schließt in seinem Buch über die Entstehung sozialer Normen eine solche Möglichkeit zwar nicht aus, sie spielt in seinen Überlegungen allerdings keine Rolle.[1]

## 2. Der Modellrahmen für die Entwicklung moralischer Werte

Es gibt nichtformale Überlegungen, die den Gedanken ausdrücken, dass individuelle Moral von Vorteil sein könnte.[2] Formale Überlegungen knüpfen an das von Maynard Smith und Price entwickelte Konzept evolutionsstabiler Strategien[3] an: Ein Strategie ist ein Verhaltensphänotyp. Eine Evolutionsstabile Strategie (ESS) ist durch folgende Eigenschaft definiert: Wenn alle Mitglieder einer Gesellschaft diese Strategie nutzen, dann ist kein Mutant erfolgreicher als die Mitglieder dieser Gesellschaft.

Nachfolgende Grafik (Abb. 1) veranschaulicht das Umfeld (den Modellrahmen) für eine evolutionäre Theorie der Werte. Da die Ziele von Mitgliedern einer Gesellschaft selten übereinstimmen, impliziert rationales Handeln, d. h. Verfolgung der Ziele oft Ineffizienz. Erst wenn die individuellen Werte durch moralische Regeln geprägt sind, d. h. wenn sich Werte und Ziele voneinander entfernen, verbessert sich die Effizienz der erreichten Situationen.

---

1   Vgl. *Opp, Karl-Dieter*: Die Entstehung sozialer Normen, Tübingen 1983.
2   Vgl. u.a. *Frank, Robert H.*: If Homo Economicus Could Choose His own Utility Function, Would He Want One With a Conscience? in: American Economic Review: Vol. 77, 1987. S. 593 - 604 u. *Frank, Robert H.*: Passions within reason. The strategic role of the emotions, New York und London 1988.
3   *Smith, Maynard J.* u. *Price, George R.*: The logic of animal conflict, in: Nature: Lond. 246, 1973. S. 15 - 18.

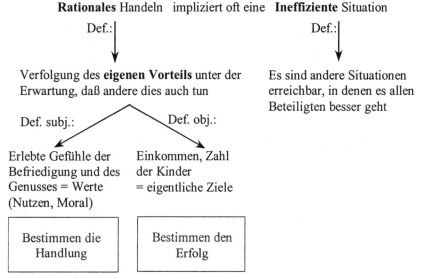

Abbildung 1: Werte und Ziele bei sozialem Handeln.

Die Grundhypothese einer „Evolutionären Theorie der Werte" stellt nicht auf Effizienz ab: Alle Werte – wie Geschmack oder Moral – haben sich als Strategien zur individuellen Erreichung der Ziele – wie Einkommen oder Anzahl der Kinder – entwickelt. Also: Mehr Einkommen dadurch, dass man nicht mehr so sehr nach diesem Ziel strebt?

Was ist der Unterschied zwischen einer biologischen und wirtschaftswissenschaftlichen Herangehensweise? In meinen Augen ist es vor allem die Rolle der Werte. Bei den Biologen ist das Verhalten der Grundbaustein, an dem die Evolution ansetzt – dieses Verhalten kann so interpretiert werden, als ob ihm Werte zugrunde liegen. Die Wirtschaftswissenschaften haben dagegen eine lange Tradition, das Verhalten auf Werte – die sogenannte Nutzenfunktion – zurückzuführen. In ihren Modellen gibt es explizite Werte und an diesen Werten setzt die Evolution an – nicht direkt am Verhalten.

Man beachte die Wortwahl: Verhalten bzw. Entscheidungen! Trotzdem soll mit den folgenden Diagrammen (Abb. 2) nicht ausgedrückt werden, dass diese Modellierung die Unterschiede zwischen Menschen und Tieren spiegelt. Dieses sind zunächst einmal die Unterschiede zwischen der Tradition der Wirtschaftswissenschaftler und der Biologen. In Wirklichkeit gibt es vielleicht eher graduelle Unterschiede.

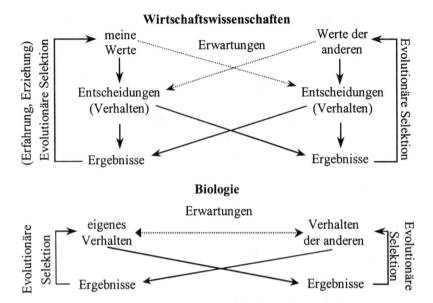

Abbildung 2: Evolutionäre Selektion von Verhalten im wirtschaftswissenschaftlichen und im biologischen Modell.

Auf jeden Fall ergibt eine Modellierung über Werte als Zwischengrößen eine größere Wirkung. Statt ein ganz bestimmtes Verhalten zu verändern, verändert eine Umwertung potentiell alles Verhalten.

### 3. Die evolutionäre Entwicklung moralischer Werte

Die folgende Tabelle gibt einige mehr oder wenig formale Überlegungen zum Thema „Moral in der Nutzenfunktion und die Implikationen" wieder. Einen wirklich geeigneten Modellrahmen findet man allerdings erst mit dem Konzept evolutionsstabiler Strategien. Ich denke, es ist eine wesentlicher Verdienst vor allem von Werner Güth seit ca. 1990 (mit einer Reihe von wechselnden Koautoren), die Fruchtbarkeit dieses Konzepts gezeigt zu haben.[4]

---

4   Vgl. u.a. *Güth, Werner* u. *Kliemt, Hartmut*: Competition or Co-operation: On The Evolutionary Economics of Trust, Exploitation and Moral Attitudes, in: Metroeconomica: Vol. 45, 2/1994. S. 155 – 187, *Güth, Werner* u. *Kliemt, Hartmut*: The indirect evolutionary approach: Bridging the gap between rationality and adaptation, in: Rationality and society: Vol. 10, 3/1998. S. 377 – 399 u. *Güth, Werner* u. *Yaari, Menahem*: An Evolutionary approach to Explaining Reciprocal Behavior in a simple Stra-

| Robert Frank: | Allgemeine Überlegungen zur individuellen Vorteilhaftigkeit, moralischen Regeln unterworfen zu sein. |
|---|---|
| Titel eines Aufsatzes (1987) | „If homo oeconomicus could choose his own utility function: Would he want one with a conscience?" |
| Titel eines Lehrbuchabschnitts (1991) | "Would parents want their daughter or son to marry homo oeconomicus?" |
| Buch (1988) | Passion within Reason. The strategic role of emotions. |
| Debatte über second order preferences | Moralische Präferenzen als second order preferences, viele Diskussionen in einer Art Freudschem Modell: „Ich – Überich" u.a. Sen (1974/1977), Frankfurt (1971), Bolle (1983). |
| Vertrauensdebatte | Individuelle Vorteile, vertrauenswürdig zu sein, Effizienz allgemeinen Vertrauens u.a. Coleman (1990), Fukuyama (1995), experimentelle Studien |
| Altruismusdebatte (seit ca. 1970) | Altruistische Präferenzen und ihre Implikationen Frisch (1971), Collard (1978), Becker (1974), Bolle (1991), Bergstrom (1989a und b) und hunderte von weiteren Artikeln |

Tabelle 1: Allgemeine Überlegungen zu individuellen Vorteilen moralischer Individuen.

Jedwede Moral impliziert zunächst einmal eine Einschränkung egoistischer Verhaltensweisen – so etwas kann doch keinen evolutionären Vorteil versprechen!? In einem Beispiel soll gezeigt werden, dass dies ein Vorurteil ist. Altruismus z. B. kann sich in einem evolutionären Prozess entwickeln, auch ohne dass man auf Verwandtenselektion zurückgreift.

Wie gesagt: Der Durchbruch (wenn man das bereits so sehen kann) kam erst mit einer expliziten Anwendung des von Maynard Smith und Price 1973 entwickelten Konzepts evolutionsstabiler Strategien.

Die Grundhypothese lautet: Basis für alles Verhalten (alle Präferenzen) ist eine evolutionäre Optimierung. „Bessere" Verhaltensweisen (bessere Präferenzen) sind diejenigen, die mehr Nachkommen versprechen.

---

simple Strategic Game, in: *Witt, Ulrich* (Hrsg.): Explaining Process and Change, Ann Arbor 1989.

Gilt dies auch für moralische Präferenzen? Man kann es zumindest als Arbeitshypothese mit diesem Grundsatz versuchen! Wie kann man argumentieren?

1.  Moralische Werte (Altruismus, Reziprozität, Gerechtigkeit [Fairness]) verbessern den Gruppenerfolg. Wenn es Gruppenselektion gibt, dann können sich solche Werte durchsetzen.

Wir wollen uns aber konzentrieren auf:

2.  Moralische Werte vergrößern den individuellen Erfolg.

Im folgenden soll ein Beispiel betrachtet werden für die evolutionäre Entwicklung „moralischer Gefühle" wie Liebe/Mitgefühl und der damit verbundenen Implikation (altruistisches Handeln) – und für die Entwicklung des negativen Pendants dazu!

Beispiele für Situationen:

-   Freiwillige Bereitstellung eines öffentlichen Gutes (Wohnungsputz in der Familie, WG)

-   Nutzung einer gemeinsamen Ressource (Fischfang)

Was ist die „optimale" Reaktion auf die Handlung des anderen? Diese hängt von äußeren und inneren Bedingungen ab! Möglichkeiten in einer 2-Personen-Gruppe sind:

(a) Wenn der andere mehr öffentliche Güter zur Verfügung stellt, dann tue ich das auch – und umgekehrt.

Wenn der andere die Ressource stärker nutzt, dann verstärke ich meine Nutzung auch – und umgekehrt.

(komplementäre Strategien, Güter sind strategische Komplemente)

(b) Wenn der andere die Ressource stärker nutzt, dann nutze ich die Ressource weniger – und umgekehrt.

Wenn der andere mehr öffentliche Güter bereitstellt, dann stelle ich weniger bereit – und umgekehrt.

(substitutionale Strategien, Güter sind strategische Substitute)

|                    | (a) | (b) |
|--------------------|-----|-----|
| Liebe, Mitgefühl   | +   | –   |
| Hass, Neid         | –   | +   |

Konsequenz „moralischer Werte" eines Individuums für dessen Wohlergehen

|                    | (a) | (b) |
|--------------------|-----|-----|
| Liebe, Mitgefühl   | +   | (+) |
| Hass, Neid         | (–) | –   |

Konsequenz „moralischer Werte" aller Individuen für dessen Wohlergehen

Tabelle 2: Abhängigkeit der optimalen Reaktion vom Handeln anderer[5]

Ist die Situation einer Gesellschaft mehr durch strategische Komplemente bestimmt, also (a), so können sich „positive" moralische Werte wie Liebe und Mitgefühl ausbilden, womit gemeint ist, dass das Wohlergehen anderer positiv bewertet wird.

Die Logik sieht folgendermaßen aus: Wenn Individuum A in einer Gesellschaft von lauter Egoisten „Liebe" entwickelt, dann wird es z. B. die Nutzung der Ressource einschränken. Als Egoist hat es sie gesteigert, bis eine weitere Nutzung seinen Gewinn nicht erhöhte. Wenn es die Nutzung jetzt ein wenig verringert, so verliert es kaum etwas – alle anderen profitieren allerdings davon. Im Fall (a) werden nun auch alle anderen ihre Nutzung zurückschrauben – bis ein neues Gleichgewicht auf einem niedrigeren Niveau der Nutzung erreicht wird. Auch A kann in diesem Prozess seinen Gewinn erhöhen – nehmen wir an, dass es geschieht.

Unter diesen Umständen hat ein altruistisches Individuum A in einer Gesellschaft von Egoisten Vorteile: Immer wieder interagieren Individuen in bestimmten Situationen miteinander, annahmegemäß meistens in Situation (a). Meistens sind dabei die Egoisten unter sich und erzielen ein schlechtes Ergebnis – nur manchmal treffen sie auf den einzigen Altruisten und fahren besser (sogar besser als dieser Altruist). Der Altruist allerdings steht sich in Situation (a) *immer* besser als die Egoisten, wenn diese unter sich sind.

Ergo: In einer Gesellschaft, die durch Situationen mit strategischen Komplementen bestimmt ist, können sich altruistische Präferenzen entwickeln. Die Kehrseite der Medaille ist, dass in einer Gesellschaft, die durch Situationen mit

---

5  Nach *Bester, Helmut* u. *Güth, Werner*: Is altruism evolutionarily stable?, in: Journal of Economic Behavior & Organization: 34, 1998. S. 193 – 209 u. *Bolle, Friedel*: Is Altruism evolutionarily stable? An Envy and Malevolence? Remarks on Bester and Güth, in: Journal of Economic Behavior & Organization: 42, 2000. S. 131 ff.

strategischen Substituten geprägt ist, das Gegenteil gilt: Hier haben Hass und Neid eine gute Chance, sich als „moralische Werte" zu etablieren – mit desaströsen Folgen für die Gesellschaft.

Zeigen die gegensätzlichen Schlussfolgerungen aus (a) und (b), dass hier ein grundsätzliches Problem besteht? Nicht notwendig: Wenn Situationen (a) überwiegen, dann entwickeln sich „Liebe" und Altruismus und die erweisen sich auch in Situationen (b) als vorteilhaft: auch dort gibt es Effizienzverbesserungen! Sollte sich allerdings ein Verhalten entwickeln, das zwischen Situationen (a) und (b) differenziert, dann werden letztere Situationen durch Neid und Missgunst geprägt sein. Dies ist vor allem dann gut möglich, wenn man Situationen (a) vornehmlich in einer bestimmten Teilgruppe der Gesellschaft vorfindet und Situationen (b) in einer anderen (Familie/Freunde vs. Fremde, Junge vs. Alte, anderes Geschlecht vs. gleiches Geschlecht, etc.).

Aber man muss auch bedenken, dass es weitere moralische Regeln geben kann, die evolutionäre Selektionsvorteile haben. Hier ist insbesondere der Komplex Reziprozität/Gerechtigkeit/Fairness zu nennen, der im Zusammenleben wohl eine noch wichtigere Rolle spielt als die oben diskutierte Liebe (Altruismus). Eine unvollständige Liste zu Untersuchungen über Moralische Regeln als evolutionsstabile Strategien finden sich in Tabelle 3.

| Autor | Jahr | diskutierte moralische Werte |
|---|---|---|
| Güth und Yaari | 1992 | Reziprozität |
| Ockenfels | 1993 | Reziprozität, Atruismus, Norm für Kooperation |
| Güth und Kliemt | 1994 | Reziprozität |
| Wallace | 1996 | Neid |
| Güth und Kliemt | 1998 | Allgemeine Diskussion |
| Bester und Güth | 1998 | Altruismus |
| Dufwenberg und Güth | 2000 | Neid |
| Bolle | 2000 | Neid |
| Bolle und Kritikos | 2000 | Reziprozität |

Tabelle 3: Eine Auswahl von Arbeiten zur evolutionären Begründung von Verhaltensnormen.

Auf das schwierigste Problem allerdings sind wir bisher noch gar nicht eingegangen, nämlich auf die verlässliche Kommunikation bestehender Moral. Da sie nicht direkt beobachtbar ist, muss sie signalisiert werden. Unterschätzt B die bei A vorhandenen moralischen Werte, so handelt B in einer Weise, die für A oder für beide zu einem schlechteren Resultat führt. Also hat A einen Anreiz, sogar Kosten aufzuwenden, um diese Signale zu produzieren.

Überschätzt B die bei A vorhandenen moralischen Werte, so wird dies zu einem für A vorteilhafteren, aber für B nachteiligen Resultat führen. Also wird A möglicherweise Ressourcen aufwenden, um Werte in größerem Umfang vorzutäuschen, als sie vorhanden sind, und B wird möglicherweise sogar Kosten aufwenden, A's wahre Werte zu erkennen (zu testen). Prinzipiell gilt, dass gute Signale solche sind, die jemand, der eine Eigenschaft signalisieren will, mit relativ niedrigen Kosten produziert, während das gleiche Signal für jemanden, der die Eigenschaft nicht hat, zu teuer ist.

Beispiele sind:

- Das prachtvolle und sehr hinderliche Gefieder des Pfaus signalisiert, dass das Tier so gesund und stark ist, dass es sich diesen "Luxus" leisten kann. Ein schwaches oder krankes Tier wäre dazu nicht in der Lage.

- Männliche Webervögel bauen ein aufwendiges Nest. Nur mit einem solchen Nest können sie ein Weibchen begatten. Danach bleibt keine Zeit, ein neues Nest für ein weiteres Weibchen zu bauen; also ist es optimal, sich um die Brut zu kümmern.

- Das gleiche Signal (längere „Verlobungs"-Zeit , Geschenke) gibt es bei Menschen. Männer, die sich darauf einlassen, signalisieren, dass sie „es ernst meinen". Ähnliche Signale gibt es auch in anderen Vertrauenssituationen.[6]

- Mitgliedschaften in religiösen Gemeinschaften mit strengen Moralvorstellungen und Erwartungen kostspieliger Investitionen (Gottesdienst, kirchliche Feiern).

- Die Ähnlichkeit von Vater und Kind gleich nach der Geburt (siehe Abbildung 3).

Lassen Sie mich betonen, dass die Entwicklung erfolgreicher Signale oft entscheidend ist für die Entwicklung moralischer Werte. Nur wenn man auch anderen vermitteln kann, dass man gut ist, lohnt es sich gut zu sein!

Zu einer vollständigen Theorie einer evolutionären Entwicklung moralischer Werte gehört auch die Frage, wie diese Werte signalisiert werden können. Bei Tieren kann man sich auch in dieser Frage auf die Evolution stützen – bei Men-

---

6 Vgl. *Camerer, Colin F.*: Gifts as economic signals and social symbols, in: American Journal of Sociology: 94, 1988. S. 180 – 214, *Carmichael, Lorne H.* u. *MacLeod, Bentley W.*: Gift giving and the evolution of cooperation, in: International Economic Review: Vol. 38, 3/1997. S. 485 – 509 u. *Bolle, Friedel*: Why to buy your darling flowers – On cooperation and exploitation, in: Theory and Decision: Vol. 50, 1/2001.

schen ist dies nur teilweise richtig. Signale können in einem jeweiligen Kontext kreiert werden, dies ist eine schöpferische Aufgabe, die einer Modellierung praktisch unzugänglich ist.

## 4. Schlussbemerkungen

Wir haben uns auf evolutionäre Entwicklungen moralischer Werte konzentriert. Das heißt nicht, dass Erziehung und eigenes Lernen unwichtig wären – im Gegenteil. Aber ich möchte diese Thematik hier nicht vertiefen.

Hat die hier entwickelte Sichtweise Auswirkungen auf die normative Ethik? Markt ohne Moral - was heißt das eigentlich? Dass der Markt ohne korrigierende Eingriffe nicht akzeptable Ergebnisse hervorbringt? Welcher Markt? Ein Markt mit lauter Vertretern des Homo Oeconomicus oder ein Markt mit Individuen, die in gewissem Umfang moralische Werte haben?

Was uns die hier entwickelte Sichtweise vielleicht vermittelt, ist, dass unsere moralischen Werte nicht allein Produkte unseres Geistes sind, Produkte gesellschaftlicher Konventionen, denen wir unter dem „Schleier der Unwissenheit" aus Gründen der Paretoverbesserung und Risikostreuung zustimmen. Wir können vielmehr bereits auf einen Grundstock solcher Werte zurückgreifen – oder besser: wir sind diesen Werten bereits qua Evolution unterworfen – wenn wir über weitergehende Regeln nachdenken. Dies spielt notwendig bei der Ausprägung gesellschaftlicher Konventionen eine entscheidende Rolle.

Der Vetter Franz, mit mildem Blick
Hub an und sprach: „O welches Glück?"
Welch kleine, freundliche Kollegen
Das ist fürwahr zwiefacher Segen!"

Abbildung 3: Wer ist der Vater? Wilhelm Busch wußte bereits, was Christenfeld und Hill (1995) in einem Experiment mit 122 Versuchspersonen, die Bilder von Eltern und Babies zuordnen mußten, herausgefunden haben.

## Literatur

*Becker, Garry, S.*, A Theory of Marriage, in: *Theodore W. Schultz*, Economics of the Family. Chicago/London 1974.

*Bergstrom, Theodore C.*, Love and Spaghetti. The Opportunity Cost of Virtue. In Jorunal of Economic Perspectives: Vol. 3, 2/1989.

*Bergstrom, Theodore C.*, A Fresh Look at the rotten Kid Theorem – and other Household Mysteries. In Journal of Political Economy Vol. 97, 5/1989.

*Bester, Helmut u. Güth, Werner*, Is altruism evolutionarily stable? In Journal of Economic Behavior & Organization: Vol. 34, 2/1998.

*Bolle, Friedel*, On Sen's second-order preferences, morals, and decision theory. In Erkenntnis: 20, 1983.

*Bolle, Friedel*, On Love and Altruism, In Rationality and Society: Vol. 3, 2/1991.

*Bolle, Friedel*, Is Altruism evolutionarily stable? An Envy and Malevolence? Remarks on Bester and Güth. In Journal of Economic Behavior & Organization: Vol. 42, 2/2000.

*Bolle, Friedel*, (2001) Why to buy your darling flowers – On cooperation and exploitation. In Theory and Decision: Vol. 50, 1/2001.

*Bolle, Friedel u. Kritikos, Alexander*, Reciprocity, Altruism, Solidarity: A dynamic model, Discussion paper 165. Frankfurt (Oder) 2000.

*Camerer, Colin F.*, Gifts as economic signals and social symbols. In American Journal of Sociology: 94, 1988.

*Carmichael, Lorne H. u. MacLeod, Bentley W.*, Gift giving and the evolution of cooperation. In International Economic Review: Vol. 38, 3/1997.

*Coleman, James S*, Foundations of Social Theory. Cambridge/Mass. 1990.

*Collard, David A.*, Altruism and Economy, Oxford 1978.

*Dufwenberg, Martin u. Güth, Werner*, Why do you hate me? On the survival of spite. In Economics Letters: 67, 2000.

*Frank, Robert H.*, If Homo Economicus Could Choose His own Utility Function, Would He Want One With a Conscience? In American Economic Review: Vol. 77, 4/1987.

*Frank, Robert H.*, Passions within reason. The strategic role of the emotions. New York/London 1988.

*Frank, Robert H.*, Microeconomics and Behavior. New York 1997.

*Frankfurt, Harry G.*, Freedom of the will and the concept of a person. In Journal of Philosophy: 68, 1971.

*Frisch, Karl*, Die Kontraktkurve bei Interdependenzen im Konsum: Kyklos 24, 1971.

*Fukuyama, Francis*, Trust – The Social Virtues and the Creation of Prosperity. New York 1995.

*Güth, Werner* u. *Kliemt, Hartmut*, Competition or Co-operation: On The Evolutionary Economics of Trust, Exploitation and Moral Attitudes. In Metroeconomica: Vol. 45, 2/1994.

*Güth, Werner* u. *Kliemt, Hartmut*, The indirect evolutionary approach: Bridging the gap between rationality and adaptation. In Rationality and society: Vol. 10, 3/1998.

*Güth, Werner* u. *Yaari, Menahem*, An Evolutionary approach to Explaining Reciprocal Behavior in a simple Strategic Game. In *Witt, Ulrich* (Hrsg.): Explaining Process and Change. Ann Arbor 1989.

*Hill, Emily A., Christenfeld, Nicholas J. S.*, Whose baby are you? In Nature: 378, 1995.

*Ockenfels, Peter*, Cooperation in prisoners' dilemma – An evolutionary approach. In European Journal of Political Economy: 9/1993.

*Opp, Karl-Dieter*, Die Entstehung sozialer Normen. Tübingen 1983.

*Sen, Amartya*, Choice, Orderings, and Morality. In *Körner, Stephan* (Hrsg.): Practical Reason. Oxford 1974.

*Sen, Amartya*, Rational Fools: A Critique of the Behavioral Foundations of Economic Theory. In Philosophy and Public Affairs: 6/1977.

*Smith, Maynard J.* u. *Price, George R.*, The logic of animal conflict. In Nature, London: 246, 1973.

*Wallace, Chris*, A Note on the Evolutionary Dynamics of Jealousy. Oxford 1996.

# Zum Primat der Politik vor der Logik des Marktes[*]

## *Peter Ulrich*

## 1. Drei denkbare Positionen zum Verhältnis von Politik und Markt

Der Markt ist als nützliches Mittel, nicht als oberstes Prinzip der Wirtschaftsordnung zu begreifen. Mit dem Verweis auf den Marktmechanismus allein ist eine Wirtschaftsordnung noch nicht hinreichend spezifiziert; eine solche ergibt sich erst durch die ordnungspolitische Gestaltung der normativen und funktionalen Voraussetzungen, unter denen die Marktkräfte „spielen" können sollen. Die Aufgabe der Ordnungspolitik ist, mit anderen Worten, eine doppelte: Zum einen hat sie die Bedingungen der Legitimität (ethisch-politische Rechtfertigungsfähigkeit) der mehr oder weniger weitgehenden Überantwortung gesellschaftlicher Koordinationsprobleme an den Markt zu begründen, zum anderen die Funktionsfähigkeit des ökonomischen Systems zu gewährleisten.

Somit lässt sich der Primat der Politik vor dem „freien" Markt in einem doppelten Sinne verstehen und befürworten oder bestreiten. Insgesamt sind folglich drei idealtypische Positionen denkbar, die sich begrifflich als alt-, neo- und ordoliberal auseinander halten lassen:[1]

(1) Wer den Primat der Politik in beiden Bedeutungen (normativ und funktional) ablehnt und auf die vollkommene Selbststeuerung des „freien" Marktes setzt, der vertritt die alt- oder paläoliberale „Laissez-faire"-Position. Sie macht nur Sinn auf der Basis starker Hintergrundannahmen, die letztlich auf eine Metaphysik des Marktes hinauslaufen. Es handelt sich um geistesgeschichtlich zu verstehende, in christlich-naturrechtlichen Traditionen wurzelnde Vorstellungen des von der „unsichtbaren Hand" des Schöpfers wohlgeordneten natürlichen Kosmos, an dem der ökonomische Kosmos des Marktes, gedeutet als „natürli-

---

[*] Erstmals erschienen in: „Jahrbuch der Neuen Helvetischen Gesellschaft 1999/2000: Die Schweiz unter Globalisierungsdruck. Staatliches Handeln mit und gegen wirtschaftliche Logik", hrsg. v. *W. Bührer & J. L. Steinacher*, Sauerländer Verlag. Wiederabdruck mit freundlicher Genehmigung des Verlags.

1 Zur nachfolgenden idealtypischen Systematik vgl. im Einzelnen *Ulrich, Peter*: Integrative Wirtschaftsethik. Grundlagen einer lebensdienlichen Ökonomie, 3. rev. Aufl., Bern 2001, S. 333 ff.

che" Wirtschaftsordnung, Anteil hat. Der Altliberale vertraut also letztlich auf
die „prästabilierte Harmonie" (Leibniz) im naturwüchsig evolvierenden Markt;
wer in die im freien Markt waltende „höhere Vernunft" mit der begrenzten
menschlichen Vernunft gestaltend eingreifen will, der ist ihm letztlich als Ketzer
verdächtig. Ein solcher Marktfundamentalismus, für den man sich übrigens keineswegs auf Adam Smith berufen kann, ist als vor- oder gegenaufklärerische
Haltung einzustufen, die sich kaum mehr vernünftigerweise vertreten lässt. Eine
unvermutete Renaissance hat dieses Denkmuster allerdings im Zeichen der wirtschaftlichen Globalisierung erfahren, nämlich überall dort, wo uneingeschränkt
ein („deregulierter") weltwirtschaftlicher „Standortwettbewerb" begrüßt wird.
Indem dieser auch als Wettbewerb der Rahmenordnungen zur Wirkung kommt,
bedeutet er nichts anderes, als dass die faktische Tendenz zur Unterordnung der
Politik unter die Logik des marktwirtschaftlichen Wettbewerbs normativ über-
höht wird zum Primat des „freien" Marktes vor aller Politik.

(2) Auf nationaler Ebene hat die skizzierte paläoliberale Position schon deshalb kaum mehr Anhänger, weil die Erfahrung längst gezeigt hat, dass ohne die
ordnende Hand des Staats Märkte zur Selbstaufhebung durch Vermachtung
(Marktabsprachen, Fusionen, Kartelle) tendieren. „Kaufleute sind immer daran
interessiert, den Markt zu erweitern und den Wettbewerb einzuschränken", hatte
schon Adam Smith beobachtet.[2] Die neoliberale Position (im heute üblichen Sinn
des Begriffs) vertritt daher, entgegen einem verbreiteten Missverständnis, in
einem bestimmten Sinn durchaus den Primat der Politik vor dem Markt. Dies
jedoch nur so weit, wie es um die staatliche Bereitstellung der Funktionsvoraus-
setzungen des marktwirtschaftlichen Systems geht. Dazu gehören neben grundlegenden rechtsstaatlichen Voraussetzungen (Schutz des Privateigentums sowie
der Handels- und Gewerbefreiheit, Vertragsrecht, Haftungsrecht) insbesondere
die Wettbewerbspolitik (Offenhaltung der Märkte und Sicherung eines wirksamen Wettbewerbs) sowie die Geld- und Stabilitätspolitik (Gewährleistung einer
wertbeständigen Währung, stabiler Preise und stetigen Wirtschaftswachstums).
Normatives Kriterium für „zulässige" Wirtschaftspolitik ist damit immer nur,
dass diese den Marktmechanismus zur Wirkung bringt – oder in einem Wort: die
Effizienz des Marktes. Der neoliberale Schlachtruf „mehr Markt!" verträgt sich
daher durchaus mit dem funktionalistisch eingeschränkten Primat der Politik.
Hingegen werden gestaltende politische Eingriffe nach ethischen Gesichtspunkten in aller Regel abgelehnt, soweit sie als „effizienzmindernd" eingestuft werden.

---

2  *Smith, Adam*: Der Wohlstand der Nationen, München 1978, S. 213.

(3) Die ordoliberale Position, die sich ursprünglich bis in die 50er Jahre hinein selbst als „neoliberal" bezeichnet hat, anerkennt als einzige der drei Konzeptionen von Marktwirtschaft den Primat der Politik im vollen Sinne, also auch und vorrangig in seiner legitimatorischen Aufgabe. Sie vertritt daher ausdrücklich den Primat der politischen Ethik vor der ökonomischen Logik des Marktes. Zwar plädieren auch die Vordenker des Ordoliberalismus (namentlich Wilhelm Röpke, Alexander Rüstow, Franz Böhm und Walter Eucken) für eine dezidierte Wettbewerbspolitik, aber anders als die späteren „Neoliberalen", von denen sie inzwischen ein tiefer wirtschaftsphilosophischer Graben trennt,[3] überhöhen sie die Markteffizienz nicht selbst noch zum obersten ordnungspolitischen Gestaltungskriterium. Vielmehr betonen sie: „Die Wirtschaft ist Mittel, die Vitalsituation ist Zweck."[4] Daher gilt: „Die Marktwirtschaft ist nicht alles. Sie muss in eine höhere Gesamtordnung eingebettet werden, die nicht auf Angebot und Nachfrage, freien Preisen und Wettbewerb beruhen kann."[5] Für die ordoliberale Position ist deshalb ein zweistufiges Konzept von Ordnungspolitik konstitutiv: Die Wettbewerbspolitik ist zwar unverzichtbar, aber sie ist nachrangig gegenüber der an „höheren" Kriterien orientierten „Vitalpolitik", die „alle Faktoren in Betracht zieht, von denen in Wirklichkeit Glück, Wohlbefinden und Zufriedenheit des Menschen abhängen."[6] Damit ist die neoliberale Ideologie, der gemäß „mehr Markt" im Prinzip immer gut sei, ethisch-politisch durchbrochen: Wo die Effizienz des Marktes mit „vitalen" Gesichtspunkten des guten Lebens und gerechten Zusammenlebens in Konflikt gerät, sind die Marktkräfte zugunsten anderer

---

3  NZZ-Wirtschaftsredaktor *Gerhard Schwarz* hat versucht, die faktisch eingetretene Abspaltung des heutigen marktradikalen Neoliberalismus vom Ordoliberalismus mit dem Verweis auf die ursprüngliche Gleichbedeutung beider Bezeichnungen abzutun und sie als eine „perfide Umdeutung" des Begriffs „Neoliberalismus" durch dessen Kritiker („Sozialromantiker und Strukturkonservative") zu erledigen. Angesichts des inzwischen real existierenden paradigmatischen Gegensatzes beider ordnungspolitischen Konzeptionen ist dies m.E. jedoch selbst als fragwürdige Begriffsstrategie in ideologischer Absicht zu kritisieren. Vgl. *Schwarz, Gerhard*: Die Mär vom „Neoliberalismus", in: Neue Zürcher Zeitung, Nr. 84 vom 11./12. April 1998, S. 21.

4  *Krüsselberg, Hans-Günter*: Ordnungstheorie – Zur Konstituierung und Begründung der Rahmenbedingungen, in: *Bievert, Bernd* u. *Held, Martin* (Hrsg.): Ethische Grundlagen der ökonomischen Theorie, Frankfurt am Main 1989, S. 100 – 133, hier S. 112, in Anlehnung an Formulierungen von Alexander Rüstow.

5  *Röpke, Wilhelm*: Jenseits von Angebot und Nachfrage, Erlenbach-Zürich/Stuttgart 1958, S. 19.

6  *Rüstow, Alexander*: Wirtschaftsethische Probleme der sozialen Marktwirtschaft, in: *Boarman, Patrick M.* (Hrsg.): Der Christ und die soziale Marktwirtschaft, Stuttgart/Köln 1955, S. 53 – 74, hier S. 74.

Grundsätze der gesellschaftlichen Ordnung in Schranken zu weisen. Deshalb betonen die Ordoliberalen, „dass der Marktrand, der Marktrahmen, das eigentliche Gebiet des Menschlichen ist, hundertmal wichtiger als der Markt selbst. Der Markt hat lediglich eine dienende Funktion."[7] Die grundlegende ordoliberale Leitidee ist also die einer lebensdienlichen Marktwirtschaft, die die Marktkräfte mittels ethisch-politischer Vorgaben auf „vitale" Gesichtspunkte ausrichtet und wo nötig begrenzt.

## 2. Ökonomische Ratio und ethisch-politische Vernunft oder: Der kleine Unterschied und seine großen Folgen

Eigentlich müsste man meinen können, dass die normative Vorzugswürdigkeit der ordoliberalen Position in einer aufgeklärten Gesellschaft kaum mehr ernstlich bestritten würde.[8] Doch dem ist bekanntlich nicht so: Im Zeichen des globalen „Standortwettbewerbs" hat sich seit dem Thatcherismus (Großbritannien) und den Reagonomics (USA) der 80er Jahre ein marktradikaler Neoliberalismus ausgebreitet, der von vitalpolitischen Vorgaben, insbesondere solchen sozialpolitischer Art, nichts mehr wissen will und mehr denn je dem impliziten Leitbild einer totalen Marktgesellschaft zuarbeitet, indem der konsequenten Durchökonomisierung mehr oder weniger sämtlicher Lebens- und Gesellschaftsbereiche das Wort geredet wird. Dieser enthemmte ordnungspolitische Ökonomismus dürfte einiges mit veränderten Machtverhältnissen zwischen der in ihren Wirkungen nicht immer „privaten" Privatwirtschaft und der Politik infolge des internationalen „Standortwettbewerbs" um attraktive (d.h. kostengünstige) Kapitalverwertungsbedingungen zu tun haben. Soweit man ihm argumentativ überhaupt entgegen treten kann, geht es heute in erster Linie um die wirtschaftsethische Kritik der „reinen" ökonomischen Vernunft:[9] Es kommt – im Sinne eines Stücks nachholender Aufklärung – darauf an, die kategoriale Differenz zwischen e-

---

7 *Rüstow, Alexander*: Paläoliberalismus, Kommunismus und Neoliberalismus, in: *Greiß, Franz* u. *Meyer, Fritz W.* (Hrsg.): Wirtschaft, Gesellschaft und Kultur. Festgabe für Alfred Müller-Armack, Berlin 1961, S. 61 – 70, hier S. 68 (Hervorh. P. U.).

8 Die prinzipielle Befürwortung des ordoliberalen Idealtyps marktwirtschaftlicher Ordnung schließt selbstverständlich die kritische Auseinandersetzung mit dem konkreten Entwicklungsstand des geschichtlichen Ordoliberalismus, dessen Ordnungskonzeption in verschiedener Hinsicht unscharf und inkonsistent geblieben ist, keineswegs aus; vgl. dazu *Ulrich, Peter*: Integrative Wirtschaftsethik. Grundlagen einer lebensdienlichen Ökonomie, a.a.O. S. 352 ff.

9 Vgl. zu dieser systematisch ersten Aufgabe unverkürzter Wirtschaftsethik *Ulrich, Peter*: Integrative Wirtschaftsethik. Grundlagen einer lebensdienlichen Ökonomie, a.a.O. S. 116 ff.

thisch-politischer Vernunft und ökonomischer Rationalität bewusst zu machen, denn erst aus dieser Differenz heraus wird einsichtig, inwiefern wir die Gestaltung der gesellschaftlichen Verhältnisse nicht einfach der „Moral des Marktes" überantworten können und worin daher die lebenspraktische Bedeutung des Primats der (ethisch orientierten) Vitalpolitik vor den Marktkräften besteht.

Zwischen dem ökonomischen Rationalitätsverständnis, wie es die heutige, neoklassisch geprägte Mainstream-Ökonomik lehrt, und dem Leitbild der totalen Marktgesellschaft besteht ein untrennbarer innerer Zusammenhang, indem der Markt die Idealform gesellschaftlicher Handlungskoordination zwischen Homines oeconomici darstellt. Für den Homo oeconomicus, diese Metapher für das ökonomische „Rationalprinzip", ist die methodische Annahme charakteristisch, dass er strikt seinen Eigennutzen zu maximieren bestrebt ist, auch im Umgang mit anderen Menschen. Indem der Homo oeconomicus, wie er im (Lehr-) Buche steht, keine andere als eine rein strategische (Erfolgs-) Rationalität kennt, fällt auch jede Möglichkeit seiner ethisch-rationalen Selbstkritik und Begrenzung seines eigennützigen Strebens um anderer Menschen willen außer Betracht. Homines oeconomici sind sich daher wechselseitig gleichgültig; keinerlei moralische Verpflichtungsgefühle beeinflussen ihre sozialen Interaktionen, solange sie denn „rational" handeln. Die moderne Ökonomik entfaltet – als Idealtheorie ihrer Rationalitätsidee – konsequent die normative Logik erfolgsrationalen Handelns strikt eigeninteressierter Individuen (besitzbürgerlicher Individualismus). Deren Bereitschaft, miteinander zu kooperieren, beschränkt sich idealtypisch auf den wechselseitigen Vorteilstausch im Sinne des „Marktprinzips", bleibt also stets bedingt durch den je privaten Vorteil. Eine Idee gesellschaftlicher Verbindlichkeiten, die dieser tauschvertraglichen Form bedingter Kooperation voraus geht, kann so gar nicht in den Blick kommen – Gesellschaft wird vielmehr im Ganzen nach dem Marktmodell des Vorteilstausches, also schon im Ansatz als Marktgesellschaft gedacht. Der Status quo der „gegebenen" Ausgangslage (Kaufkraft- und Machtverteilung) wird hinsichtlich seiner Gerechtigkeit nicht hinterfragt.

Die spezifische normative Prägung des ökonomischen Gesellschaftskonzepts besteht darin, dass der Sozialzusammenhang zwischen den Individuen als diesen nachgeordnet gilt: Alles „Soziale" wird bloß als äußere Einschränkung der präsozial und rein negativ (d.h. als Recht auf Abwehr sozialer Verbindlichkeiten) gedachten Freiheit aufgefasst. Von da kommt das oft auffallend ausgeprägte Ressentiment der Wirtschaftsliberalen, seien sie alt- oder neoliberal orientiert, gegen alles Soziale, gegen den Staat als Garanten einer einigermaßen gerechten Gesellschaft und bisweilen selbst gegen die Demokratie, die im ökonomistischen Weltbild in einen merkwürdigen Widerspruch zum Freiheitsverständnis gerät. Es kann daher kaum verwundern, dass die „Anwendung" ökonomischer Kategorien und Denkmuster auf Probleme der Wirtschafts- und Gesellschaftspolitik regelmäßig im oben skizzierten ordnungspolitischen Ökonomismus endet und so – gewollt oder ungewollt – der ideologischen Abwehr von ethisch-politischen (Legitimations-)Ansprüchen dient, die sich nicht auf die ökonomische Rationalitätsperspektive reduzieren lassen und ihr u. U. widersprechen.

Letzteres trifft zu für die moderne philosophische (Vernunft-)Ethik. Sie entfaltet im Kern die universalistische normative Logik der Zwischenmenschlichkeit oder das „Verhältnis vernünftiger Wesen zu einander", wie Kant sagte.[10] Im Unterschied zur je am privaten Vorteil interessierten und durch diesen bedingten Interaktion und Kooperation zwischen Homines oeconomici geht es in der ethischen Perspektive gerade um die unbedingte wechselseitige Achtung der Personen als Wesen gleicher Würde und die entsprechende Anerkennung reziproker moralischer Rechte und Pflichten. Mit anderen Worten: Die Ethik fragt nach den Grundsätzen der (Zwischen-)Menschlichkeit, die kategorisch Vorrang vor den je privaten Nutzenkalkülen der Individuen verdienen, und somit nach den normativen Voraussetzungen legitimen Wirtschaftens. Aus der wirtschaftsethischen Perspektive ergibt sich daher ein ganz anderes Konzept einer freiheitlichen Gesellschaft als bloß der „freie" Markt.

### 3. Marktwirtschaft und wohlgeordnete Bürgergesellschaft oder: Arbeit am Freiheitsbegriff

Der nach dem Modell des „freien" Marktes gedachte, wirtschaftsliberale Begriff präsozialer (Willkür-)Freiheit vertritt aus der Sicht eines philosophisch-ethisch fundierten politischen Liberalismus kein tragfähiges Freiheitsverständnis. Wohlverstandene Freiheit ist die gleiche größtmögliche reale Freiheit aller Bürger und Bürgerinnen in einer Gesellschaft – oder sie verdient ihren Namen nicht. In einer wahrhaft freiheitlichen Gesellschaft findet nämlich die legitime Freiheit des Einen ihre ethische Grenze stets im gleichberechtigten Anspruch aller Anderen auf lebbare Freiheit. Nicht gegen die soziale Gemeinschaft, sondern in ihr ist wohlverstandene Freiheit als allgemeine Freiheit (d.h. gleiche Freiheit aller) zu denken, und nur in der sozialen Gemeinschaft Freier und Gleicher ist die gelingende Identitätsentwicklung einer autonomen und sozial integrierten Persönlichkeit möglich. Eine wohlgeordnete Gesellschaft freier und gleicher Bürger wird damit als die konstitutive Grundlage (also nicht bloß als äußere Restriktion!)

---

10 *Kant, Immanuel*: Grundlegung zur Metaphysik der Sitten, in: Werkausgabe in 12 Bdn., Frankfurt am Main 1978. Bd. 7, S. 67 (BA 75).

legitimer individueller Freiheit, auch und besonders der Freiheit privatwirtschaftlicher Betätigung, begriffen. Oder in ökonomischer Begrifflichkeit formuliert: Freiheit stellt ein köstliches und kostbares öffentliches Gut dar.

Freie Bürger erkennen und anerkennen daher ihre politische Mitverantwortung für den Zustand der Res publica, der öffentlichen Sache einer wohlgeordneten Gesellschaft Freier und Gleicher. Mehr noch: Sie verstehen sich als frei auch und gerade deshalb, weil sie als mündige Staatsbürger am Prozess der öffentlichen Selbstbestimmung auf dem Wege des „öffentlichen Vernunftgebrauchs"[11], der argumentativen Beratschlagung über die Grundsätze des gerechten und fairen Zusammenlebens, partizipieren können. Ideeller Ort der Moral – auch der Moral des „privaten" Wirtschaftens! – ist in einer freiheitlichen Gesellschaft die unbegrenzte Öffentlichkeit aller mündigen Bürger; in ihr erst lässt sich vernünftig bestimmen, was legitimerweise als „privat" gelten kann. Der Staat wird von da aus nicht nur als Hüter des „unantastbaren" Privateigentums betrachtet, sondern zunächst einmal als der unverzichtbare Garant der gleichen unantastbaren Freiheit aller und der Grundsätze ihres gerechten Zusammenlebens. Zu diesem Zweck hat er die Argumentationsfreiheit mündiger Bürger in der kritischen Öffentlichkeit gegen alle noch so mächtigen Partikularinteressen offen zu halten. Außerdem kommt dem republikanisch-liberalen Staat die Aufgabe zu, um der allgemeinen Freiheit willen die grenzenlose Willkürfreiheit der (wirtschaftlich und realpolitisch) Starken in Schranken zu weisen, wo sie sonst auf Kosten der gleichberechtigten Freiheit der Schwächeren geht. Somit lässt sich der Staat nicht mehr einfach pauschal als Gegenpol der Freiheit diffamieren, wie es im marktradikalen Neoliberalismus gängig ist („mehr Freiheit, weniger Staat").

Ohne das angedeutete republikanische Bürgerethos, ohne ein Minimum an „Gemeinsinn" und Solidarität, ist daher eine freiheitliche Gesellschaft nicht zu haben. Der für den puren Wirtschaftsliberalismus charakteristische Traum, die Gesellschaft ganz als ein System des geordneten Egoismus zu denken – die „unsichtbare Hand" des idealen Marktes lässt grüßen –, um so die privatautonomen Besitzbürger von jeglicher politisch-ethischen Tugendzumutung zu entlasten, ist angesichts dieser elementaren Vernunfteinsicht ausgeträumt. Ein politischer Liberalismus, der dieses unverzichtbare bürgerethische Moment einer wahrhaft

---

11  Die Formel vom „öffentlichen Gebrauch der Vernunft" geht zurück auf *Kant, Immanuel*: Beantwortung der Frage: Was ist Aufklärung? in: Werkausgabe in 12 Bdn., Frankfurt am Main 1978. Bd. 11, S. 55. Sie ist von der Philosophie des politischen Liberalismus aufgegriffen worden; vgl. *Rawls, John*: The Idea of Public Reasoning, in: ders., Political Liberalism, New York 1993, S. 221 - 254.

freiheitlichen Gesellschaft konsequent einbezieht, kann deshalb als republikanischer Liberalismus bezeichnet werden.[12]

Für das republikanisch-liberale Leitbild einer vollentfalteten Bürgergesellschaft oder „Civil Society" können drei Grundmerkmale, die wesentlich auch das Verhältnis von Politik und Markt betreffen, als konstitutiv gelten:

(1) Umfassender Bürgerstatus: „Citizenship ist ein nicht-ökonomischer Begriff. Er definiert die Stellung der Menschen unabhängig von dem relativen Wert ihres Beitrags zum Wirtschaftsprozess" – so Dahrendorf[13] als führender deutschsprachiger Vordenker des politischen Liberalismus und der Bürgergesellschaft. Ein in diesem Sinn voll entfalteter Bürgerstatus setzt starke allgemeine Bürgerrechte voraus, und zwar neben elementaren Persönlichkeitsrechten und Staatsbürgerrechten (politischen Teilnahmerechten) auch – teilweise noch fehlende – Wirtschaftsbürgerrechte (sozialökonomische Existenz- und Teilhaberechte), soweit diese zur selbständigen Lebensführung in realer Freiheit und Selbstachtung nötig sind.

(2) Bürgersinn: In einer voll entwickelten Bürgergesellschaft nehmen die Bürger ihre privaten und ebenso ihre gemeinschaftlichen Angelegenheiten selbst in die Hand. Als Infrastruktur solcher Bürgerpartizipation blüht ein lebendiges Netzwerk egalitärer Bürgervereinigungen auf („Zivilgesellschaft" i.e.S.). Die Bürger fühlen sich für die Res publica, die öffentliche Sache des gerechten und solidarischen gesellschaftlichen Zusammenlebens, mitverantwortlich und spalten ihr privates Handeln davon nicht ab, machen es also von seiner Legitimität im Lichte der gleichen Freiheit und Grundrechte aller Bürger abhängig. Dies ist der Kern des republikanisches Ethos, wie es übrigens auch Adam Smith ausdrücklich vertreten hat, betonte er doch: „Derjenige ist kein Bürger, der nicht willens ist, die Gesetze zu achten und der bürgerlichen Obrigkeit Gehorsam zu leisten; und derjenige ist sicherlich kein guter Bürger, der nicht den Wunsch hegt, mit allen Mitteln, die ihm zu Gebote stehen, die Wohlfahrt der ganzen Gemeinschaft seiner Mitbürger zu fördern."[14]

---

12  Zur trennscharfen Abgrenzung des republikanischen Liberalismus vom politischen Liberalismus im Sinne Rawls' sowie von anderen Ausprägungen des Republikanismus vgl. *Ulrich, Peter*: Integrative Wirtschaftsethik. Grundlagen einer lebensdienlichen Ökonomie, a.a.O. S. 293 ff.

13  *Dahrendorf, Ralf*: Über den Bürgerstatus, in: *van den Brink, Bert* u. *van Reijen, Willem* (Hrsg.): Bürgergesellschaft, Recht und Demokratie, Frankfurt am Main 1995, S. 29 – 43, hier S. 33.

14  *Smith, Adam*: Theorie der ethischen Gefühle, Hamburg 1985. S. 392.

(3) Zivilisierung des Marktes ebenso wie des Staates: In einer wahren Bürgergesellschaft gilt der freie Bürger mehr als der „freie" Markt! Und das heißt: die sachzwanghafte Eigenlogik des Marktes wird nicht als guter Grund akzeptiert, um die reale Freiheit und Chancengleichheit der Bürger, vor allem des schwächeren Teils unter ihnen, und die Gerechtigkeit der Spielregeln ihres Zusammenlebens einzuschränken – vielmehr verhält es sich genau umgekehrt! Die „Souveränität" des Bürgers ist gegenüber jeder Form von nicht legitimierter Macht, „privat"-wirtschaftlicher genauso wie staatlicher, zu verteidigen. Oder um es nochmals mit Dahrendorf zu formulieren: „Die Rechte der Bürger sind jene unbedingten Anrechte, die die Kräfte des Marktes zugleich überschreiten und in ihre Schranken verweisen."[15]

An diesem republikanisch-liberalen Leitbild einer voll entfalteten Bürgergesellschaft gemessen, erscheint jene Realpolitik, die sich heutzutage „bürgerlich" zu nennen pflegt, übrigens oft als merkwürdig eindimensional eingestellt. Sie scheint großenteils vergessen zu haben oder aber nicht mehr wahrhaben zu wollen, was eine wahre Bürgergesellschaft ausmacht und was angesichts des gewaltigen sozioökonomischen Umbruchs, in dem wir heute stehen, gesellschaftspolitisch auf dem Spiel steht.

Gemäß dem drittgenannten Punkt ist für das bürgergesellschaftliche Leitbild des republikanischen Liberalismus im Gegensatz zum derzeit (noch) tonangebenden Neoliberalismus ein instrumentelles Verständnis des Marktes charakteristisch: Der Markt ist Mittel, nicht Selbstzweck – die Zwecke, denen die Marktwirtschaft zu dienen hat, und die Kriterien, nach denen die Rahmenordnung des Marktes dementsprechend zu gestalten ist, können nicht auch noch rein ökonomischer Art sein, vielmehr geht es vorrangig um eine ethisch-politische Begründung der Wirtschaftsordnung. Hier zeigt sich, dass das im ersten Abschnitt skizzierte, ordoliberale Postulat des Vorrangs der (lebensweltorientierten) „Vitalpolitik" vor der (systemorientierten) Wettbewerbspolitik sich bestens an den republikanischen Liberalismus anschließen lässt. Es kommt auch den Ordoliberalen gerade darauf an, „dass wir den Wettbewerb nicht zum beherrschenden Prinzip machen" und statt dessen „Wettbewerb und Marktwirtschaft (...) umgrenzen und (...) moderieren".[16] Erst im Rahmen der vitalpolitischen Vorgaben und entsprechend gestalteter ordnungspolitischer An- und Abreizstrukturen des Marktes macht es lebenspraktisch Sinn, die Effizienzfunktion des Wettbewerbs

---

15 *Dahrendorf, Ralf*: Moralität, Institutionen und die Bürgergesellschaft, in: Merkur, Nr. 7, 1992, S. 557 – 568, hier S. 567 f.

16 *Röpke, Wilhelm*: Jenseits von Angebot und Nachfrage, a.a.O. S. 174 (Hervorh. P. U.).

zur Wirkung zu bringen. Denn ohne vitalpolitische Vorgaben kann der Markt nicht „wissen", wofür er effizient sein soll.

Das gilt im Übrigen auch für den entgrenzten globalen Markt. Den Primat e-thisch orientierter Vitalpolitik vor der Eigenlogik des Marktes auf supranationa-ler Ebene wiederherzustellen und den internationalen „Standortwettbewerb" selbst noch in vitalpolitisch sinnvoller Weise zu „umgrenzen" und zu „moderie-ren" (Röpke), ist wohl die entscheidende wirtschafts-, gesellschafts- und weltin-nenpolitische Herausforderung des 21. Jahrhunderts. Der elementare vitalpoliti-sche Grundsatz einer wirtschaftsethisch aufgeklärten Globalisierung sollte lau-ten: Die Räume, in denen die institutionellen Voraussetzungen zur Wahrung des Primats der Politik realisierbar sind, müssen stets mit den offenen Markträumen deckungsgleich sein. Das bedeutet: Wer den globalen Markt will, der wird ver-nünftigerweise auch eine vitalpolitisch orientierte global governance mit welt-weiten Menschenrechts-, Demokratie-, Sozial- und Umweltstandards befürwor-ten. Leitend bleibt also auch auf der supranationalen Ebene die grundlegende normative Orientierungsidee des republikanischen Liberalismus: nämlich dass eine lebensdienliche Marktwirtschaft primär nicht den Markt, sondern die Bürger und Bürgerinnen frei macht. Und dies ist, wie hoffentlich klar geworden ist, bei weitem nicht dasselbe.

## Literatur

*Dahrendorf, Ralf*, Moralität, Institutionen und die Bürgergesellschaft. In Merkur, Nr. 7, 1992, S. 557 – 568.

*Dahrendorf, Ralf*, Über den Bürgerstatus. In: *van den Brink, Bert* u. *van Reijen, Willem* (Hrsg.): Bürgergesellschaft, Recht und Demokratie. Frankfurt am Main 1995, S. 29 – 43.

*Kant, Immanuel*, Grundlegung zur Metaphysik der Sitten. In: Werkausgabe in 12 Bdn. Frankfurt am Main 1978, Bd. 7.

*Kant, Immanuel*, Beantwortung der Frage: Was ist Aufklärung? In: Werkausgabe in 12 Bdn. Frankfurt am Main 1978, Bd. 11.

*Krüsselberg, Hans-Günter*, Ordnungstheorie – Zur Konstituierung und Begrün-dung der Rahmenbedingungen. In: *Biervert, Bernd* u. *Held, Martin* (Hrsg.): Ethische Grundlagen der ökonomischen Theorie. Frankfurt am Main 1989, S. 100 – 133.

*Rawls, John*, The Idea of Public Reasoning. In: ders., Political Liberalism, New York 1993.

*Röpke, Wilhelm*, Jenseits von Angebot und Nachfrage. Erlenbach-Zürich/ Stuttgart 1958.

*Rüstow, Alexander*, Wirtschaftsethische Probleme der sozialen Marktwirtschaft. In: *Boarman, Patrick M.* (Hrsg.): Der Christ und die soziale Marktwirtschaft. Stuttgart/Köln 1955, S. 53 – 74.

*Rüstow, Alexander*, Paläoliberalismus, Kommunismus und Neoliberalismus. In: *Greiß, Franz* u. *Meyer, Fritz W.* (Hrsg.): Wirtschaft, Gesellschaft und Kultur. Festgabe für Alfred Müller-Armack. Berlin 1961, S. 61 – 70.

*Schwarz, Gerhard*, Die Mär vom „Neoliberalismus". In: Neue Zürcher Zeitung, Nr. 84 vom 11./12. April 1998, S. 21.

*Smith, Adam*, Der Wohlstand der Nationen. München 1978.

*Smith, Adam*, Theorie der ethischen Gefühle. Hamburg 1985.

*Ulrich, Peter*, Integrative Wirtschaftsethik. Grundlagen einer lebensdienlichen Ökonomie. 3. rev. Aufl., Bern 2001.

# Corporate Citizenship als Kooperationsmodell auch im osteuropäischen Raum?

## *Markus Breuer*

*Die Notwendigkeit eines Modells wohlverstandener „good-corporate citizen-ship" – nicht nur in den Transformationsökonomien Mittelosteuropas – scheint evident. Es mag auch hierzulande als Alternative zu staatlichem Dirigismus und technokratischem Vollzug gelten. „Es ist kein Zufall, wenn auf dem Kontinent das am besten klappt, was nicht durch die Brüsseler Mühle gedreht wurde: auf dem Strategiesektor Ariane Espace und Airbus. Es ist nicht unwichtig, dass dies Unternehmen sind, die sich klar dem Wettbewerb um die Führungsposition (mit Boing und Cape Canaveral) stellen.* "[1]

### 1. Zur Notwendigkeit des „good corporate citizen"

Einer der Hauptgründe – wie ich meine – für die Notwendigkeit eines wohlver-standenen Konzeptes des ‚*good corporate citizen*' liegt zunächst in nichts weni-ger als der erneuten Brisanz des Begriffes für unsere Vorstellung von *Kultur* begründet.

Dabei ist *Kultur* im allgemeinsten Sinne „nichts weiter" als der gemeinsam verstandene und verinnerlichte Lebensakt. Sowohl der einzelne Mensch als auch die Menschheit als Ganze stehen hier im Fokus der Betrachtung. Spricht der Mensch von Welt (und deren Veränderungsprozessen), so meint er immer schon Kulturwelt. Diese aber ist – heute vielleicht mehr denn je – der permanenten Gefahr der Veränderung ausgesetzt. In ihr werden neue Geltungsansprüche ge-stellt, unterschiedliche Lebensstile verwirklicht, intentional gehandelt und inter-agiert. Betrachtet man dieses Interagieren innerhalb und mit der Kultur aus her-meneutischer Perspektive, dann zeigt sich, dass es hier eben nicht um die bloße Anhäufung materieller Dinge geht. Bei Kultur handelt es sich um die bedeu-tungshaltige Welt an sich. Der Mensch bringt diese selbst hervor, ist jedoch zugleich (und das meint auch den Akt des Hervorbringens selbst) verstrickt in ihr. Die Bedeutungen menschlicher Artefakte und Institutionalisierungen als

---

1 *Debray, Régis*, Bloß keine Leidenschaft, in: DIE ZEIT, Nr. 8 vom 15. Februar 2001, S. 11.

Bestandteile der Erfahrungswelt erschließt sich immer nur im Kontext des Miteinander und Gegeneinander, also der Auseinandersetzung mit ihnen. Dies gilt auf allen Ebenen gesellschaftlicher Interaktion, auch auf der Ebene der Ökonomie und der Unternehmungen. Kulturelle Veränderungen sind niemals nur als das Ergebnis externer Einflussfaktoren zu betrachten. Sie sind stets das Resultat der Auseinandersetzung einer Kultur mit den sich verändernden Faktoren.

Die allfällig in den Feuilletons großer Tageszeitungen geäußerte Vermutung, die kulturellen Veränderungen in Osteuropa seien nicht nur eine direkte Konsequenz des Zusammenbruchs des kommunistischen Systems, sondern würden in der Hauptsache durch die Globalisierung ausgelöst – einer Amerikanisierung stünde nun nichts mehr im Wege –, fällt so gesehen in den Bereich der populären Irrtümer. Der zweifelsohne bedeutsame Einfluss der Globalisierung darf nicht darüber hinwegtäuschen, dass gerade der östliche Teil Europas eigene – und dem westlichen Teil Europas fremdartig erscheinende – Vorstellungen und Ideen kultureller Globalisierung und Mobilität verfolgt.

*„Dabei werden, unter Rückgriff auf bestimmte kulturelle Gepflogenheiten der Vergangenheit, noch lange Zeit lokale (kommunistische und nationale) Kulturformen mit regionalen und globalen verknüpft und vermischt."*[2]

Greifen wir an dieser Stelle, zur Verdeutlichung, zwei gängige Schlagworte auf: *(i) „Entsowjetisierung"* und *(ii) „Amerikanisierung"*.

*Ad (i):* Zunächst einmal stellt das Voranschreiten der Entsowjetisierung historisch gesehen „lediglich" eine teilweise Auslöschung einer semiglobalen Kultur dar. In diesem Zusammenhang teilten die meisten Staaten Osteuropas zwar die Hoffnung auf das Entstehen einer Mischkultur, in welcher dann nationale (nicht nationalistische) und echte globale Komponenten kulturell und gesellschaftspolitisch vereint werden könnten. Allerdings erweist sich diese Hoffnung als trügerisch.

*„Indessen hat die Entsowjetisierung, soweit sie erfolgreich war, zu ,pfadabhängigen', d.h. verschiedenen, jeweils von den lokalen Bedingungen ausgehenden Entwicklungen des kulturellen Lebens geführt – oder sie brachte ein kulturelles Vakuum statt eine Neubelebung der jeweiligen ethnischen Kultur."* Ein wenig naiv wurde gedacht, *„...dass die eigene Kultur einer Wiederentdeckung*

---

2   *Kovacs, Janos M.*, Turbulenzen im Vakuum – Anmerkungen zur kulturellen Globalisierung in Osteuropa, in: Transit – Europäische Revue: Nr. 17, 1999, 33 – 46.

*harrte und ihr Reichtum in einem kosmopolitischen Geiste neu angeeignet würde...* "[3]

*Ad (ii):* Das sogenannte Phänomen der *Massenkultur* hingegen – hier ist im Alltagsgebrauch vor allem das Stichwort der Amerikanisierung wiederzufinden – verdrängt zunehmend immer weiter alte Traditionen und Werte bestehender Kulturen. Die romantisierende Flucht in das *‚Früher war eben doch alles viel besser!'* mag dies ansatzweise paraphrasieren. Aber unter dem Aspekt des ‚Althergebrachten' muss für den osteuropäischen Raum das Schlagwort der Amerikanisierung eine mildere Bewertung erfahren. Gerade in diesem Kulturraum dürfen ‚althergebrachte Beziehungen', wie beispielsweise zu Österreich und Deutschland in der Betrachtung und Bewertung globaler kultureller Veränderungen nicht vergessen werden.

*„Die in vielen Bereichen herrschende US-amerikanische Hegemonie (...) darf weder über die traditionellen, insbesondere in Mitteleuropa bestehenden deutschen und österreichischen Verbindungen hinwegtäuschen noch über die beträchtlichen Auswirkungen der europäischen Integration auf die kulturelle Entwicklung der osteuropäischen Länder insgesamt.* "[4]

Kulturelle Globalisierung als weltumspannendes Phänomen ist daher nicht gleichzusetzen mit einer lediglich amerikanischen Form kultureller Globalisierung. Es darf gezweifelt werden am abstrakten Begriff von Globalisierung ganz im Sinne der Homogenisierung und Standardisierung im Sinne des american way of life! Dennoch sind *radikale gesellschaftliche Veränderungen* klar erkennbar. Sinnvoll ist daher – gerade auch im Bereich wirtschaftsethischer Fragestellungen – einer Dreiteilung der Betrachtung des kulturellen Raumes zu folgen. Zu analysieren sind dabei die Makro-, Meso- und Mikroebene „wirtschaftsethischer Kultur".

## 2. Makro-, Meso- und Mikroebene ‚wirtschaftsethischer Kultur'

Im Rahmen der Makroebene als jenem Bereich, der sich mit der Logik und den Wirkungsweisen ökonomischer Systeme in ihrer allgemeinsten Form auseinandersetzt, geht es zunächst darum, Ökonomie in ihren Systemparametern tatsächlich auf den Charakter eines Subsystems zu beschränken. Ziel ist es, dem Primat

---

3  *Kovacs, Janos M.*, Turbulenzen im Vakuum – Anmerkungen zur kulturellen Globalisierung in Osteuropa, a.a.O. S. 33 – 46.

4  *Kovacs, Janos M.*, Turbulenzen im Vakuum – Anmerkungen zur kulturellen Globalisierung in Osteuropa, a.a.O. S. 33 – 46.

der politischen Ethik vor der Logik des Marktes zur Geltung zu verhelfen.[5] Seitens der Makroebene müssen also klare Regeln formuliert werden. Erst in diesem ordnungspolitischen Rahmen können sowohl kulturelle als auch wirtschaftliche Transformationsprozesse unter Berücksichtigung gesellschaftspolitischer und ethischer Anforderungen stattfinden. Allerdings kommt Anna Remisova in ihrer Studie zur slowakischen Wirtschaftspraxis[6] zu dem Ergebnis, dass es derzeit in Osteuropa wohl noch keinen „optimalen Raum" gibt, in dem die wirtschaftliche Transformation einhergehen kann mit der zeitgleichen Kultivierung der Moral. Die Makroebene, so steht zu vermuten, schafft keinen wirklich guten Platz für die Kultivierung der Meso- und Mikroebene.

Als problematisch stellt sich allerdings auch die Mikroebene – auf dieser werden individualethische Fragen verfolgt – dar. Insbesondere im Rahmen der fortschreitenden Globalisierungsprozesse wird das Individuum immer weiter orientierungslos. Der mit der Globalisierung einhergehende Verlust allgemein akzeptierter Handlungsmuster oder eines allgemeingültigen gesellschaftlichen Orientierungsrahmens schafft neue Anforderungen an die Selbstregulation und Selbststeuerung des Individuums, denen der einzelne kaum gewachsen ist. Kann wirklich vom bewussten Konsumenten, freien Bürger und kritischen Mitarbeiter ausgegangen werden? Spielt die kritische Öffentlichkeit tatsächlich eine Rolle? Die subjektiv empfundenen Verschlechterungen der Lebensbedingungen und der je individuell erfahrene Verlust kultureller Orientierungsmöglichkeiten lassen den Einzelnen eher in Apathie und in ein Gefühl der Hilflosigkeit fallen.

Zwischen diesen beiden problembelasteten Ebenen könnte der Mesoebene von Unternehmen und Organisationen eine besondere Rolle zufallen. Hier könnte sich wieder ein wohlverstandener Ort der Moral etablieren lassen. Doch dafür bedarf es eines wohlverstandenen Modells von *Mit*verantwortung. Es bedarf einer kritischen Rekonstruktion der Idee von Corporate Citizenship. Diese wohl verstandene Mitverantwortung bedeutet, dass Unternehmen zwar einerseits einen angemessenen Beitrag für die Gestaltung gesellschaftlicher Aufgaben erbringen müssen, dass andererseits aber diese Leistungserbringung der Unternehmen nicht überstrapaziert werden darf. Einerseits darf es also nicht der Fall sein, dass Unternehmen sich ihrer Pflichten gegenüber der Gemeinschaft (bspw. das Zahlen

---

5  Vgl. *Ulrich, Peter*, Integrative Wirtschaftsethik – Grundlagen einer lebensdienlichen Ökonomie, Bern 2001. S. 367.

6  Vgl. hierzu auch *Remisovà, Anna*, Unternehmensethik in der slowakischen Wirtschaftspraxis, in: Beiträge und Berichte des Instituts für Wirtschaftsethik: Nr. 79, St. Gallen 1997.

von Steuern oder die Übernahme sozialer oder ökologischer Verantwortung) entziehen und lediglich ein Modell der Corporate Citizenship praktizieren, in dem sie öffentlichkeitswirksame projektbasierte Ausgleichszahlungen leisten, die sich gegebenenfalls auch noch gut vermarkten lassen. Andererseits dürfen Unternehmungen aber nicht jegliche Verpflichtungen einfach so, sei es seitens des Staates oder seitens der Gesellschaft, aufgebürdet werden. Im Modell des good Corporate Citizenship *sollen sich Unternehmen wie ein verantwortungsvoller Bürger in die Gesellschaft und Kultur einbringen. Nicht Selbstaufgabe oder purer Egoismus, vielmehr ‚Pflichterfüllung‘ und verantwortliches Miteinander* sind das angestrebte Ideal.

### 3. Gängige Modelle des *Corporate Citizenship*

Theoretisch beinhaltet die Idee des Corporate Citizenship den Versuch, Ethik und Wettbewerb miteinander in Einklang zu bringen. Diese Harmonisierung kommt – so die gängige Interpretation – einer Investition in das soziale Kapital der Unternehmung gleich.

*„Natürlich muss so eine Initiative von den Unternehmen gewollt sein. Und dazu muss ein anderes Selbstverständnis entstehen."*[7]

Allerdings stellt sich hier die Frage, inwieweit sich dabei tatsächlich das Selbstverständnis der Unternehmen ändern soll. Die Unternehmen bleiben weiterhin in einem unveränderten Wettbewerb bestehen; lediglich ein weiterer Erfolgsfaktor hat zusätzliche Bedeutung erlangt – das Sozialkapital. Die übrigen Erfolgsfaktoren und die unternehmerische Motivation bleiben hiervon jedoch unberührt. Unternehmen müssen, wollen sie weiterhin Erfolg haben, nun zwar einen Beitrag zur Stabilität von Gesellschaft, Kultur und Wirtschaft leisten. Sie tun dies jedoch weiterhin im Rahmen ihrer bisherigen Zielsetzungen. Entsprechend ist diese Vorstellung eines Corporate Citizenship zwar nicht direkt falsch, sie entspricht aber einem verkürzten Ideal dessen was mit einem geänderten Selbstverständnis der Unternehmung im Rahmen des Corporate Citizenship gemeint ist.

Ähnliches gilt für die Idee des ‚*Interactive Enforcement*‘. Entsprechend dieser Vorstellung sollen Unternehmen gleichsam neben staatlichen Institutionen für die ‚Rechtssprechung‘ Sorge tragen. Die verschiedenen Teilsysteme der

---

7   *Habisch, André*, Ethik und Wettbewerb im Einklang, in: vdi-nachrichten vom 11.06.1999. http://www.vdi-nachrichten.com/aus_der_redaktion/akt_ausg_detail.asp? ID=938.

Gesellschaft sollen so eine strukturelle Koppelung erfahren. Dies kommt praktisch jedoch der Ökonomisierung bisher traditionell politischer und rechtlicher Handlungswelten gleich. Weitere Handlungsfelder werden so dem Gestaltungswillen der Wirtschaft überlassen.

In beiden Auffassungen besteht somit die latente Gefahr, der Kolonialisierung des Staates und der Gesellschaft durch die Ökonomie und damit einhergehend der Reduzierung des Gedankens von *Mit*verantwortung auf die Internalisierung zusätzlicher Erfolgsfaktoren in das unternehmerische Kalkül weiteren Vorschub zu leisten.

Wie sich dieses falsche Verständnis letztlich in der Praxis äußert, mögen zwei Beispiele aus meiner Schweizer Wahlheimat verdeutlichen.

Sehr anschaulich hierfür ist zum einen das Beispiel der UBS – einer der größten Schweizer Banken. In ihrem Bericht „Engagement 2000" heißt es:

*„Unsere oberste Zielsetzung ist die Schaffung von Werten für unsere Ansprechgruppen. Als einer der führenden globalen Finanzdienstleistungskonzerne möchten wir unseren Kunden wertschöpfende Produkte und Dienstleistungen anbieten, für unsere Mitarbeiter ein überdurchschnittlich attraktiver Arbeitgeber sein, unsere Verantwortung gegenüber der Gesellschaft wahrnehmen und für unsere Aktionäre eine nachhaltige Rendite und damit Shareholdervalue erwirtschaften. Unsere Ausrichtung auf die Wertschöpfung für alle Ansprechgruppen impliziert eine langfristige, nachhaltig ausgerichtete Betrachtungs- und Handlungsweise."*

Diese am Kundenwohl, den Wünschen der Mitarbeiter und den Interessen der Anteilseigner ausgerichtete Selbstverständniserklärung scheint jedoch nur auf den ersten Blick dem Ideal des Corporate Citizenship zu entsprechen. Auf den zweiten Blick entpuppt sich die Wortwahl des Textes als verräterisch: So ist hier beispielsweise nicht von Stakeholder oder den durch die Unternehmensaktivitäten Betroffenen die Rede sondern von „Ansprechgruppen". „Wir – die UBS", so ist dies wohl zu deuten, „sprechen Euch an; aber ohne dass euerseits irgendwie geartete Ansprüche zu stellen wären, die dem Prinzip der Wertschöpfung entgegen liefen." Dies scheint die einzig mögliche Deutung des Wortes zu sein. Das ‚Recht des Stärkeren' gilt weiterhin, und am Gewinnprinzip gibt es nichts zu hinterfragen. Zu vermuten ist zudem, dass die Berücksichtigung der Interessen jener mit Ansprechpartner apostrophierten Bevölkerungsgruppen in Abhängigkeit von ihren Einflussmöglichkeiten auf die Bankenpolitik im eigenen Hause sukzessive zu- oder abnehmen wird. Es scheint fraglich, inwieweit hier tatsächlich eine ordnungspolitische Mitverantwortung gemeint ist und von einem good Corporate Citizenship in unserem Sinne ausgegangen werden kann.

Neben der UBS bekennt sich nun auch Novartis in ihrer soeben erschienenen „Geschäftsübersicht 2000" auf der Seite *„Wir bekennen uns zu gesellschaftlichen Verpflichtungen"* explizit zum Konzept des Unternehmens als Bürger. Schließlich – so erinnert sich auch Novartis – war der Titel ‚Bürger' in den Stadtstaaten des alten Griechenlands und dem Imperium Romanum eine ehrenvolle Bezeichnung gewesen.

*„Mit dieser Ehre einher gingen aber auch bestimmte Verantwortlichkeiten. Ähnlich ist es mit dem Konzept des Unternehmens als guter Bürger. Es bedeutet, in stärkerem Masse Verantwortung für die Entwicklungen unserer Welt zu übernehmen und Worte in Taten umzusetzen. Novartis möchte hier zu den führenden Unternehmen gehören, was beispielsweise in unserem Mitwirken in der ‚Global Compact' genannten Initiative der Vereinten Nationen (www.unglobalcompact. org) zum Ausdruck kommt. (...) Sie zielt auf gerechte Arbeitsbedingungen, Wahrung der Menschenrechte und Umweltschutz ab. "*

Im Weiteren fällt auch das Stichwort „ethische Fragestellungen", allerdings nur im Kontext von technologischen Risiken. Und weiter heißt es:

*„Für Novartis umfasst die Rolle des Unternehmens in der Gesellschaft auch den Einbezug der Öffentlichkeit und den informierten Dialog zu diesen Themen. "*

Im direkten Vergleich mit der Selbstverständniserklärung von UBS fällt zunächst auf, dass hier explizit Bezug genommen wird auf einen Bürgerbegriff, der sowohl Mitverantwortung für das Gemeinwesen als solches wie auch den Schutz lebenswerter Güter für diese Gemeinschaft zum Inhalt hat. Allerdings scheint auch dieser „Bürgerbegriff" sehr einseitig gewählt. Nicht vom Ideal des liberal republikanischen Bürgers als dem Mitglied einer Gemeinschaft Gleichberechtigter ist hier die Rede, sondern es wurde der Topos des cives, des römischen oder attischen „Vollbürgers" gewählt, der gleichsam oligarchisch über ein Heer aus Metöken, Sklaven und Freigelassenen herrscht. Entsprechend mag es nicht verwundern, dass dieses Selbstverständnis auch nach außen Wirkung zeigt. In diesem Zusammenhang sei lediglich auf den Rechtsstreit zwischen verschiedenen Pharmafirmen (unter anderem eben auch Novartis) und Südafrika wegen deren Preispolitik und Patentpolitik bei der AIDS Medikation im Frühjahr vergangenen Jahres verwiesen. Lässt Novartis hier den Worten Taten folgen? [8]

---

8  Vgl. http://www.spiegel.de/wissenschaft/0,1518,130171,00.html.

## 4. Die Idee der ‚korporativen Mitverantwortung'

Kettner unterscheidet mit Bezugnahme auf French zwei Arten möglicher Verantwortungszuschreibung. *,Wer oder was hat es getan?'* und *,Wer ist wem Rechenschaft schuldig?'*[9]

Nur beide Fragen gemeinsam – also sowohl die Frage der Kausalitätszuschreibung als auch die Frage der Rechenschaftsüberlegung – ermöglichen es, eine klare Entscheidungsstruktur innerhalb des Unternehmens zu identifizieren. So betrachtet, stellen sich Unternehmen als korporative Akteure dar, denen zumindest sekundär eine spezielle Art von Intentionalität zugesprochen werden kann. Sie bilden ein *Aktivitätszentrum,* in dem *Mit*verantwortung eine zentrale Rolle spielt.

Unternehmen sind als Akteure innerhalb des gesellschaftlichen Geschehens einer zunehmenden öffentlichen Aufmerksamkeit ausgesetzt. „...vor allem große Unternehmen unterliegen angesichts der vielfältigen gesellschaftlichen Wirkungszusammenhänge ihrer Aktivitäten einer wachsenden ‚öffentlichen Exponiertheit'."[10]

Diese Wirkungszusammenhänge sind dabei unterschiedlichster Natur: Nicht nur erbringen Unternehmen entgeltliche Leistungen, die letztendlich vor allem den Shareholderinteressen dienen, sie erbringen zudem eine nicht unerhebliche Anzahl sozialökonomischer Leistungen für unterschiedlichste Anspruchsgruppen.[11] Zugleich sind sie Urheber zahlreicher externer Effekte. In der Folge sehen sich Unternehmen in gesteigertem Maße unterschiedlichsten Ansprüchen und Anforderungen gegenüber, denen sie genügen sollen. Insgesamt wird es angesichts der zunehmenden Komplexität unternehmerischen Wirkens für das einzelne Unternehmen dabei aber immer schwieriger, eine entsprechende *Mit*verantwortung zu übernehmen.

*„Unter diesen Umständen erweist sich die gesellschaftsrechtliche Privatautonomie privatwirtschaftlich verfasster Unternehmen als juristische Fiktion; faktisch sind vor allem größere Unternehmen längst zu quasi-öffentlichen Institutionen geworden: Ihre Eigentumsbasis ist zwar privat, aber ihre*

---

9   Vgl. *Kettner, Matthias*, Moralische Verantwortung als Grundbegriff der Ethik, in: Diskursethik – Grundlegungen und Anwendungen, hrsg. v. *Niquet, Herrero, Hanke*, Würzburg, 2001, S. 65 – 95.

10  *Ulrich, Peter*, Integrative Wirtschaftsethik – Grundlagen einer lebensdienlichen Ökonomie, a.a.O. S. 438.

11  Vgl. *Ulrich, Peter*, Integrative Wirtschaftsethik – Grundlagen einer lebensdienlichen Ökonomie, a.a.O. S. 438.

*tutionen geworden: Ihre Eigentumsbasis ist zwar privat, aber ihre Wirkungszusammenhänge sind weitestgehend öffentlich relevant"* [12]

Angesichts dieser Entwicklungen stellt sich jedoch auch die Frage, inwieweit Unternehmen als gesellschaftliche Akteure innerhalb dieses Prozesses nicht nur Adressaten gesellschaftlicher Ansprüche, Normen und Werte sind, sondern inwieweit sie selbst Instanzen darstellen, die zumindest mittelbar in der Lage sind, Werte und Normen für die Gesellschaft zu generieren? Betrachtet man Unternehmen als gesellschaftliche Akteure im oben genannten Sinne, wird man dies mindestens für große, multinational tätige Konzerne bejahen müssen. Angesichts der zahlreichen Einflussmöglichkeiten und Verflechtungen der Unternehmungen auf und mit unterschiedlichen gesellschaftlichen Bereichen ist es Fiktion zu meinen, man könne derartige Unternehmen losgelöst von gesellschaftlichen Fragen betrachten, gleichsam so, als ob sie mit dem Rest der Menschheit nichts zu tun hätten. Das Gegenteil ist der Fall, und muss es auch sein. Damit aber stellt sich eine Reihe von Einzelfragen, die es zu beantworten gilt: Welche Werte sind von Unternehmen zu schaffen? Für wen gilt es, diese Werte zu schaffen? Wie sollen Unternehmen mit den – angesichts der Globalisierung zunehmend komplexer werdenden – Verteilungsfragen umgehen?

Eine einfache Antwort, wie sie das Gewinnprinzip verspricht, kann es hierauf sinnvoller Weise nicht geben. *„Vielmehr geht es nun gerade darum, den in jedem Sinn des Begriffs (vom weiterhin unhinterfragten Gewinnprinzip – Anm. d. Verf.) praktischen Problemcharakter ernst zu nehmen: Unternehmenspolitik ist endlich als wirkliche (Sub-)Politik der Unternehmung zu begreifen, die in (diskursethischen) Kategorien ethisch-rationaler Politik zu konzipieren ist, und das bedeutet: deliberative Politik."* [13]

Als positives Beispiel einer derartigen deliberativen Politik ließe sich der Shell Konzern anführen – und zwar in zweierlei Hinsicht: Zum einen wegen des klaren Bekenntnisses von Shell zum unumschränkten Primat der Menschenrechte (und nicht der bloßen Bezugnahme auf Stakeholder). Dem kommt eine sehr starke und klare Wirkungsmacht zu. Zum zweiten wegen des Engagements des Shell-Konzerns für eine nachhaltige Entwicklung auf dem Energiesektor.

---

12 *Ulrich, Peter*, Integrative Wirtschaftsethik – Grundlagen einer lebensdienlichen Ökonomie, a.a.O. S. 438.

13 *Ulrich, Peter*, Integrative Wirtschaftsethik – Grundlagen einer lebensdienlichen Ökonomie, a.a.O. S. 439.

Shell engagiert sich stark für die Investition in alternative Energien und die E-
nergiegewinnung mit umweltverträglichen Methoden.

Eine Verantwortungszuschreibung im herkömmlichen Sinne als eine individuelle Verantwortung scheint angesichts der genannten Prozesse insgesamt jedoch nicht mehr möglich. Verantwortungszuschreibung muss in diesem Zusammenhang also doppelt fokussiert werden: sie betrachtet das Individuum als Akteur und die Unternehmung im Sinne eines sozialen Akteurs.

Genauso wie Kettner sehe auch ich hier die Möglichkeit gegeben, der Unternehmung eine korporative Mitverantwortung und Intentionalität in ihren Handlungen zuzusprechen. Ähnlich einer natürlichen Person können nun Verantwor-
tungsfähigkeit, Zuständigkeiten, Kompetenzen, *explizit* bestimmt werden.

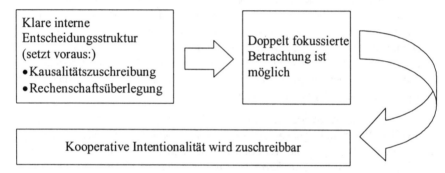

## 5. Konkretisierung des Modells des good Corporate Citizen

Soll dieser Ansatz mindestens theoretische Relevanz erlangen, muss es möglich
sein, dieses normativ fundierte Grundverständnis ähnlich zu konkretisieren wie
dies in den eingangs genannten, strategisch induzierten, Managementansätzen
(Sozialkapital und Interactive Enforcement) möglich war.

Grundlegend für die Idee der korporativen Mitverantwortung – als Grundlage
eines ‚good Corporate Citizenship' – muss die Einsicht der Unternehmung in ein
*umfassendes* Modell des moralischen Entscheidungsprozesses sein. Dieser Ent-
scheidungsprozeß folgt dabei einer originär hermeneutischen Grundstruktur:
Entscheidungen können die ursprüngliche Wahrnehmung verändern und umgekehrt müssen Entscheidungen durch neue Erfahrungen ebenfalls korrigiert werden können. Weiterhin ist die Erkenntnis von Belang, dass neben individuellen

Prozessen ganz erheblich Kulturfaktoren der unterschiedlichsten Ebenen moralische Entscheidungsprozesse beeinflussen.[14]

In diesem Modell der korporativen Mitverantwortung stellen sich dem wohlverstandenem good Corporate Citizen eine Reihe konkreter „Arbeitsaufträge".

(1) Unternehmungen müssen bereit sein, sich in der politischen und kulturellen Gemeinschaft zu engagieren. Das bedeutet nun eben nicht, die Bürgerpflichten – wie Steuern – können entfallen und stattdessen durch werbewirksame projektbasierte Teilhabe kompensiert werden. Die Unternehmung hat sich als ein ‚Mitbürger' zu sehen. Das hat natürlich sowohl nach innen als auch nach außen Folgen für diesen *Partizipationsgedanken* [15]. Nach innen muss den Mitarbeitern, soll wohlverstandenes good Corporate Citizenship die Zielgröße sein, die Möglichkeit zur Mitbestimmung gegeben werden. Nach außen ist diese Teilhabe ebenfalls zu fördern und zu unterstützen. Maak spricht hier davon „Möglichkeitsräume für politisches oder soziales Engagement zu schaffen"[16].

(2) Des weiteren hat sich das Unternehmen einem Prozess der *permanenten Reflexion* zu stellen. Im Sinne des ‚good Corporate Citizen' bedarf es der stetigen Überprüfung des eigenen Handelns, das ‚Sich-selbst-in-Frage-stellen' wird zum normativen Grundverständnis. Punkte wie der Umgang mit (kultureller) Diversität, das Leben der eigenen moralischen Überzeugungen, die Achtung der Menschenrechte usw. sind nicht bloß in einer Unternehmensverfassung zu formulieren, sondern in einem Prozess der ständigen Selbstvergewisserung zu überprüfen.

(3) Schließlich darf Ethik nicht dem bloßen Nützlichkeitskalkül unterstellt werden, sondern ist stattdessen mit einem unbedingten Geltungs- und Gültigkeitsanspruch zu versehen. Ihre Aufgabe ist die stetige Überprüfung von Geltungs- und Handlungsansprüchen, orientiert am unbedingten Prinzip der Zwischenmenschlichkeit. Das Prinzip der Zwischenmenschlichkeit – will das Unternehmen als ein good Corporate Citizen gelten – darf nicht nur soweit gelten, wie es der Erfolg des Unternehmens zulässt. Um einen puren Funktionalismus der Ethik zu verhindern, ist ein integres und bedingungslos an den menschlichen

---

14 Für den Bereich des Marketing ist hierzu ein Synthesemodell von Frau Dr. Katharina J. Srnka entwickelt worden. Vgl. *Srnka, Katharina J.*, Ethik im Marketing – ein interkultureller Vergleich, Diss. Wien 2000.

15 Vgl. im folgenden *Maak, Thomas*, Die Wirtschaft der Bürgergesellschaft, Bern 1999.

16 *Maak, Thomas*, Die Wirtschaft der Bürgergesellschaft, a.a.O. S. 269.

Grundrechten orientiertes Management gefordert, allerdings ohne dabei betriebswirtschaftliche Effizienz kategorisch zu verneinen.

(4) Ein derartiger Prozess kann jedoch nur in einer *offenen und freien Kommunikationskultur* stattfinden. Eine entsprechende Verständigungskultur im Unternehmen muss gewährleisten, dass der Status des mündigen Mitarbeiters nicht hinter die Rolle des mündigen Bürgers zurückfällt. Kommunikative Verständigung und Einigkeit bedeutet dabei nicht Gleichschaltung, sondern meint Einheit als Vielfalt und Differenz.[17] Das Bürgersein hat überall möglich zu sein – für jeden! Die Unternehmung muss hierfür das Primat einer verständigungsorientierten Kommunikation akzeptieren.

(5) Dieses Primat kann aber nur gewährleistet sein durch eine Struktur der *Legitimation*. Gute Gründe sind vorzubringen für das eigene Handeln – gegenüber allen möglicherweise Betroffenen.

Erst unter „Beachtung" all dieser Punkte wird es auch der Unternehmung möglich sein zu lernen, um so die eigene moralische Entwicklungsfähigkeit und politische Selbst- bzw. Mitbestimmung im Sinne eines gesellschaftlichen Akteurs voranzutreiben.[18]

## 6. Kurzes Fazit

Das Modell des ‚Good Corporate Citizenship' muss sich im Rahmen kulturell höchst diversifizierter Bedingungen als ein Modell der korporativen Mitverantwortung dekonstruieren lassen, damit die Mesoebene der Wirtschaft eine entscheidende Rolle in der Vermittlung der Wirtschaftsethik im Hinblick auf die Makro- und Mikroebene spielen kann – und dieser Aufgabe auch gerecht wird. Jedoch muss auch darauf geachtet werden, nicht in die Absurdität zu verfallen, Korporationen hätten nun ihrerseits zu achtende primäre Menschenrechte. Die Struktur von Moral ist hier lediglich in spezialisierter Form vorzufinden; sie ist „sozialontologisch in Gemeinschaften natürlicher Personen verankert".[19] Menschenrechte und vor allem Menschenwürde haben kein Pendant in Korporationen; dennoch haben diese eine Verantwortung im Prozess des permanenten Miteinander-Gegeneinander wahrzunehmen und zu stützen.

---

17 *Maak, Thomas*, Die Wirtschaft der Bürgergesellschaft, a.a.O. S. 274.

18 *Maak, Thomas*, Die Wirtschaft der Bürgergesellschaft, a.a.O. S. 280.

19 Vgl. *Kettner, Matthias*, Moralische Verantwortung als Grundbegriff der Ethik, in: Diskursethik – Grundlegungen und Anwendungen, hrsg. v. *Niquet, Herrero, Hanke*, Würzburg, 2001, S. 65 – 95.

## Literatur

*Debray, Régis*, Bloss keine Leidenschaft. In: DIE ZEIT, Nr. 8 vom 15. Februar 2001.

*Habisch, André*, Ethik und Wettbwerb im Einklang. In: vdi-nachrichten vom 11.06.1999.    http://www.vdi-nachrichten.com/aus_der_redaktion/akt_ausg_ detail.asp?ID=938.

*Kettner, Matthias*, Moralische Verantwortung als Grundbegriff der Ethik, in: Diskurs-ethik – Grundlegungen und Anwendungen, hrsg. v. *Niquet, Marcel, Herrero, Francisco J., Hanke, Michael*. Würzburg. 2001.

*Kovacs, Janos M.*, Turbulenzen im Vakuum – Anmerkungen zur kulturellen Globalisierung in Osteuropa. In: Transit – Europäische Revue: Nr. 17, 1999.

*Maak, Thomas*, Die Wirtschaft der Bürgergesellschaft. Bern 1999.

*Remisovà, Anna*, Unternehmensethik in der slowakischen Wirtschaftspraxis. In: Beiträge und Berichte des Instituts für Wirtschaftsethik: Nr. 79, St. Gallen 1997.

*Srnka, Katharina J.*, Ethik im Marketing – ein interkultureller Vergleich. Diss. Wien 2000.

*Ulrich, Peter*, Integrative Wirtschaftsethik – Grundlagen einer lebensdienlichen Ökonomie. Bern 2001.

# Unternehmensethik im Zeitalter der Globalisierung. Eine typisch deutsche Sackgasse?

## Hermann Ribhegge

Da schon einige umfassende Darstellungen der deutschsprachigen Unternehmensethik existieren und es nicht die Zielsetzung dieses Beitrages sein soll, die einzelnen Verästelungen der Unternehmensethik detailliert nachzuzeichnen, soll hier auf eine umfassende Darstellung verzichtet werden.[1] Statt dessen werden in diesem Beitrag nur kurz drei zentrale Richtungen der deutschsprachigen Unternehmensethik skizziert und dann auf die systematischen Defizite dieser Ansätze eingegangen. Sodann wird der Prozess der Globalisierung und dessen Relevanz für die Unternehmensethik behandelt. Dabei soll gezeigt werden, dass die Globalisierung nicht der Grund dafür ist, dass die deutschsprachige Unternehmensethik in den letzten Jahren immer mehr an Bedeutung in Theorie und Praxis verloren hat. So kann insbesondere der These, dass die Intensivierung des globalen Wettbewerbs keinen Spielraum mehr für moralisches Verhalten lässt, nicht zugestimmt werden.

Vielmehr soll nachgewiesen werden, dass der dynamische Prozess der Globalisierung neue Freiräume für eine verantwortungsbewusste Unternehmenspolitik schafft und dass die Nachfrage nach sozialer Sicherheit und Gerechtigkeit mit der Globalisierung weltweit zunimmt und diese von den Nationalstaaten nicht ausreichend befriedigt werden kann. Dass die deutschsprachige Unternehmensethik nur eine Randexistenz besitzt, liegt nicht in der Logik der Globalisierung, sondern in den theoretischen Defiziten der Unternehmensethik, die zentraler Gegenstand dieses Beitrages sind. Wenn im folgenden von Unternehmens-ethik gesprochen wird, dann seien damit vereinfachend die deutschsprachigen Strömungen bezeichnet.

---

1   Siehe dazu ausführlich: *Behnam, Michael*: Strategische Unternehmensplanung und ethische Reflexion, Sternenfels 1998. S. 121 ff., *Neugebauer, Udo*: Unternehmensethik in der Betriebswirtschaftslehre, Sternenfels 1998. S. 95 ff. sowie *Osterloh, Margit*: Vom Nirwana-Ansatz zum überlappenden Konsens: Konzepte der Unternehmensethik im Vergleich, in: *Nutzinger, Hans G.* (Hrsg.): Wirtschaftsethische Perspektiven III, Berlin 1996. S. 203 – 229.

## 1. Das Spektrum der Unternehmensethik

Um das breite Spektrum der Unternehmensethik zu skizzieren, sollen exemplarisch drei Richtungen dargestellt werden, wobei die zu erläuternden Positionen von Ulrich und Homann zwei Extrempositionen darstellen, hingegen die von Steinmann und seinen Schülern eher als mittlere Position zu bezeichnen ist.

Beginnen wir mit der Position von Ulrich, die dadurch gekennzeichnet ist, dass sie sich scharf von dem traditionellen ökonomischen Ansatz abgrenzt, der oft von ihm als Ökonomismus bezeichnet wird.[2] Kennzeichnend für Ulrich ist die Ablehnung des Gewinnprinzips.[3] Die Zurückweisung dieses marktlichen Steuerungsinstrumentes begründet er mit dem Hinweis auf die Allgegenwärtigkeit externer Effekte.[4] Dass bei unzureichender Internalisierung externer Effekte allokative Ineffizienzen auftreten, weist die Wohlfahrtsökonomik auf. Sie argumentiert aber sowohl bei der Interpretation als auch bei ihren Politikempfehlungen zur Internalisierung wesentlich differenzierter als Ulrich.[5]

So zeigt die Wohlfahrtsökonomik auf, dass aus allokativen Überlegungen nicht alle externen Effekte internalisiert werden müssen. Sie unterscheidet zwi-

---

2   Dabei bezieht er sich u. a. auf die philosophische Kritik von *Jürgen Mittelstraß*, für den das Programm der Wirtschaftsethik den „Abschied vom Ökonomismus" bedeutet. Vgl. *Mittelstraß, Jürgen*: Wirtschaftsethik oder der erklärte Abschied vom Ökonomismus auf philosophischen Wegen, in: *Ulrich, Peter* (Hrsg.): Auf der Suche nach einer modernen Wirtschaftsethik, Bern 1990. S. 26 f.

3   *„Strikte Gewinnmaximierung kann keine legitime unternehmensethische Handlungsorientierung sein."*. *Ulrich, Peter*: Worauf kommt es in der ethikbewussten Unternehmensführung grundlegend an? Integrative Unternehmensethik in fünf Thesen, in: *Ulrich, Peter* u. *Wieland, Josef* (Hrsg.): Unternehmensethik in der Praxis, Impulse aus den USA, Deutschland und der Schweiz, Bern 1999 S. 19 f.

4   Siehe kritisch zu dieser fundamentalkritischen Position Ulrichs und seiner Lösung des Problems der Universalität negativer externer Effekte ausführlich *Steinmann, Horst* u. *Löhr, Albert*: Grundlagen der Unternehmensethik, Stuttgart 1994. S. 123 f.

5   Wenig überzeugend ist hier aber auch die Kritik von Schneider an Ulrich. Er versucht die Argumentation von Ulrich mit dem Hinweis, dass hier Ulrich mit seiner wohlfahrtstheoretischen Argumentation einem Nirwana Approach verhaftet sei, pauschal zu diskreditieren. Vgl. *Schneider, Dieter*: Unternehmensethik und Gewinnprinzip in der Betriebswirtschaftslehre, in: ZfbF, Schmalenbachs Zeitschrift für betriebswirtschaftliche Forschung: Bd. 42, 1990. S. 869 - 891. Zu einer wohlverstandenen Interpretation der Wohlfahrtsökonomik siehe *Bonus, Holger* u. *Ribhegge, Hermann*: Wohlfahrtsökonomik – Werkzeug für Diktatoren oder ökonomische Grammatik? Bemerkungen zu einem neuen Buch von A. Woll, in: Journal of Institutional and Theoretical Economics: Vol. 142, 1986. S. 753 - 759.

schen pekuniären und technologischen externen Effekten. Während erstere gesellschaftlich erwünscht sind, da sie die Veränderung der gesellschaftlichen Kosten widerspiegeln, gilt dies nicht für die technologischen externen Effekte. Wenn z. B. aufgrund von veränderten Konsumentenpräferenzen die Nachfrage nach Taschenrechnern zurückgeht, so dass ein Anbieter weniger produzieren kann und sich seine Arbeitsnachfrage reduziert und entsprechend die Löhne bei seinen Beschäftigten sinken, so sind dies pekuniäre Effekte des Unternehmens (besser der Konsumenten) bei den betroffenen Arbeitnehmern. Sie sind allokativ unvermeidlich. Dass sie durchaus Sicherheits- und Gerechtigkeitsüberlegungen widersprechen können, also zu negativen sozialpolitischen Effekten führen, ist möglich, hat aber in keiner Weise etwas mit negativen technologischen externen Effekten zu tun. Würde man diese pekuniären externen Effekte gemäß Ulrich völlig internalisieren, so wäre dies das Ende eines marktlichen Steuerungssystems.

Des weiteren ist nach Buchanan/Stubblebine zwischen paretorelevanten und irrelevanten externen Effekten zu differenzieren[6]. Paretoirrelevante externe Effekte sind diejenigen, die bei der Realisierung eines Paretooptimums auftreten. Sie sind nicht zu reduzieren, sondern aus allokativen Erwägungen effizient. Es ist z. B. ökonomisch nicht sinnvoll, alle technologischen externen Effekte völlig zu unterbinden. Dies hätte ja zur Folge, dass wir alle unsere ökonomischen Aktivitäten, die unvermeidlich andere beeinträchtigen, unterlassen müssten. Diese puristische Perspektive würde in einer interdependenten Welt absoluten Stillstand bedeuten. Beispielsweise ist es wenig sinnvoll, dass wir im Sommer keine Partys mehr im Freien veranstalten, bei denen unsere Nachbarn durch Lärm, Rauch usw. beeinträchtigt werden. Diese Aktivitäten sind solange ökonomisch effizient, wie der Grenznutzen aus einer zusätzlichen Aktivität größer oder gleich den Grenzschäden der Nachbarn ist. Aus diesem Kalkül ist dann ein optimales Niveau abzuleiten. Nun ist es schon – wie dies die Wohlfahrtsökonomik präzise aufzeigt – auf theoretischer Ebene immens schwierig, das optimale Aktivitätsniveau exakt zu berechnen. Wie dann anhand eines konkreten Falls auf Unternehmensebene das Niveau der paretoirrelevanten externen Effekte bestimmt werden kann, bleibt bei Ulrich offen. Verlangt doch die Berechnung u.a. die Kenntnis der marginalen Zahlungsbereitschaft der Betroffenen, die aus strategischen Gründen meist von ihnen nicht offenbart wird.

---

6   Vgl. *Buchanan, James M.* u. *Stubblebine, Craig W.*: Externality, in: Economica: Vol. 3, 1962. S. 1 - 44.

Um diese diffizile Aufgabe zu lösen, appelliert Ulrich an die umfassende gesellschaftliche Verantwortung der Unternehmen. Danach sollen die Unternehmen eine kollektive Präferenzordnung aufstellen, bei der alle Externalitäten berücksichtigt sind und dann das gesellschaftlich optimale Aktivitätsniveau des Unternehmens bestimmt wird. Dies sind Forderungen, die in den 60er Jahren diskutiert und zum Teil realisiert worden sind, die aber von Ökonomen als untauglich zur Seite gelegt wurden. Man denke hier nur an die deutsche Diskussion der Investitionslenkung, das französische Konzept der Planification und das Investitionsfondsmodell in Schweden.

Die Schwäche der Ulrichschen Argumentation liegt darin, dass sie nicht ursachenkonform an die Problematik der externen Effekte herangeht, die im Markt-, besser: im Staatsversagen liegt.[7] Wie Coase aufgezeigt hat, liegt das Kernproblem der externen Effekte darin, dass wohldefinierte Eigentumsrechte fehlen.[8] Diese zu bestimmen, ist eine originär staatliche und keine unternehmerische Aufgabe. Ist diese Voraussetzung erfüllt, so bietet sich eine Vielzahl marktlicher Lösungen im Fall externer Effekte an: Verhandlungen, Zertifikate, Haftungsregeln usw. Sie alle können zu einer effizienten Internalisierung externer Effekte führen und benötigen keine gesellschaftliche Verantwortung der Unternehmen, sondern haben ein viel solideres Fundament: das Eigeninteresse der beteiligten Akteure. Schon die Diskussion der externen Effekte zeigt erhebliche Theoriedefizite der Unternehmensethik bei Ulrich auf.

Dazu kommen die Defizite bei der normativen Begründung der Unternehmensethik. Die zentrale Schwäche in der Argumentation von Ulrich liegt in dem normativen Fundament der von ihm favorisierten Diskursethik.

Während z. B. die normative Grundlage bei Rawls das reflexive Gleichgewicht darstellt und er die Originalposition als einen hypothetischen Referenzpunkt betrachtet, geht Ulrich in Anlehnung an Habermas von einem realen Dis-

---

7   Diese Kritik trifft auch *Steinmann* und *Löhr*, die argumentieren, dass bei „konfliktträchtige(n) Nebenwirkungen in Form ‚externer Effekte', deren Bewältigung nicht noch einmal ohne weiteres privaten Nutzenkalkulationen überlassen werden kann, wenn Frieden gestiftet werden soll." *Steinmann, Horst* u. *Löhr, Albert*: Unternehmensethik als Ordnungselement in der Marktwirtschaft, in: ZfbF, Schmalenbachs Zeitschrift für betriebswirtschaftliche Forschung: 47. Jg., Heft 2/1995. S. 156.

8   Vgl. *Coase, Ronald H.*: The Problem of Social Cost, in: Journal of Law and Economics: Vol. 3, October/1960. S. 1 - 44.

kurs der Willensbildung aus. Dieser Diskurs soll idealiter durch folgende Charakteristika gekennzeichnet sein:[9]

- Unvoreingenommenheit,

- Nichtpersuasivität,

- Zwangslosigkeit und

- Sachverständigkeit.

An dieser Stelle soll nicht ausführlich auf den utopischen Charakter dieser Annahmen eingegangen werden.[10] Geht man z. B. davon aus, dass in einem Unternehmen principal-agent-Beziehungen existieren, die ökonomisch effizient sind, so ist die Forderung nach Sachverständigkeit in einer Welt der Arbeitsteilung und Spezialisierung für Ökonomen wenig akzeptabel. Wie sollen die Akteure unvoreingenommen sein, wenn sie z. B. als Vertreter der Kapitalseite eindeutige, sogar durch das Gesetz vorgegebene Interessen vertreten sollen? Wie sollen sich in dieser Welt z. B. Arbeitnehmervertreter im Aufsichtsrat parteilos verhalten? Völlig ungeklärt bleibt bei den diskursethischen Gedankengängen von Ulrich die Frage der Teilnehmer. Ein vager Hinweis auf den stakeholder-Ansatz reicht dabei nicht aus. Würde man seine Argumentation der universellen Existenz externer Effekte als Kriterium heranziehen, so wäre es schwer zu begründen, warum überhaupt jemand von einem Unternehmensdiskurs ausgeschlossen werden sollte. Denn in einer interdependenten Ökonomie ist letztlich bei Ulrichs Argumentation jeder – wenn auch nur marginal – von einer unternehmerischen Aktivität betroffen.

Aus dieser Perspektive ist es nur konsequent, wenn Osterloh (1996) den Ansatz von Ulrich als Nirwana Approach bezeichnet.[11] Diese Charakterisierung wird aber nicht dem zweiten zu skizzierenden Ansatz von Steinmann und Mitarbeitern gerecht, der gerade in der normativen Begründung viele Gemeinsamkei-

---

9 Siehe dazu ausführlich *Steinmann, Horst* u. *Löhr, Albert*: Grundlagen der Unternehmensethik, a.a.O. S. 78 f.

10 Siehe dazu kritisch aus ökonomischer Perspektive *Teepe, Ralf*: Kommunitarismus und Ökonomische Theorie der Politik, Diss. Lohmar 1997.

11 Vgl. *Osterloh, Margit*: Vom Nirwana-Ansatz zum überlappenden Konsens: Konzepte der Unternehmensethik im Vergleich, a.a.O. Dies wird besonders bei folgender Position Ulrichs deutlich: *„Auch in der Unternehmensethik ist der ‚Ort‘ der Moral letztlich in der unbegrenzten kritischen Öffentlichkeit aller mündigen Bürger zu sehen."* *Ulrich, Peter*: Worauf kommt es in der ethikbewussten Unternehmensführung grundlegend an? Integrative Unternehmensethik in fünf Thesen, a.a.O. S. 26.

ten mit dem Ansatz von Ulrich hat, der aber unter einem Aspekt wesentlich pragmatischer als der von Ulrich ist.

Steinmann lehnt nicht so radikal wie Ulrich die dezentrale Steuerung über den Markt ab. Er geht vielmehr von einer prinzipiellen Akzeptanz des marktlichen Steuerungssystems aus. Von daher lehnt er auch nicht generell das Gewinnziel als Unternehmensziel ab. Vielmehr liegt bei ihm eine prinzipielle Akzeptanz dieses Prinzips vor. Nur in Ausnahmefällen verlangen Steinmann/Löhr eine *„situationsgerechte Anwendung des Gewinnprinzips"*.[12]

Hingegen vertritt Homann bezüglich des Gewinnziels eine völlig diametral andere Position im Vergleich zu den bisher behandelten Positionen. Nach Ansicht von Homann/Blome-Drees ist die Gewinnmaximierung eine moralische Pflicht des Unternehmens in einer Marktwirtschaft.[13] Diese Position findet natürlich eine hohe Akzeptanz bei den Unternehmen, stellt ihnen Homann doch faktisch einen ethischen „Persilschein" für ihr Handeln in dem Sinne aus: „Was gut ist für das Unternehmen, ist auch gut für die Gesellschaft."

Die Position von Homann lässt sich auf eine Argumentationskette zurückführen, die man schon bei von Hayek findet.[14] Von Hayek unterscheidet in seiner Gerechtigkeitstheorie zwischen Spielzügen und -regeln. Nach seiner Konzeption der Katallaxie können individuelle Handlungen als Spielzüge weder gerecht noch ungerecht sein. Dies ist so unsinnig, wie wenn man argumentieren würde, wenn der Nachbar beim Lotto 1 Millionen DM gewonnen hat, so sei dies ungerecht. Hinzu kommt, dass nach von Hayek nur solche Resultate als ungerecht zu deklarieren sind, die intendiert sind. Marktergebnisse sind aber nach seiner Ansicht nicht intendiert und so der Gerechtigkeitsfrage nicht zugänglich. Diese Argumentation von von Hayek findet man bei Homann auf die ethische Problemstellung übertragen und weiterentwickelt.

Auch Homann/Blome-Drees differenzieren zwischen Spielregeln und -zügen.[15] Für sie existiert eine klare Aufgabenteilung. Für die Spielregeln sind

---

12  Vgl. *Steinmann, Horst* u. *Löhr, Albert*: Grundlagen der Unternehmensethik, a.a.O. S. 107.

13  Vgl. *Homann, Karl* u. *Blome-Drees, Franz*: Wirtschafts- und Unternehmensethik, Göttingen 1992. S. 16 f.

14  Vgl. *Hayek, Friedrich A. v.*: Recht, Gesetzgebung und Freiheit, Bd. 2: Die Illusion der sozialen Gerechtigkeit, Landsberg am Lech 1981.

15  Vgl, *Homann, Karl* u. *Blome-Drees, Franz*: Wirtschafts- und Unternehmensethik, a.a.O. S. 16 f.

die demokratisch legitimierten Instanzen zuständig. Aufgabe der Unternehmen ist es, diese Spielregeln bei ihren -zügen zu beachten. Prämisse für die Gestaltung der Regeln ist die Annahme des eigennützigen Verhaltens aller Akteure, d. h., dass die Unternehmen Gewinnmaximierung betreiben. Auf diese Verhaltenshypothese müssen die Regeln zugeschnitten sein. Von daher wäre es systemwidrig, wenn Unternehmen von diesem Prinzip abweichen und andere Ziele verfolgen würden. Hingegen sollen die Spielregeln nach ethischen Normen ausgewählt werden, um die gewinnmaximierenden Unternehmen so zu steuern, dass ein gesellschaftlich erwünschtes Marktergebnis realisiert wird. Die Kernaussage Homanns ist entsprechend: „Der systematische Ort der Moral in einer Marktwirtschaft ist die Rahmenordnung."[16] Damit geht Homann in seiner Argumentation über von Hayek hinaus. Für Homann unterliegen auch unintendierte Ergebnisse des Marktprozesses normativen Bewertungskriterien.

Anderes gilt für die Spielzüge. Würde man von einem Unternehmen verlangen, sein unternehmerisches Handeln über die Erfüllung der allgemeinen Spielregeln des Marktes normativen Kriterien zu unterwerfen, so würde dies bedeuten, dass das Unternehmen in ein Gefangenendilemma gedrängt wird. Verhält es sich allein nach moralischen Prinzipien, so wäre es u. U. der Verlierer im Wettbewerbsprozess und könnte dennoch – wenn es keine dominante Marktposition besitzt – das Marktergebnis nicht grundlegend verbessern. Moralisches Verhalten bedeutet so auf der Ebene der Spielzüge eine bewusste Selbstschädigung des Unternehmens ohne positive gesamtwirtschaftliche Auswirkungen.

Diese konsequente Arbeitsteilung in der Homannschen Unternehmensethik wird in einem Punkt von ihm selbst grundlegend revidiert. Wenn moralische Defizite in den Rahmenbedingungen vorliegen, dann sollen die Unternehmen nach Homann/Blome-Drees politisch aktiv werden, sei es über Verbandsabsprachen, sei es über die gezielte Beeinflussung der Politik, um so moralisch bessere Rahmenbedingungen zu schaffen.[17] Aus dieser Sicht stellen die Unternehmen nach Osterloh die Reparaturinstanz der Ordnungspolitik dar.[18]

---

16  Vgl. *Homann, Karl*: Wirtschaftsethik, die Funktion der Moral in der modernen Wirtschaft, in: *Wieland, Josef* (Hrsg.): Wirtschaftsethik und Theorie der Gesellschaft, Frankfurt am Main 1993. S. 34 f.

17  Vgl. *Homann, Karl* u. *Blome-Drees, Franz*: Wirtschafts- und Unternehmensethik, a.a.O. S. 116 f.

18  Vgl. *Osterloh, Margit*: Vom Nirwana-Ansatz zum überlappenden Konsens: Konzepte der Unternehmensethik im Vergleich, a.a.O. S. 209. Michael Behnam differenziert in diesem Kontext zwischen Ergänzungs-, Ersatz-, Verbesserungs- und Entdeckungs-

Die Konzeption von Homann setzt u. a. einen omnipotenten Staat voraus, der auch in der Lage ist, gegen Unternehmensinteressen moralische Normen zu legalisieren und, was meist noch schwieriger ist, mit einem starken Rechtsstaat durchzusetzen. Hier vertritt Homann mit seinem starken Akteur Staat, der die Wirtschaftsverfassung selbst bewusst schafft und nicht als spontane Ordnung auffasst, eine konstruktivistische Position.[19] Mit Recht weist Böckenförde darauf hin, dass diese Position einer zentralen Steuerung und Erzwingung moralischen Verhaltens schnell an seine Grenzen stößt.[20] Ohne ein Minimum an Kooperationsbereitschaft, Gesetzestreue usw. kann dieses Konzept nicht tragfähig sein. Schon dieser Hinweis macht deutlich, dass eine perfekte Arbeitsteilung zwischen Staat und Unternehmen im Bereich der Moral nicht möglich ist.[21]

Homann diskreditiert freiwilliges moralisches Handeln mit seinem generellen Hinweis auf eine Gefangenendilemma-Situation. Nun muss moralisches Handeln nicht per se zu solchen Situationen führen, worauf wir im Abschnitt der Instrumentalisierung von Moral eingehen werden. Andererseits ist aber damit zu rechnen, dass Unternehmen, die sich im politischen Prozess für moralischere Rahmenbedingungen stark machen, selbst in ein Gefangenendilemma geraten.

Wollen sich Unternehmen im Wettbewerb durchsetzen, dann müssen sie nicht nur ihren Spielraum auf den Märkten nutzen, sondern sie müssen versuchen, über politischen Einfluss und Druck die marktlichen Rahmenbedingungen in ihrem Interesse zu beeinflussen. Unternehmen, die im rent-seeking auf die Durchsetzung ihrer eigenen originär unternehmerischen Zielsetzungen verzichten und sich für moralische Standards stark machen, sind im politischen Wettbewerb die großen Verlierer. Sie können keine Renten abschöpfen und ihr singulärer

---

funktion der Unternehmensethik. Vgl. *Behnam, Michael*: Strategische Unternehmensplanung und ethische Reflexion, a.a.O. S. 97. Ulrich spricht von „*Homanns Lückenbüsser-Konzeption der Unternehmensethik.*" *Ulrich, Peter*: Integrative Wirtschaftsethik, Grundlagen einer lebensdienlichen Ökonomie, Bern. S. 407.

19 Vgl. auch die entsprechende Kritik bei Steinmann und Löhr, bezüglich des Vorschlages, über eine zentrale politische Instanz die Aufgabe der Friedensstiftung zu erfüllen. Vgl. *Steinmann, Horst* u. *Löhr, Albert*: Unternehmensethik als Ordnungselement in der Marktwirtschaft, a.a.O. S. 156.

20 „Der freiheitliche, säkularisierte Staat lebt von Voraussetzungen, die er selbst nicht garantieren kann." *Böckenförde, Ernst-Wolfgang*: Staat, Gesellschaft, Freiheit. Studien zur Staatstheorie und zum Verfassungsrecht, Frankfurt am Main 1976. S. 60.

21 Dies sehen aber auch Homann und Blome-Drees, die betonen, dass eine Marktwirtschaft „zu ihrem Funktionieren eine gewisse Moral" benötigt. Vgl. *Homann, Karl* u. *Blome-Dress, Franz*: Wirtschafts- und Unternehmensethik, a.a.O. S. 37.

Einfluss wird gering sein. Sie befinden sich so auf der Ebene der Gestaltung der Spielregeln ebenfalls in einem Gefangenendilemma, so dass nach der Argumentation von Homann moralisch-politisches Handeln den Unternehmen nicht zumutbar ist. Dies gilt insbesondere dann, wenn politische Einflussnahme mit einem erheblichen Ressourcenaufwand verbunden ist. Des weiteren ist zu prüfen, inwieweit in diesem politischen Prozess moralisch intendierte Aktionen, – sei es aufgrund von logrolling usw. – zu ineffizienten moralischen Standards seitens der Politik führen, die von niemandem intendiert sind. Wenn aber Unternehmen Marktmacht besitzen, um ihre moralischen Kriterien im Bereich der Politik durchzusetzen, wie ist dann ihr Handeln legitimiert? Wo bleibt dann die demokratische Kontrolle durch die Wähler?

Führt man die Überlegungen von Homann konsequent weiter und akzeptiert man seine implizite Annahme des Primats des Eigeninteresses, so ist zu konstatieren, dass sowohl auf der Ebene der Spielzüge als auch der der Gestaltung der Spielregeln kein systematischer Ort für moralisches Handeln der Unternehmen existiert, sieht man von den trivialen konfliktfreien Konstellationen ab, bei denen Unternehmen aus reinem Eigeninteresse moralisch handeln. Von daher beinhaltet die Unternehmensethik von Homann nichts anderes als eine Generalabsolution für unternehmerisches Handeln.

Relativ kurz müssen die Bemerkungen zur normativen Basis der Unternehmensethik Homanns ausfallen. Für Homann/Blome-Drees reduziert sich ihre normative Orientierung auf „die Verwirklichung der Solidarität aller Menschen."[22] Diese Formulierung ist relativ inhaltsleer. Wer würde eine solch allgemein formulierte Aussage nicht akzeptieren? Während sich Ulrich, Steinmann u.a. zumindest mit ihren diskursethischen Überlegungen ein normatives Bezugssystem zu schaffen versuchen, findet man dies nur in den vielen anderen Schriften von Homann. Fasst man entsprechend die Überlegungen von Homann kritisch zusammen, so stellen sie letztendlich nichts anderes als eine Unternehmensethik ohne Moral dar, da bei moralischem Verhalten sowohl auf der Ebene der Spielzüge als auch der -regeln Gefangenendilemmata auftreten können.

## 2. Gewinnprinzip

Die erheblichen Theoriedefizite der Unternehmensethik werden besonders bei der Diskussion um das Gewinnprinzip deutlich. So vertritt Ulrich (1998, 397) die wissenschafts-theoretisch nicht nachvollziehbare These: das „'Gewinnprinzip'

---

22 Vgl. *Homann, Karl* u. *Blome-Drees, Franz*: Wirtschafts- und Unternehmensethik, a.a.O. S. 45.

entstammt einer spezifischen Tradition der deutschsprachigen Betriebswirt-schaftslehre (BWL), die so unmittelbar weder in der angelsächsischen, noch in anderen Theorietraditionen zu beobachten ist."[23] Dass dies einfach falsch ist, zeigt ein kurzer Blick in die Werke der Klassiker, beginnend bei Cournot, Mars-hall über Joan Robinson bis hin zur allgemeinen Gleichgewichtstheorie von Arrow/Debreu.

Besonders auffällig ist, dass bei der Diskussion des Gewinnprinzips die für Ökonomen zentrale Differenzierung zwischen Allokation und Distribution unbe-rücksichtigt bleibt. Distributive Fragestellungen, wie die der fairen Entlohnung des Faktors Arbeit usw. werden, da sie vielleicht nicht unter der Rubrik der ex-ternen Effekte einzuordnen sind, in der Unternehmensethik im Vergleich zu Allokationseffekten relativ vernachlässigt. Insbesondere wird die umfassende Diskussion um das zentrale Thema „Effizienz versus Gerechtigkeit", zu der es eine umfangreiche Literatur beginnend bei J. St. Mill[24] über Okun[25] und neuer-dings Puttermann/Roemer/Silvestre[26] gibt, völlig negiert, so dass man sich, wenn es um die eminent wichtige wirtschaftspolitische Frage geht: „Wie können wir den trade-off zwischen diesen beiden wichtigen Zielen abbauen?", nicht des Eindrucks erwehren kann, dass die deutschsprachige Unternehmensethik nicht auf dem aktuellen wirtschaftswissenschaftlichem Stand ist.[27]

Aus dieser Effizienzperspektive, die schon bei Schmalenbach[28] zu finden ist und bei der man zwischen unternehmerischer Effizienz (einzelwirtschaftlicher)

---

23 *Ulrich, Peter*: Integrative Wirtschaftsethik, Grundlagen einer lebensdienlichen Öko-nomie, a.a.O. S. 397.

24 Vgl. *Mill, John Stuart*: Grundsätze der politischen Ökonomie in 2 Bdn., Bd. 1 Jena 1924.

25 Vgl. *Okun, Arthur M.*: Equality and efficiency: The big trade-off, Washington D.C. 1975.

26 Vgl. *Putterman, Louis* et al.: Does Egalitarianism Have a Future? in: Journal of Eco-nomic Literature: Vol. 36, 1998.

27 Osterloh weist mit Recht darauf hin, „dass Gegenstand einer Unternehmensethik *auch* die Suche nach *neuen* Produkten, Produktionsprozessen und Konfliktlösungsverfahren sein sollte, welche ethische *und* ökonomische Gesichtspunkte zugleich erfüllen und moralische Überforderungen vermeiden." *Osterloh, Margit*: Vom Nirwana-Ansatz zum überlappenden Konsens: Konzepte der Unternehmensethik im Vergleich, a.a.O. S. 217.

28 Darauf verweist z. B. *Thommen, Jean-Paul*: Betrachtungen zum Verhältnis zwischen Betriebswirtschaftslehre und Unternehmensethik, in: *Nutzinger, Hans G.* (Hrsg.): Wirtschaftsethische Perspektiven III, Berlin 1996. S. 175.

und gesamtwirtschaftlicher (Paretooptimalität) differenzieren muss, stellt die Diskussion um das Gewinnprinzip einen vernachlässigbaren Nebenkriegsschauplatz dar. Zum einen beinhaltet die unternehmerische Gewinnmaximierung nur unter den entsprechenden neoklassischen Annahmen Effizienz und gilt nur für einen Gleichgewichtsansatz, bei dem Anpassungsprozesse und dynamische Aspekte irrelevant sind. In einer realen Welt mit Unsicherheit, Informationsasymmetrien usw. bedingt das Konzept der Gewinnmaximierung – worauf schon frühzeitig Schneider (1990) in seiner Kritik an der Unternehmensethik hingewiesen hat – weder Unternehmenseffizienz, noch ist es ein operationales Konzept für unternehmerische Entscheidungen. Aus dieser Sicht bekämpft Ulrich mehr ein Phantom als einen realen Gegenentwurf.

Insgesamt werden in dieser Auseinandersetzung die methodologischen Schwächen der Unternehmensethik deutlich: Es wird nicht ausreichend zwischen dem Formal- und dem Sachziel eines Unternehmens unterschieden. Mit Recht betont Schneider, dass es nicht darum geht, *dass* Gewinne erzielt, sondern *wie* sie realisiert werden.[29] Denn der Gewinnmaximierungsansatz beinhaltet nichts anderes als ein Optimierungsproblem, also die Maximierung einer Zielfunktion unter Nebenbedingungen. Geht man von der Annahme bindender Restriktionen, also einem Schattenpreis ungleich 0 aus, so sind die Restriktionen dem Ziel Gewinn lexikographisch vorgelagert und ein trade-off zwischen ihnen explizit ausgeschlossen. In Analogie zu Homann kann man also sagen: Systematischer Ort der Moral in einer Marktwirtschaft sind die Restriktionen.

Dabei muss aber eine Einschränkung gemacht werden. Es geht um das ethische Problem der Entgelte für die Input- und Outputfaktoren in der Zielfunktion. Hier können normative Standards relevant werden. Dazu sagt aber leider die Unternehmensethik recht wenig aus. Die Unternehmensethik kennzeichnet vielmehr ein distributives Vakuum. Vielleicht ist dies darauf zurückzuführen, dass mehr oder weniger resignativ anerkannt wird, dass über eine Diskursethik keine allgemein akzeptierten distributiven Normen gewonnen werden können, so dass man zu diesem zentralen Themengebiet lieber schweigt.

### 3. Die Ebenen der Instrumentalisierung von Moral

Was ist eigentlich moralisches Handeln? Bei dieser Frage geht es nicht nur um die Bestimmung der Normen selbst, sondern auch um die Frage der individuellen Beweggründe. So unterscheidet Kant zwischen dem Handeln *aus* Pflicht, das für

---

29  Vgl. *Schneider, Dieter*: Unternehmensethik und Gewinnprinzip in der Betriebswirtschaftslehre, a.a.O. S. 869.

ihn sittlich und moralisch ist, also Moralität beinhaltet, und dem Handeln *gemäß*
der Pflicht, das er als klug bezeichnet und dem er nur Legalität zuspricht.[30] Auf
diesen Überlegungen aufbauend sprechen sich viele Unternehmensethiker gegen
eine individuelle Instrumentalisierung von Moral aus. Für sie ist ein Verhalten,
das zu gesellschaftlich moralisch erwünschten Ergebnissen führt, das aber aus
(langfristigen) reinem Vorteilskalkül gewählt wird, moralisch diskreditiert.[31]
Moral darf nicht dem Rationalkalkül unterworfen und so ökonomisiert werden.
Mit dieser Position grenzt sich die Unternehmensethik scharf von utilitaristischen Positionen ab, für die nicht die Intention, sondern das Ergebnis entscheidend ist.

Es stellt sich aber die Frage, ob dieser moralische Purismus der Unternehmensethik sowohl sinnvoll als auch in sich konsequent ist. Dadurch, dass man
moralisches Verhalten auf reine Konfliktsituationen reduziert, bei denen Moralität dem einzelnen nichts nutzt, sondern sich eher zum Nachteil auswirkt, wird
beim Adressaten der Unternehmenspolitik die Akzeptanzbereitschaft nicht stei-
gen. Hinzu kommt, dass man sich damit eine für Ökonomen zentrale Strategie
verbaut: den trade-off zwischen Moralität und Effizienz zu reduzieren. Bedeutet
doch ein Abbau des trade-offs nichts anderes, als dass man den substanziellen
Wert von Moralität reduziert.

Würde man die Unvereinbarkeit von Moralität und Nützlichkeit konsequent
aufrechterhalten, so entstünde ein neues Dilemma, wenn man sich die Argumentation vieler Evolutionsökonomen zu eigen macht. So zeigen z. B. Güth/Kliemt
auf, dass in gewissen Konstellationen moralisches Verhalten evolutionäre Stabilität besitzt.[32] Dies besagt vereinfacht dargestellt, dass die Populationen, die sich
moralisch, kooperativ usw. verhalten, im Evolutionsprozess durchsetzen können.

---

30  Siehe dazu ausführlich *Homann, Karl* u. *Blome-Drees, Franz*: Wirtschafts- und Un-
    ternehmensethik, a.a.O. S. 143 f. und *Homann, Karl*: Das Problem der „Instrumentali-
    sierung" der Moral in der Wirtschaftsethik, in: *Kumar, Brij N.* et al. (Hrsg.): Unter-
    nehmensethik und die Transformation des Wettbewerbs, Festschrift für Prof. Dr. Dr.
    h.c. H. Steinmann zum 65. Geburtstag, Stuttgart 1999. S. 53 – 70 sowie die dort ange-
    gebene Literatur.

31  Horst Steinmann und Albert Löhr bezeichnen eine Unternehmenspolitik, bei der
    „Normen bewusst als ökonomisches Mittel zur Beförderung des Gewinnzieles einge-
    setzt werden" als „Etikettenschwindel". Vgl. *Steinmann, Horst* u. *Löhr, Albert*:
    Grundlagen der Unternehmensethik, a.a.O. S. 110.

32  Vgl. *Güth, Werner* u. *Kliemt, Hartmut*: Menschliche Kooperation basierend auf Vor-
    leistungen und Vertrauen, in: Jahrbuch für Neue Politische Ökonomie: Bd. 12, 1993.
    S. 253 - 277.

Ist aber nicht damit dieses Verhalten moralisch diskreditiert, da es ja zweckmäßig ist. Gilt dieses Argument auch für den Unternehmensbereich, so dass „moralische" Unternehmen am Markt erfolgreich sind, so würde entsprechend Moral nichts anderes als aufgeklärtes Rationalverhalten beinhalten, was die Position Homanns extrem stärken würde. Dies würde aber auch deutlich machen, dass man nicht ohne sorgfältige Prüfung der jeweiligen Gegebenheiten, moralisches Verhalten mit der Totschlagargumentation des Gefangenendilemmas als unzumutbar deklarieren darf. Dies ist nur bei einer extrem puristischen Moralphilosophie zulässig, die jegliche Instrumentalisierung ablehnt – was aber in der letzten Konsequenz schwer möglich ist. Wie wäre dann ein Verhalten zu beurteilen, wenn jemand sich moralisch verhält, um ein gottgefälliges Leben zu führen? Ist dies nicht auch eine Instrumentalisierung, insbesondere dann, wenn dahinter die Hoffnung steht, später „in den Himmel zu kommen"?

Bei ihrer Beurteilung von Moral instrumentalisiert aber die Unternehmensethik selbst moralisches Handeln. Für sie ist nämlich Moral nur ein Mittel zum Zweck, gesellschaftlich gewünschte Marktergebnisse, wie mehr Umweltschutz, weniger Arbeitslosigkeit usw. zu generieren. So gesehen hat Moral für die Unternehmensethik keinen Eigenwert. Entsprechend existiert ja auch nicht das Bestreben, Unternehmen zu missionieren, dass sie zu moralischen Entitäten werden. Es geht letztlich nicht darum, die Zahl der „guten Menschen" zu mehren. Moral dient instrumental zur Realisierung moralisch erwünschter Zustände. Und dies ist eine ungemein utilitaristische Betrachtung, deren ökonomischer Kern eigentlich von der reinen Unternehmensethik abgelehnt werden müsste. Während Kant gegen eine individuelle Instrumentalisierung von Moral ist, spricht sich in letzter Konsequenz die Unternehmensethik für die Instrumentalisierung der Moral zugunsten der Gesellschaft aus.

Nun ist aber solch eine Instrumentalisierung der Moral nicht unproblematisch. Sie ist nur sinnvoll, wenn man von einer Harmoniethese ausgeht und deren Gültigkeit nicht in Frage stellt. Diese besagt, dass moralisches individuelles Verhalten zu gesellschaftlich erwünschten Ergebnissen führt.[33] Hier wird die Argumentation von Adam Smith, nach der die Verfolgung des Eigeninteresses zu gesellschaftlich erwünschten Ergebnissen führt, einfach auf moralisches Ver-

---

33 Entsprechend betont Homann, dass für das Marktergebnis „kein einzelner mehr verantwortlich (zu machen) ist. Es entsteht vielmehr als Resultat eines Prozesses, der durch individuelle Moral nicht zu steuern ist." Vgl. *Homann, Karl*: Wirtschaftsethik, Die Funktion der Moral in der modernen Wirtschaft, a.a.O. S. 34. Entsprechend fordert er anstelle einer Individualethik, die sich als Tugendethik versteht, eine Sozialethik, eine Ordnungsethik.

halten übertragen. Dies ist aber nicht sinnvoll. Zum einen weist schon Adam Smith darauf hin, dass die von ihm aufgezeigte Implikation nur unter besonderen Voraussetzungen gültig ist, und die präzisen Bedingungen werden von der allgemeinen Gleichgewichtstheorie exakt aufgezeigt. Zum anderen ist aber die Harmoniethese der Unternehmensethik eine reine Vermutung, die in keiner Weise von ihr theoretisch untermauert wird. Natürlich ist ein reiner Analogschluss von eigennützigem auf moralisches Verhalten nicht zulässig. Und die vielen Beispiele dafür, dass tatsächlich moralisches Verhalten für die Gesellschaft nützlich ist, kann nicht per Induktion zu einer nomologischen Hypothese führen. Die im Alltagsleben zu findenden zahllosen Gegenbeispiele sind mit der Harmoniethese nicht vereinbar.[34]

Selbst wenn die Harmoniethese der Unternehmensethik Gültigkeit besitzen würde, so sollte man doch mit ihrer Anwendung sparsam umgehen. Es ist eine fundamentale Annahme der Neuen Institutionenökonomik, dass jede Theorie und insbesondere Politik die Menschen so nehmen soll, wie sie sind. Und bei allem Wohlwollen ist es illusionär zu glauben, dass sich alle Menschen prinzipiell moralisch verhalten. Wir können in Anlehnung an Nell-Breuning formulieren: „Moral ist ein knappes Gut"[35], mit dem man fürsorglich umgehen sollte. Insbesondere ist es aufwendig und oft wenig erfolgreich, Menschen so zu beeinflussen, dass sie ihre Präferenzen ändern und der Moral einen höheren Stellenwert zuordnen. Hier liegt ein grundlegender Unterschied zwischen dem ökonomischen Ansatz und der Unternehmensethik vor. Für die ökonomische Theorie sind die Präferenzen eines Individuums relativ stabil und können nicht wesentlich durch exogene Faktoren beeinflusst werden. Deshalb lehnen Ökonomen im allgemeinen eine Steuerung über die Beeinflussung der individuellen Präferenzen ab. Zentraler Ansatzpunkt für die Steuerung von Akteuren sind für sie deren Restriktionen. Mittels selektiver Anreize ist man in der Lage, das Verhalten der Individuen gezielt zu beeinflussen. Dabei werden aber auch Grenzen der Steuerung über selektive Anreize, die natürlich nicht mit finanziellen gleichgesetzt

---

34 Schon im relativ kleinen Sozialverband der Familie garantiert moralisches Verhalten im Sinne von Altruismus keine guten familialen Ergebnisse. Siehe dazu die bei *Ribhegge, Hermann*: Familie, in: *Korff, Wilhelm* u. *Baumgartner, Alois* (Hrsg.): Handbuch der Wirtschaftsethik in 4 Bdn., Ausgewählte Handlungsfelder, Gütersloh 1999. Bd. 4, S. 202 - 229 angegebene Literatur.

35 Nell-Breuning bezog sich dabei wie auch vor ihm Robertson auf das Gut „Liebe". Entsprechend argumentiert u. a. Hax. Vgl. *Hax, Herbert*: Unternehmensethik – Ordnungselement der Marktwirtschaft? in: ZfbF, Schmalenbachs Zeitschrift für betriebswirtschaftliche Forschung: Bd. 45, 1993. S. 777.

werden dürfen, sondern auch Statusgüter, gesellschaftliche Wertschätzung usw. umfassen, gesehen. Dies gilt insbesondere für Fälle, bei denen Individuen intrinsisch motiviert sind. Damit diese intrinsische Motivation nicht entwertet wird, ist es nach Frey/Jegen notwendig, ein adäquates Framing, insbesondere bei pekuniären Anreizen, zu schaffen.[36]

Sichtet man die Literatur zur Unternehmensethik, so wird nicht ganz deutlich, wer der eigentliche Adressat für moralisches Handeln sein soll. So verwendet Ulrich die Begriffe Unternehmensethik und Unternehmerethik mehr oder weniger synonym.[37] Geht man vom methodologischen Individualismus aus und betrachtet man den Fall eines Ein-Mann-Unternehmens bzw. eines völlig hierarchisch gegliederten Unternehmens als Ausnahmefall, so ist es nicht unproblematisch, von Unternehmensethik zu sprechen. Versteht man ein Unternehmen als eine Organisation, die von vielen Akteuren beeinflusst wird und die sich nicht einem allgemein akzeptierten Organisationsziel unterwirft, so ist das Organisationsergebnis meist nicht intendiert, da die Organisationsteilnehmer eigene Ziele verfolgen. Wenn aber eine Organisation keine autonome Handlungseinheit darstellt, kann man ihr dann Moralität zugestehen? Denn eine Organisation kann im Gegensatz zu Individuen nicht verantwortlich und selbstreflektierend handeln. Aus dieser Sicht können sich eigentlich nur Individuen moralisch verhalten, und die Unternehmensethik muss entsprechend neu definiert werden. Aufgabe der Unternehmensethik muss es dann sein, adäquate Rahmenbedingungen in einer Organisation für moralisches Individualverhalten zu schaffen. Dann verliert aber bei optimalen moralischen Rahmenbedingungen, die moralisches Verhalten als vorteilhaft erscheinen lassen, die sich daraus ergebende eigennützige Moral ihre Kantische Sittlichkeit. Verzichtet man aber auf entsprechende organisatorische Regelungen, so dass individuelles moralisches Verhalten in einer Organisation nicht honoriert oder sogar nicht realisierbar ist, dann taucht auch auf der Ebene der Unternehmensorganisation das Homannsche Gefangenendilemma moralischen Handelns auf, und der einzelne Organisationsteilnehmer wäre in echten Konfliktsituationen oft moralisch überfordert.

## 4. Globalisierung und Unternehmensethik

Während oft vorschnell die These vertreten wird, dass mit der Globalisierung

---

36  Vgl. *Frey, Bruno S.* u. *Jegen, Reto*: Motivation crowding theory: a survey of empirical evidence, Cesifo working paper series: Nr. 245. Zürich 2000.

37  Dies wird bei den Thesen Ulrichs deutlich. Vgl. *Ulrich, Peter*: Worauf kommt es in der ethikbewussten Unternehmensführung grundlegend an? Integrative Unternehmensethik in fünf Thesen, a.a.O. S. 16. f.

kein Bedarf mehr an sozialer Sicherung besteht und Solidarität nur noch ein Relikt der Vergangenheit sei, wird hier die Auffassung vertreten, dass im Prozess der Globalisierung sogar der Bedarf an sozialer Sicherung steigt.[38]

Dies ist unter anderem auf die gestiegene Volatilität der Güter- und Arbeitsmärkte zurückzuführen, die zu atypischen und instabilen Beschäftigungsverhältnissen geführt hat. Kürzere Produktzyklen erhöhen sowohl die Unsicherheit auf den Güter- als auch auf den Arbeitsmärkten. Die Intensivierung des technischen Fortschritts verstärkt diesen Prozess und bedingt oft immense Dequalifizierungserscheinungen. Entsprechend sprechen Loch/Heitmeier von „Globalisierung als neuer Modernisierungsschub"[39]. Es kommt aber nicht nur zu mehr Unsicherheit, sondern auch zu einer sich verstärkenden Ausdifferenzierung zwischen prosperierenden Zentren und rückständigen Pheriperien. Dies führt zu entsprechenden regionalen Disparitäten und zu Verteilungskonflikten. Die größten Auswirkungen sowohl unter dem Aspekt der sozialen Sicherheit als auch unter dem der Verteilungsgerechtigkeit gehen von der globalen Intensivierung des Wettbewerbs aus.

Dem wird entgegengehalten, dass die Unternehmen – selbst wenn sie dazu bereit wären – diesen globalen Herausforderungen nicht gewachsen wären und nicht in der Lage seien, durch ihre Politik gegenzusteuern und Sicherheit und Gerechtigkeit zu garantieren. Wichtigstes Argument ist dabei der Hinweis auf den intensiven Wettbewerb, der den Unternehmen bei der Globalisierung keinen Spielraum für moralisches Handeln lässt. Die Globalisierung der Finanzmärkte zwingt die Unternehmen, eine reine Profitmaximierungsstrategie zu führen, da nach dem Renditeausgleichstheorem marginale Renditedifferenzen konsequent vom Markt abgestraft werden. Mit zunehmender Integration der Arbeitsmärkte wird das Arbeitsangebot elastischer, so dass auch hier der Handlungsspielraum für moralische Verteilungsaktivitäten eingeschränkt sei. Gerade im Kommunikationsbereich werden monopolistische Spielräume abgebaut. Während im Dienstleistungsbereich Unternehmen durch die Produktion lokaler Güter, die nicht international handelbar sind, geschützt waren, hat der technische Fortschritt dazu geführt, dass diese heute dramatisch an Bedeutung verloren haben. Buch-

---

38 Siehe dazu auch *Berthold, Norbert* u. *Stettes, Oliver*: Globalisierung und Strukturwandel: Droht das Ende des Sozialstaates? in: *Theurl, Engelbert* (Hrsg.): Der Sozialstaat an der Jahrtausendwende – Analysen und Perspektiven, Heidelberg 2001. S. 252 ff.

39 *Loch, Dietmar* u. *Heitmeyer, Wilhelm*: Globalisierung und autoritäre Entwicklungen, in: dies. (Hrsg.): Schattenseiten der Globalisierung, Frankfurt am Main 2000. S. 18.

haltungsdienstleistungen usw. kann man heute weltweit einkaufen. Damit nimmt auch in diesem Sektor die Wettbewerbsintensität erheblich zu.

Wesentliche Voraussetzung für die Intensivierung des Wettbewerbs sind die gesunkenen realen Handelskosten. Zum einen sind im Rahmen der WTO die (tarifären und nichttarifären) Handelshemmnisse gesunken, zum anderen durch Internet usw. die Kommunikationskosten reduziert worden.

## 5. Ohnmacht des Wohlfahrtsstaates

Gerade die Globalisierung macht deutlich, worauf Ulrich schon frühzeitig hingewiesen hat, dass die von Homann vorgeschlagene Arbeitsteilung zwischen Unternehmen und Staat in Fragen der Moral illusorisch ist. Denn der Nationalstaat unterliegt so wie die Unternehmen einem globalen Wettbewerb der Sozialsysteme. Wie die Allokationstheorie zeigt, kann ein Nationalstaat im Alleingang nur die immobilen Produktionsfaktoren zur Finanzierung der sozialen Sicherung heranziehen. Solange der Produktionsfaktor Arbeit immobil war, bestand für den Wohlfahrtsstaat eine ausreichende Finanzierungsquelle. Im Prozess der Globalisierung – siehe die Diskussion zur Osterweiterung der EU – ist aber der Faktor Arbeit mobiler geworden. Hinzu kommt, dass aufgrund regionaler Disparitäten und kriegerischer Auseinandersetzungen die weltweiten Flüchtlingsströme an Intensität gewonnen haben. Dies hat zur Folge, dass einerseits die Asylbewerber tendenziell in die Staaten abwandern, die das höchste Niveau der Wohlfahrtsleistungen haben, andererseits aber aufgrund der hohen finanziellen Belastungen die Leistungsträger aus ihnen abwandern. Dies hat nach Sinn zur Folge, dass eine Abwärtsspirale „race to the bottom" eintritt[40] und dass – und dies ist entscheidend – dabei ein ineffizientes, zu niedriges staatliches Sicherungsniveau verwirklicht wird. Nach diesen Überlegungen, die hier nicht ausführlich erläutert werden können, kann der Nationalstaat aufgrund des ineffizienten Systemwettbewerbs nicht die entscheidende moralische Instanz sein, die die adäquaten Rahmenbedingungen für die Unternehmen setzt. Damit ist die schöne Arbeitsteilung Hommanscher Ethik auf den Kopf gestellt und kann sich im Globalisierungsprozess verabschieden. Multis sind und wollen keine Reparaturbetriebe sein.

Hinzu kommt, dass die Globalisierung – und dies ist ein wesentliches Element des Systemwettbewerbs – zu einer Machtverlagerung im Zusammenspiel multinationaler Unternehmen mit den Nationalstaaten geführt hat. Die Abhängigkeit des Nationalstaates wird besonders bei Direktinvestitionen deutlich. Hier

---

40 Vgl. *Sinn, Hans-Werner*: How much Europe? Subsidiarity, centralization and fiscal competition, in: Scottish Journal of Political Economy: Vol. 41, 1994. S. 89 f.

haben multinationale Unternehmen einen strategischen Vorteil, weil sie die Staaten gegeneinander ausspielen können. Dies ist u. a. darauf zurückzuführen, dass sie mobiler sind, besser diversifizieren können und u. U. über ein größeres Finanzvolumen verfügen. Die Ohnmacht des Nationalstaates im Verhältnis zur Wirtschaft wird von Touraine plastisch umschrieben:[41] Die Globalisierung ist dadurch charakterisiert, dass das Wirtschaftssystem „nicht mehr von politischen Institutionen kontrolliert wird bzw. keinen nationalen oder internationalen Rechtsnormen unterliegt."[42] Akzeptiert man aber diese Omnipotenzthese von Touraine, so müssen einem sofort Zweifel bei der These aufkommen, dass die multinationalen Unternehmen keinen Spielraum für moralisches Handeln besitzen. Ob sie ihn nützen wollen, ist dabei eine ganz andere Frage. Zuerst soll aber noch einmal die Frage systematisch aufgegriffen werden, ob bei der Globalisierung die Unternehmen einen ausreichenden Spielraum und Chancen für moralisches Handeln besitzen.

## 6. Entsolidarisierung im Globalisierungsprozess

Selbst wenn ein Unternehmen sich moralisch engagieren will, so ist es dabei letztlich auf die Unterstützung seiner Mitarbeiter angewiesen. Soziales Engagement lässt sich nicht diktieren. Eine besondere Herausforderung stellt dabei für eine Unternehmensethik der mit der Globalisierung einhergehende Individualisierungsprozess dar. Tradierte soziale Bezüge lösen sich auf. Allgemein akzeptierte Normen werden in Frage gestellt. Und diese Entwicklung vollzieht sich auch in den multinationalen Unternehmen. Ihnen fehlt oft als global player eine gemeinsame kulturelle Identität unter den Mitarbeitern. Eine hohe Fluktuationsrate bei den Beschäftigten verhindert es, dass im Unternehmen enge soziale Beziehungen aufgebaut werden. Internet und Teleheimarbeit verhindern intensive persönliche Kontakte.[43] Aufgrund dieser Entwicklung entzieht sich die Globalisierung ihre eigene Grundlage. Sie produziert Wohlstand auf Kosten des Sozi-

---

41 Vgl. *Touraine, Alain*: Globalisierung – eine neue kapitalistische Revolution, in: *Loch, Dietmar* u. *Heitmeyer, Wilhelm* (Hrsg.): Schattenseiten der Globalisierung, Frankfurt am Main 2000. S. 41.

42 Entsprechend argumentiert auch Ulrich. Vgl. *Ulrich, Peter*: Integrative Wirtschaftsethik, Grundlagen einer lebensdienlichen Ökonomie, a.a.O. S. 380 f.

43 Es wird „das Bild eines neuen Idealtypus von Unternehmen, das virtuelle Unternehmen, das dadurch gekennzeichnet sein soll, dass es sich in seine Bestandteile auflöst" nach Schulte mehr oder weniger unkritisch heraufbeschworen. Vgl. *Schulte, Dieter*: Gewerkschaften und „New Economy", in: Gewerkschaftliche Monatshefte: 52. Jg., 2/2001; S. 66.

alkapitals der Gesellschaft, indem sie die Fundamente für Kooperation und Vertrauen nicht generiert. Als Belege für diese Entwicklung sollen nur einige Stichworte wie Fragmentierung der Sozialstruktur, soziokulturelle Heterogenisierung und regionalistisches Selbstbewusstsein angeführt werden.

Auch wenn man sich nicht die gewagte These Huntingtons „The Clash of Civilizations"[44] zu eigen macht, so sollte man doch realistischerweise akzeptieren, dass in einer solchen Welt eine Diskursethik à la Ulrich in globalen Maßstäben völlig illusionär ist. Man betrachte dazu nur die Diskussion von Gesamtbetriebsräten in multinationalen Unternehmen. Z. B. zeigt die Auseinandersetzung um Sozialstandards (gleicher Lohn für gleiche Arbeit), wie schwierig es allein auf der Ebene der Arbeitnehmer ist, allgemein akzeptierte ethische Normen in multinationalen Unternehmen abzuleiten. Hier sollte man sich nicht von einer Sozialromantik leiten lassen.[45]

Die Globalisierung muss aber nicht das Ende einer wohlverstandenen Unternehmensethik sein. Denn die Globalisierung schafft auch neue Spielräume für moralisches Handeln. Zum einen ist die immer wieder betonte Effizienz der Kapital- und Finanzmärkte mehr ein Mythos als eine Realität. Man muss hier nicht mit der Feldstein/Horioka-These der hohen Korrelation von Investitionen und Ersparnis auf nationaler Ebene argumentieren. Die Entwicklung auf den Finanz- und Kapitalmärkten der letzten Jahre (Mexiko, Südostasien usw.) ist hier Beweis genug. Die These der Maximierung des shareholder-value überzeugt nicht, wenn man sich z. B. die Kapitalvernichtung bei Daimler-Chrysler oder die Kursentwicklung auf dem Neuen Markt anschaut.

---

44 *Huntington, Samuel. P.*: The Clash of Civilizations? in: Foreign Affairs: Vol.. 72, 3/1993. S. 22 - 49.

45 Für den Bereich des Umweltschutzes argumentiert z.B. Leisinger entsprechend. „Konkret: Falls der Indikator für die Sauberkeit des Rheins die erfolgreiche Wiederansiedlung des Lachses ist, gilt Vergleichbares dann auch für Investitionen am Ganges oder am Gelben Fluss?" *Leisinger, Klaus M.*: Globalisierung, minima moralia und die Verantwortung multinationaler Unternehmen, in: *Kumar Brij N.* et al. (Hrsg.): Unternehmensethik und die Transformation des Wettbewerbs, Festschrift für Prof. Dr. Dr. h.c. H. Steinmann zum 65. Geburtstag, Stuttgart 1999. S. 328. Zur Legitimität unterschiedlicher Standards siehe auch *Leisinger Klaus, M.*: Globalisierung, unternehmensethische Selbstbindung und wohlverstandenes Eigeninteresse, in: *Ulrich, Peter* et al. (Hrsg.): Unternehmerische Freiheit, Selbstbindung und politische Mitverantwortung, München 1999, S. 103 ff.

Betrachtet man die Handelsstruktur der Globalisierung, so stellt man fest, dass zum einen in den Industriestaaten der intraindustrielle Handel immer mehr an Bedeutung gewinnt und sich dieser zum anderen überwiegend in multinationalen Unternehmen vollzieht. Damit werden aber viele Transaktionen dem Markt entzogen und zu unternehmensinternen Abläufen, bei denen die multinationalen Unternehmen durchaus einen diskretionären Spielraum besitzen. Man denke nur an die Diskussion der konzerninternen Verrechnungspreise. Neben der Intensivierung des Wettbewerbs über eine Ausweitung des Angebots stellen wir gleichzeitig eine gegenläufige Entwicklung in Form weltweiter Firmenzusammenschlüsse fest, die nicht nur unter Effizienzgesichtspunkten, sondern auch, um Marktmacht zu realisieren, vorgenommen werden. Marktmacht verschafft aber Handlungsspielräume.

Hinzu kommt – und dies ist ein wesentlicher Grund für den intraindustriellen Handel – eine zunehmende Produktionsvielfalt aufgrund der „love of variety". Damit gehen monopolistische Spielräume aufgrund der Produktionsdifferenzierung einher, die in Verbindung von increasing returns to scale weitere Möglichkeiten für ethisch motiviertes Handeln aufzeigen.

Dass Spielräume für moralisches Handeln trotz Globalisierung existieren, wird gerade in den Entwicklungsländern deutlich. Dort sind die Märkte relativ unvollkommen. Es existieren lokale Monopole und Monopsone. Die Markttransparenz ist oft gering. Dies gilt insbesondere für den Arbeitsmarkt. Da die Löhne oft nur knapp über dem Existenzminimum liegen, kommt es zur Selbstausbeutung der Arbeitnehmer aufgrund einer atypischen Angebotsfunktion, bei der sinkende Löhne eine Ausweitung des Arbeitsangebots (Kinderarbeit usw.) bewirken. Hinzu kommt, dass sich auf vielen lokalen Arbeitsmärkten die multinationalen Unternehmen in einer Monopsonsituation befinden und so niedrige Löhne erzwingen können.

Das wichtigste Argument für den diskretionären Spielraum der Unternehmen im Prozess der Globalisierung ist aber der Hinweis auf die immense Wohlfahrtssteigerung, die mit der Globalisierung einhergeht.[46] Diese schafft zum einen den finanziellen und materiellen Spielraum für ethisch wertvolles Handeln. Zum anderen erhöht vielleicht ein hohes Einkommen die Bereitschaft aller, sich für andere einzusetzen und sich solidarisch zu verhalten. Das Kernproblem der Globalisierung ist nicht, dass sie keinen Raum für moralisches Handeln bedingt,

---

46 Dieser Sachverhalt wird aber bei Ulrich, ohne dafür eine ausreichende empirische Evidenz zu liefern, einfach bestritten. Vgl. *Ulrich, Peter*: Integrative Wirtschaftsethik, Grundlagen einer lebensdienlichen Ökonomie, a.a.O. S. 377.

sondern dass oft die Bereitschaft für moralisches Handeln sowohl auf der Ebene der Unternehmen, der shareholder, der Konsumenten als auch der Wähler fehlt.

## 7. Defizite der deutschen Unternehmensethik

Die obigen Ausführungen sollten aufzeigen, dass mit der Globalisierung der Unternehmensethik nicht die Grundlage entzogen worden ist. Es gibt trotz aller Sachzwänge ein breites Feld für moralisches Engagement. Und ethisches Verhalten ist bestimmt nicht obsolet geworden. Worauf ist dann die mangelnde Nachhaltigkeit der deutschen Unternehmensethik zurückzuführen? Warum befindet sie sich auch heute noch in einer Sackgasse? Nun kann man den Sachverhalt bestreiten und darauf hinweisen, dass es eine Vielzahl von Tagungen und Konferenzen (Ausschuss für Wirtschaftsethik im Verein für Socialpolitik) usw. gibt. Schaut man aber die gängigen betriebswirtschaftlichen Zeitschriften wie die ZfbF, DBW und JFB an, so sieht man, dass in ihnen seit 1996 kein Artikel mehr zur Unternehmensethik veröffentlicht worden ist.[47] Die mangelnde Akzeptanz der deutschsprachigen Unternehmensethik ist dabei im wesentlichen auf ihre eigenen Theoriedefizite zurückzuführen, die im einzelnen erläutert werden sollen.

Erstens ist auf den mangelnden Realitätsbezug hinzuweisen. Mit Recht spricht Osterloh vom Nirwana-Ansatz der Unternehmensethik.[48] Dies gilt sowohl für die Anforderungen an einen idealen Diskurs bei Ulrich, Steinmann und Mitarbeitern als auch für den omnipotenten Ordnungsstaat bei Homann, der eine extrem konstruktivistische Position vertritt.

Zweitens ist auf die fehlende Diskursoffenheit hinzuweisen. Die Unternehmensethik beschränkt sich in ihrer normativen Begründung allein auf Ansätze aus dem deutschsprachigen Raum (Habermas, Erlanger Schule). Anders Homann, der sich auf die Vertragstheorie von Buchanan bezieht, die aber mehr eine positivistische Theorie als eine echte normative Begründung darstellt.

Drittens muss der fehlende Pragmatismus genannt werden. Dies ist ein Defizit, das man auch bei anderen Ethikansätzen im deutschen Sprachraum findet. So lässt sich die Kritik von Schöne-Seifert: „Die wesentlich nicht-pragmatische,

---

47 So konstatieren Steinmann und Löhr, „dass eine allgemein anerkannte konzeptionelle Integration der Unternehmensethik in das Lehrgebäude der Betriebswirtschaft bisher noch nicht stattgefunden hat." *Steinmann, Horst* u. *Löhr, Albert*: Grundlagen der Unternehmensethik, a.a.O. S. 207.

48 Vgl. *Osterloh, Margit*: Vom Nirwana-Ansatz zum überlappenden Konsens: Konzepte der Unternehmensethik im Vergleich, a.a.O.

nicht-utilitaristische und nicht-analytische Tradition der deutschen Philosophie bremste deren Interesse für Fragen der Medizinethik"[49] auf die Unternehmens-ethik übertragen. Dabei trifft diese Kritik eher auf Ulrich als auf die anderen Vertreter der Unternehmensethik zu.

Viertens ist die starke kognitivistische Grundposition zu hinterfragen, die man nach Osterloh bei allen drei hier behandelten Positionen finden kann.[50] Es ist zu bezweifeln, dass wir mit der Diskursethik ein objektives Verfahren zur Bestimmung gesellschaftlicher Normen besitzen. Kognitivistische Auffassungen führen schnell zu Dogmatismus und damit zu erheblichen Konflikten, insbeson-dere, wenn wir von keiner kulturell homogenen Gesellschaft mehr ausgehen können.

Fünftens muss auf die fatalen Konsequenzen hingewiesen werden, die sich aus der Ablehnung des Ökonomismus besonders bei Ulrich ergeben. Damit wird der Zugang zu einer wissenschaftlich fundierten Theorie systematisch verbaut. Insbesondere wird die für die Ökonomen zentrale Frage nicht aufgenommen, wie können wir durch bessere institutionelle Arrangements Konflikte zwischen Effi-zienz und Gerechtigkeit abbauen?

## Literaturverzeichnis

*Behnam, Michael*, Strategische Unternehmensplanung und ethische Reflexion, Sternenfels 1998.

*Berthold, Norbert* u. *Stettes, Oliver*, Globalisierung und Strukturwandel: Droht das Ende des Sozialstaates? In *Theurl, Engelbert* (Hrsg.): Der Sozialstaat an der Jahrtausendwende – Analysen und Perspektiven. Heidelberg 2001.

*Böckenförde, Ernst-Wolfgang*, Staat, Gesellschaft, Freiheit. Studien zur Staats-theorie und zum Verfassungsrecht, Frankfurt am Main 1976.

*Bonus, Holger* u. *Ribhegge, Hermann*, Wohlfahrtsökonomik – Werkzeug für Diktatoren oder ökonomische Grammatik? Bemerkungen zu einem neuen

---

49 *Schöne-Seifert, Bettina*: Medizinethik, in: *Nida-Rümelin, Julian* (Hrsg.): Angewandte Ethik – Die Bereichsethiken und ihre theoretische Fundierung, Stuttgart 1996. S. 558.

50 Vgl. *Osterloh, Margit*: Vom Nirwana-Ansatz zum überlappenden Konsens: Konzepte der Unternehmensethik im Vergleich, a.a.O. S. 205 f.

Buch von A. Woll. In: Journal of Institutional and Theoretical Economics: Vol. 142, 1986.

*Buchanan, James M.* u. *Stubblebine, Craig W.*, Externality. In: Economica, Vol. 3, 1962.

*Coase, Ronald H.*, The Problem of Social Cost. In: Journal of Law and Economics, Vol. 3, 1960.

*Frey, Bruno S.* u. *Jegen, Reto*, Motivation crowding theory: a survey of empirical evidence, Cesifo working paper series, Nr. 245. Zürich 2000.

*Güth, Werner* u. *Kliemt, Hartmut*, Menschliche Kooperation basierend auf Vorleistungen und Vertrauen. In: Jahrbuch für Neue Politische Ökonomie, Bd. 12, 1993.

*Hax, Herbert*, Unternehmensethik – Ordnungselement der Marktwirtschaft? In: ZfbF, Schmalenbachs Zeitschrift für betriebswirtschaftliche Forschung: Bd. 45, 1993.

*Hayek, Friedrich August von*, Recht, Gesetzgebung und Freiheit, Bd. 2: Die Illusion der sozialen Gerechtigkeit. Landsberg am Lech 1981.

*Homann, Karl*, Wirtschaftsethik, Die Funktion der Moral in der modernen Wirtschaft. In: *Wieland, Josef* (Hrsg.): Wirtschaftsethik und Theorie der Gesellschaft, Frankfurt am Main 1993.

*Homann, Karl*, Das Problem der „Instrumentalisierung" der Moral in der Wirtschaftsethik. In: *Kumar, Brij N.* et al. (Hrsg.): Unternehmensethik und die Transformation des Wettbewerbs, Festschrift für Prof. Dr. Dr. h.c. H. Steinmann zum 65. Geburtstag. Stuttgart 1999.

*Homann, Karl* u. *Blome-Drees, Franz*, Wirtschafts- und Unternehmensethik. Göttingen 1992.

*Huntington, Samuel P.*, The Clash of Civilizations? In Foreign Affairs: Vol. 72, 3/1993.

*Leisinger, Klaus M*, Globalisierung, minima moralia und die Verantwortung multinationaler Unternehmen. In: *Kumar, Brij N.* (Hrsg.): Unternehmensethik und die Transformation des Wettbewerbs, Festschrift für Prof. Dr. Dr. h.c. H. Steinmann zum 65. Geburtstag. Stuttgart 1999.

*Leisinger, Klaus M.*, Globalisierung, unternehmensethische Selbstbindung und wohlverstandenes Eigeninteresse. In: *Ulrich, Peter* et al. (Hrsg.): Unternehmerische Freiheit, Selbstbindung und politische Mitverantwortung, München 1999.

*Loch, Dietmar* u. *Heitmeyer, Wilhelm*, Globalisierung und autoritäre Entwicklungen. In: dies. (Hrsg.): Schattenseiten der Globalisierung, Frankfurt am Main 2000.

*Mill, John St.*, Grundsätze der politischen Ökonomie. Bd. 1, Jena 1924.

*Mittelstraß, Jürgen*, Wirtschaftsethik oder der erklärte Abschied vom Ökonomismus auf philosophischen Wegen. In: *Ulrich, Peter* (Hrsg.): Auf der Suche nach einer modernen Wirtschaftsehtik, Bern 1990.

*Neugebauer, Udo*, Unternehmensethik in der Betriebswirtschaftslehre. Sternenfels 1998.

*Okun, Arthur M.*, Equality and efficiency: The big trade-off, Washington D.C. 1975.

*Osterloh, Margit*, Vom Nirwana-Ansatz zum überlappenden Konsens: Konzepte der Unternehmensethik im Vergleich. In: *Nutzinger, Hans G.* (Hrsg.): Wirtschaftsethische Perspektiven III, Berlin 1996.

*Putterman, Louis* et al., Does Egalitarianism Have a Future? In: Journal of Economic Literature, Vol. 36, 1998.

*Ribhegge, Hermann*, Familie. In: *Korff, Wilhelm* u. *Baumgartner, Alois* (Hrsg.): Handbuch der Wirtschaftsethik in 4 Bdn.. Bd. 4: Ausgewählte Handlungsfelder, Gütersloh 1999.

*Schneider, Dieter*, Unternehmensethik und Gewinnprinzip in der Betriebswirtschaftslehre. In: ZfbF, Schmalenbachs Zeitschrift für betriebswirtschaftliche Forschung: Bd. 42, 1990.

*Schöne-Seifert, Bettina*, Medizinethik. In: *Nida-Rümelin, Julian* (Hrsg.): Angewandte Ethik – Die Bereichsethiken und ihre theoretische Fundierung. Stuttgart 1996.

*Schulte, Dieter*, Gewerkschaften und „New Economy". In: Gewerkschaftliche Monatshefte, 52. Jg., 2001.

*Sinn, Hans-Werner*, How much Europe? Subsidiarity, centralization and fiscal competition. In: Scottish Journal of Political Economy: Vol. 41, 1994.

*Steinmann, Horst* u. *Löhr, Albert*, Grundlagen der Unternehmensethik. Stuttgart 1994.

*Steinmann, Horst* u. *Löhr, Albert,* Unternehmensethik als Ordnungselement in der Marktwirtschaft. In: ZfbF, Schmalenbachs Zeitschrift für betriebswirtschaftliche Forschung: 47. Jg., 2/1995.

*Teepe, Ralf,* Kommunitarismus und Ökonomische Theorie der Politik. Lohmar 1998.

*Thommen, Jean-Paul,* Betrachtungen zum Verhältnis zwischen Betriebswirtschaftslehre und Unternehmensethik. In: *Nutzinger, Hans G.* (Hrsg.): Wirtschaftsethische Perspektiven III. Berlin 1996.

*Touraine, Alain,* Globalisierung – eine neue kapitalistische Revolution. In: *Loch, Dieter* u. *Heitmeyer, Wilhelm* (Hrsg.): Schattenseiten der Globalisierung. Frankfurt am Main 2001.

*Ulrich, Peter,* Integrative Wirtschaftsethik, Grundlagen einer lebensdienlichen Ökonomie. Bern 1998.

*Ulrich, Peter,* Worauf kommt es in der ethikbewussten Unternehmensführung grundlegend an? Integrative Unternehmensethik in fünf Thesen. In: *Ulrich, Peter* u. *Wieland, Josef* (Hrsg.): Unternehmensethik in der Praxis, Impulse aus den USA, Deutschland und der Schweiz. Bern 1999.

# Marktzwang und Marktlogik
## – *Unternehmen zwischen Markt und Moral*

# Unternehmensethik in der republikanischen Gesellschaft

*Horst Steinmann / Albert Löhr*

## 1. Einleitung

Über Unternehmensethik wird in Deutschland seit Mitte der achtziger Jahre in unterschiedlichen Phasen mehr oder weniger heftig diskutiert.[1] Zu Beginn der Debatte wurden ihre Vertreter noch als interessante, aber bedeutungslose Außenseiter hingestellt, die nur einen „Marketing-Gimmick" in üblicher Weise von USA nach Deutschland importierten.[2] Nach der dramatischen Wende des Jahres 1989 und dem Zusammenbruch des Sozialismus wurde das Thema sogar schon totgesagt – man müsse sich jetzt um den ökonomischen Aufbau kümmern, lautete das Argument, da bliebe für schöngeistige Dinge keine Zeit. Diese Einschätzung entpuppte sich als Irrtum, denn gerade im Gefolge der Transformation der sozialistischen Wirtschaft und Gesellschaft entwickelten sich zahlreiche neue Probleme wie Firmenmigrationen, Arbeitslosigkeit und kulturelle Gegensätzlichkeiten, die der Unternehmensethik rasch neue Inhalte gaben. Als schließlich noch die Globalisierung zum beherrschenden Thema wurde, zeigte sich unausweichlich, dass an einer theoretischen und praktischen Auseinandersetzung mit Unternehmensethik kein Weg mehr vorbei führt, wenn auch unter den unterschiedlichsten Etiketten, die dafür in Umlauf gebracht wurden – wie soziale Verantwortung, Integrität, Firmengrundsätze, Wertemanagement, Sozialstandards, neuerdings insbesondere auch Corporate Social Responsibility, Good Corporate Citizenship oder der Global Compact von Kofi Annan. Die Liste ließe sich verlängern.

Beileibe nicht alle, aber doch sehr viele dieser Vokabeln sind begrifflich unklar geblieben und umstritten. So würde auch das Schlagwort „Unternehmens-

---

1   Vgl. zur Übersicht *Steinmann, Horst* u. *Löhr, Albert* (Hrsg.), Unternehmensethik, Stuttgart 1991 und Forum für Philosophie Bad Homburg (Hrsg.), Markt und Moral. Die Diskussion um die Unternehmensethik, Bern/Stuttgart 1994.

2   Vgl. dazu *Schneider, Dieter*, Unternehmensethik und Gewinnprinzip in der Betriebswirtschaftslehre, in: Zfbf, Schmalenbachs Zeitschrift für betriebswirtschaftliche Forschung: Jg. 42, 10/1990. S. 883.

ethik" lange begriffliche Erläuterungen und Abgrenzungen erfordern, um die
Frage zu beantworten, ob man ihm einen Sinn geben kann, der für unsere praktische Lebensgestaltung, speziell im System der Wirtschaft, von Bedeutung ist.
Wir wollen diese Aufgabe hier allerdings von der Sache her zu beantworten
versuchen und eingangs lediglich zur groben Orientierung festhalten, dass wir
unter Unternehmensethik in der modernen Gesellschaft die Verfahrensregel
verstehen, bei normativen Konflikten um die Unternehmensaktivitäten einen
offenen Dialog mit den Betroffenen zu führen und sich an dessen Ergebnisse
freiwillig selbst zu binden.[3]

"Ethik" ist dabei von "Moral" zu unterscheiden.[4] *Moral* bezieht sich nach
allgemeinem Verständnis auf die tatsächlich gelebten Wertvorstellungen, etwa in
der Wortverbindung "Geschäftsmoral" oder "Zahlungsmoral". *Ethik* hat es dagegen mit der *kritischen* Reflexion bestehender Moralen zu tun im methodischen
Versuch, die Frage nach ihrer Richtigkeit oder Akzeptierbarkeit zu klären. Der
Ethik geht es also um die *Verbesserung* des Status quo anhand eines normativen
Leitbildes, nicht nur um Beschreibung der Verhältnisse. Unternehmensethik
bezieht sich dann auf das *richtige* wirtschaftliche Handeln und damit unmittelbar
auf die Zielfunktion der Unternehmung; in welchem Sinn genau, wird noch zu
erörtern sein.

Ein zweiter einleitender Hinweis betrifft die Feststellung, dass die Unternehmung ein *arbeitsteiliges* Gebilde ist, bei der ein einheitlicher Handlungszusammenhang immer wieder neu gestiftet und aufrecht erhalten werden muss. Das
geht unter den modernen Bedingungen einer hohen Komplexität und Unsicherheit in der Unternehmensumwelt, wie sie nicht zuletzt durch weltweite dynamische Innovationsprozesse in Wirtschaft, Politik und Gesellschaft ausgelöst werden, nicht mehr (*alleine*) durch den zentralen Erlass von Organisationsvorschrif-
ten. Diese wären viel zu inflexibel. Immer wichtiger wird für eine erfolgreiche
Handlungskoordination die sog. "*Unternehmenskultur*".[5] Damit sind einheitliche
Wertvorstellungen gemeint, die die Handlungen der Mitarbeiter auf die Unter-
nehmensziele hin orientieren sollen, ohne deren Rollen – wie bei Organisations-

---

3   Vgl. dazu ausführlich *Steinmann, Horst* u. *Löhr, Albert* (Hrsg.), Unternehmensethik,
    a.a.O. S. 10 ff. und *Steinmann, Horst* u. *Löhr, Albert*, Grundlagen der Unternehmens-
    ethik, Stuttgart 1994, S. 106 ff.

4   Vgl. *Steinmann, Horst* u. *Löhr, Albert*, Grundlagen der Unternehmensethik, a.a.O. S.
    8 ff.

5   Vgl. zum Überblick *Dülfer, Eberhard* (Hrsg.), Unternehmenskultur. Phänomen –
    Philosophie – Technologie, Stuttgart 1991.

regeln – von vornherein starr zu fixieren. Als Gesamtheit der faktisch bestehenden und gelebten Wertvorstellungen manifestiert sich so in einer bestimmten Unternehmenskultur die spezifische *moralische* Basis für das unternehmerische Handeln. Unternehmensethische Bemühungen sind dann nicht nur als *kritisches Korrektiv* zur Unternehmenskultur zu begreifen; sie müssen diese als *historischen Ausgangspunkt* auch immer schon mit in Rechnung stellen, um im arbeitsteiligen Handlungszusammenhang der Unternehmung überhaupt wirksam werden zu können. Die Implementation einer Unternehmensethik hat mit diesem eigentümlichen Spannungsverhältnis zwischen „Soll" und „Ist" der Wertvorstellungen im Führungsprozess zu rechnen; das Management muss versuchen, diesem Spannungsverhältnis durch situationsgerechte Reformschritte Rechnung zu tragen.[6]

Ausführlichere Erörterungen wären auch erforderlich, um wenigstens anzudeuten, was hier unter einer *„modernen Gesellschaft"* verstanden werden soll, konkurriert doch dieser Ausdruck in der soziologischen Diskussion heute mit vielen Ansätzen, die in Anbetracht eines Pluralismus der Weltanschauungen und Lebensformen ein einheitliches Gesellschaftsmodell schon längst verabschiedet haben, bis hin zu den Verfechtern des sog. „Postmodernismus".[7] Wir beschränken uns an dieser Stelle auf den Hinweis, dass wir mit dem Begriff „Moderne" (als erkenntnistheoretischer Position) an dem Anspruch festhalten, dass die Klärung von Wahrheits- und Gerechtigkeitsfragen durch *Vernunftgebrauch* möglich ist und so in Konfliktfällen *im Prinzip* gemeinsame vernünftige Orientierungen für die Gestaltung unseres Zusammenlebens gewonnen werden können. Das hat

---

6   Vgl. dazu auch *Schreyögg, Georg*, Kann und darf man Unternehmenskulturen ändern? in: *Dülfer, Eberhard* (Hrsg.), Unternehmenskultur. Phänomen – Philosophie – Technologie, a.a.O., S. 201-214 und *Osterloh, Margit*, Unternehmensethik und Unternehmenskultur, in: *Steinmann, Horst* u. *Löhr, Albert* (Hrsg), Unternehmensethik, a.a.O., S. 153-171.

7   *Postmoderne* ist ein Epochenbegriff, mit *Postmodernismus* wird die auf Arbeiten des französischen Dekonstruktivisten Lyotard (1982) zurückgehende Geisteshaltung des Subjektivismus bezeichnet, die universelle Normen im Pluralismus der Kulturen und Weltanschauungen nicht mehr für begründbar hält. Vgl. *Lyotard, Jean-François*, Das postmoderne Wissen, Bremen 1982. Vgl. zur Übersicht *Hassard, John* u. *Parker, Martin* (Hrsg.), Postmodernism and Organizations, London 1993 und *Welsch; Wolfgang*, Unsere postmoderne Moderne, Berlin 1997. Zur Bedeutung der Postmoderne für die Managementlehre vgl. insbesondere *Weik, Elke*, Postmoderne Ansätze in der Organisationstheorie, in: Die Betriebswirtschaft: Jg. 56, 3/1996. S. 379-397 und *Schreyögg, Georg* (Hrsg.), Organisation und Postmoderne. Grundfragen – Analysen – Perspektiven, Wiesbaden 1999.

natürlich auch Konsequenzen für das Gesellschaftsmodell, in das die Unternehmensethik einzufügen ist; dazu mehr im letzten Abschnitt.

## 2. Unternehmensethik praktisch: Einige Beispiele

Bevor man begriffliche und systematische Überlegungen zum Thema Unternehmensethik anstrengt, tut man gut daran zu betonen, dass diese Thematik keineswegs bloß „theoretischer Natur" ist, also gleichsam im Elfenbeinturm der Wissenschaft erfunden wurde. Eine Reihe von aktuellen Initiativen mag deutlich machen, dass hier in der Praxis selbst tatsächlich seit längerem etwas in Bewegung ist.

(1) Zum ersten sei an das Davoser Weltwirtschafts-Forum erinnert, wo Kofi Annan, der Generalsekretär der Vereinten Nationen, am 31. Januar 1999 die großen Wirtschaftsführer dieser Welt aufgerufen hat, mit seiner Organisation zusammenzuarbeiten, um drei Dinge zu erreichen: 1. die Durchsetzung der Menschenrechte; 2. die Durchsetzung der von der ILO (International Labor Organization) entwickelten Sozialstandards, also z.B. keine Kinderarbeit, keine Zwangsarbeit, und freie Betätigung der Gewerkschaften, und 3. den Schutz der Umwelt.[8] Das ist, gleichsam auf oberster politischer Ebene, eine Initiative, die Unternehmungen auffordert, in einem „*Global Compact*" mitzumachen. In Deutschland haben sich zum Beispiel bereits etliche Großunternehmen aus der Chemie- und Autobranche zu diesem Schritt entschlossen.

(2) Zweitens kann man darauf verweisen, dass sich schon 1992 mehr als 120 Privatunternehmen aus verschiedenen Ländern im *World Business Council for Sustainable Development* zusammengeschlossen haben, um dem Gedanken der „Sozialen Verantwortung der Unternehmensführung" zum Durchbruch zu verhelfen. Der Sache nach geht es dabei genau um Unternehmensethik. Zwei Sätze aus der Grundsatzerklärung dieser Vereinigung scheinen dabei wichtig zu sein, weil sie auch unsere Philosophie widerspiegeln.[9] Es heißt dort sinngemäß zum einen: Die gegenwärtigen Veränderungen in den gesellschaftlichen Erwartungen gegenüber der Wirtschaft sind auf ein stärkeres ethisches und verantwortliches Handeln gerichtet, als Gegenleistung für die Freiheiten und Chancen, die die Gesellschaft den Unternehmen gewährt. Und zum anderen: Um den langfristigen

---

8   Vgl. dazu *Annan, Kofi,* http//www.un.org/partners/business/davos.htm, sowie neuerdings *ders.*, Brücken in die Zukunft. Ein Manifest für den Dialog der Kulturen, Frankfurt/Main, 2001.

9   Vgl. dazu World Business Council for Sustainable Development: Meeting Changing Expectations, Corporate Social Responsibility, Broschüre 1992.

Wert einer Unternehmung für die Aktionäre zu optimieren, ist es erforderlich, dass die Unternehmung Werte vertritt, die im *Konsens* mit der Gesellschaft stehen. In diesem zweiten Statement wird also nicht nur der „*Shareholder-Value*" und der „*Stakeholder-Value*" in einem interdependenten Vermittlungszusammenhang gesehen, sondern zugleich betont, dass der gesellschaftliche Konsens eine wichtige Erfolgsbasis für jede Unternehmung ist.

(3) Drittens ist zu verweisen auf den *Council on Economic Priorities*, ebenfalls eine private Initiative, die 1968 ins Leben gerufen wurde, und die den bekannten „*Social Accountability Standard SA 8000, A Global Standard for Ethical Sourcing*", auf den Weg gebracht hat.[10] Die Bemühungen des CEP gehen dahin, in Zusammenarbeit mit den angeschlossenen Unternehmen folgende Kriterien beim Einkauf, insbesondere auch in den Entwicklungsländern, zu verwirklichen: keine Kinderarbeit, keine Zwangsarbeit, Freiheit gewerkschaftlicher Betätigung, keine Diskriminierung nach Rasse, Geschlecht usw. Eine ganze Reihe von Firmen haben sich dieser Initiative schon angeschlossen, unter anderem auch der Otto-Versand Hamburg. Das heißt, diese Firmen wählen die Lieferanten nach Maßgabe der genannten ethischen Standards aus und unterziehen sie auch in gewissen Abständen einer Kontrolle daraufhin, ob diese im Unternehmensalltag tatsächlich gelebt werden. Der Otto-Versand Hamburg hat für seine beispielgebende Vorreiterrolle in dieser Sache den ersten „Preis für Unternehmensethik" des Deutschen Netzwerks Wirtschaftsethik im Jahre 2000 erhalten.

(4) Ein viertes Beispiel für unternehmensethische Praxis kommt aus der chemischen Industrie. Hier existiert seit 15 Jahren das internationale Programm „*Responsible Care*", das im Anschluss an das Bhophal-Unglück in Indien vom 3. Dezember 1984 ins Leben gerufen wurde[11]. Weltweit ist ein umfassendes Ethik-Management-System auf den Weg gebracht, um die (angeschlossenen) Firmen der Branche auf Ziele des Umweltschutzes, der Sicherheit am Arbeitsplatz und des Schutzes der Anrainer der Produktionsstätten auszurichten. Zu erwähnen ist hier ferner die bayerische Bauindustrie. Sie hat vor zwei Jahren ein Ethik-

---

10  Vgl. dazu Council on Economic Priorities: Social Accountalbility 8000 – A Global Standard for Ethical Sourcing, Broschüre, London 1997.

11  Eine Darstellung und betriebswirtschaftliche Würdigung findet sich bei *Meister, Hans-Peter* u. *Banthien, Henning*, Die Rolle internationaler Industrieverbände für die Ermittlung und Implementierung einer Ethik: Das Responsible Care-Programm der Chemischen Industrie, in: *Steinmann, Horst* u. *Wagner, Gerd R.* (Hrsg.), Umwelt und Wirtschaftsethik, Stuttgart 1998. S. 107-129 und *Hansen; Ursula*, Implikationen von Responsible Care für die Betriebswirtschaftslehre, in: *Steinmann, Horst* u. *Wagner, Gerd R.* (Hrsg.), Umwelt und Wirtschaftsethik, a.a.O. S.130-158.

Management-System und ein Ethik-Audit-System zur Bekämpfung der Korruption geschaffen.[12] Und schlussendlich sei noch an den Jahresbericht von Shell Deutschland von 1998 erinnert, der unter dem Titel: „Gewinne und ethische Grundsätze – ein Widerspruch?" publiziert wurde. In diesem Bericht macht Shell deutlich, dass die Firma in Zukunft drei Prinzipien bei der Unternehmensführung verfolgen wird: die Gewinnerzielung als Ausdruck der Verantwortung gegenüber den *Aktionären*, ferner die Verantwortung für die *Umwelt* und schließlich die Verantwortung für die *Mitarbeiter*. Über diese drei Prinzipien („triple bottom line") will Shell in Zukunft in jedem Jahresbericht Rechenschaft ablegen.

Aus diesen Beispielen dürfte hinreichend deutlich geworden sein, dass Unternehmensethik keine Erfindung weltfremder Philosophen darstellt, die über ein analytisch kreiertes Kunstwort reden wollen, sondern lediglich Phänomene auf einen Begriff zu bringen sind, die in der Praxis schon mehr oder weniger lange unter den verschiedensten Vokabeln realisiert werden. Es scheint bei mancherlei Kritik eher so zu sein, dass viele der etablierten Wissenschaften die theoretische Relevanz dieser praktischen Vorgänge mit den Möglichkeiten ihres klassischen Instrumentariums noch nicht hinreichend verstehen und verarbeiten können und deshalb argwöhnisch bis skeptisch „Stellung beziehen".[13]

---

12 Vgl. dazu *Wieland, Josef*, Ethik im Unternehmen – Ein Widerspruch in sich selbst? in: Personalführung: 8/1999. S. 18 ff.

13 Das gilt auch für den Beitrag von Hermann Ribhegge in diesem Band, der u.a. die praktische Relevanz der Unternehmensethik mit verschiedenen Kritikpunkten zu bestreiten versucht. Wir können uns des Eindrucks nicht erwehren, dass die dort über weite Strecken vorgenommenen *Pauschalisierungen* nur mit einer mangelnden Kenntnis des erreichten Diskussionsstandes zur Unternehmensethik zu erklären sind. So ist die Sachziel- und Formalzielproblematik auch von uns bereits ausführlich in Auseinandersetzung mit Peter Ulrich angesprochen worden. Wir haben dabei selbst gerade die von Ribhegge unter Bezug auf Dieter Schneider zustimmend betonte These vertreten, dass die Unternehmensethik es mit der Frage zu tun habe, mit *welchen Mitteln* Gewinne gemacht werden. Darüber hinaus ist auch die Instrumentalisierungsdebatte ausführlich geführt worden. Und der Hinweis von Hermann Ribhegge auf den idealistischen Charakter der *„deutschen Unternehmensethik"* geht an der neueren Diskussion vorbei; diese führt die diskursethischen Präsuppositionen gerade nicht transzendentalpragmatisch ein, sondern in einem nicht-idealistischen Sinne als lebenspraktisch fundiertes, kulturalistisches Konzept. Vgl. zur Rolle des Gewinnprinzips und zum Formal- und Sachziel u.a. *Steinmann, Horst* und *Löhr, Albert*, Einleitung: Grundfragen und Problembestände einer Unternehmensethik, in: *Steinmann, Horst* u. *Löhr, Albert* (Hrsg.), Unternehmensethik, a.a.O., S. 8 f. u. 14 f.; neuerdings ausführlich *Schwinn, Thomas*, Differenzierung ohne Gesellschaft – Umstellung eines soziologischen Konzepts, Weilerswist 2001. S. 321 ff. Zur pragmatischen Grundle-

## 3. Rahmenbedingungen für die Unternehmensethik

Worüber man genauer nachdenken muss ist allerdings, wie die Praxis der Unternehmensethik in einer kapitalistischen Wettbewerbswirtschaft sinnvoll verstanden und eingeordnet werden kann. Es kann nämlich nicht darum gehen, einen ahistorisch und universell gültigen Begriff der Unternehmensethik zu entwickeln, denn der Begriff des Unternehmens selbst und die konkreten Rahmenbedingungen, in die es gestellt ist, sind nur historisch kontingent zu verstehen.[14] Deshalb müssen für die Forderung nach einem zweckmäßigen und zeitgemäßen Verständnis von Unternehmensethik zunächst die relevanten Hintergrundbedingungen und gedanklichen Voraussetzungen geklärt werden.

---

gung der Unternehmensethik aus philosophischer Sicht vgl. *Hanekamp, Gerd*, Kulturalistische Unternehmensethik – ein Programm, in: Zeitschrift für Wirtschafts- und Unternehmensethik: Jg. 2, 1/2001. S. 48 ff.; zu einem kulturalistischen Vernunftverständnis vgl. *Kambartel, Friedrich*, Vernunft: Kriterium oder Kultur? Zur Definierbarkeit des Vernünftigen, in: *ders.*, Philosophie der humanen Welt, Frankfurt am Main 1989. S. 27 – 43 u. *Kambartel, Friedrich*, Die Vernunft und das Allgemeine. Zum Verständnis rationaler Sprache und Praxis, in: *Gerhard, Volker* u. *Herold, Norbert* (Hrsg.), Perspektiven des Perspektivismus. Gedenkschrift zum Tode Friedrich Kaulbachs, Würzburg 1992. S. 265 – 277.

Im übrigen wäre es für den Leser aufschlussreich zu erfahren, aus welcher theoretischen Richtung der Nationalökonomie Ribhegge seine Einwände entwickelt. Dies ist insbesondere deshalb wichtig, weil der *Wettbewerbsbegriff* gewissermaßen die Schnittstelle zwischen Nationalökonomie und Unternehmensethik bildet. Wir haben hier im Anschluss an Buchanan/Vanberg dafür argumentiert, den Wettbewerb im Modus der kreativen Erschaffung der Zukunft zu verstehen und nicht im Modus des Aufsuchens eines prädeterminierten Gleichgewichts. Vgl. dazu *Buchanan, James M.* u. *Vanberg, Viktor*, The market as a creative process, in: Economics and Philosophy: Vol. 7, 2/1991 S. 167 – 186. Diese machen auch darauf aufmerksam, dass ihr Wettbewerbsverständnis über die Vorstellungen von Hayeks vom Wettbewerb als Entdeckungsverfahren hinausgehen. Ihre Kritik an der Neoklassik ist vernichtend. Sollte Ribhegge dagegen von der Institutionenökomik her argumentieren, sei auf Ghoshal/Moran verwiesen, die deutlich machen, wo und wie die Transaktionskostentheorie für eine praxisorientierte Managementlehre, Motivationstheorie und Unternehmensethik zu kurz greift. Ihr knappes Fazit lautet, sie sei „bad for practice". Vgl. *Ghoshal, Sumantra* u. *Moran, Peter*, Bad for Practice: A Critique of the Transaction Cost Theory, in: Academy of Management Review: Vol. 21, 1/1996. S. 13 – 47.

14 Ein Konzept der Unternehmensethik als ahistorischer „Grundlagenreflexion" vertritt Peter Ulrich. Vgl. *Ulrich, Peter*, Unternehmensethik – Führungsinstrument oder Grundlagenreflexion? in: *Steinmann, Horst* u. *Löhr, Albert* (Hrsg.), Unternehmensethik, a.a.O. S. 189 – 210 und *Ulrich, Peter*, Transformation der ökonomischen Vernunft, Bern/Stuttgart 1993.

(1) Die anvisierte Neuordnung in der Verantwortung der Unternehmensführung impliziert ganz offensichtlich den Anspruch, dass von der Unternehmensführung mehr gefordert werden kann als die Gewinnmaximierung allein. Dies ist ein altes Thema der Betriebswirtschaftslehre, das aber neue Aktualität erlangt hat und in Zukunft sicher noch weiter an Bedeutung gewinnen wird. Diese steigende Bedeutung hängt natürlich insbesondere auch mit der *Globalisierung* zusammen, die dazu führt, dass Marktprozesse die politischen Prozesse der nationalen Gesetzgeber zu „überholen" drohen. Hier ergibt sich die Frage: Wo sind eigentlich in Zukunft die (politischen) Orte der Verantwortung für die normative Gestaltung der Wirtschaftsprozesse auf globaler Ebene?[15]

(2) Zweitens sind die vielfach diskutierten „*Steuerungsgrenzen von Politik und Recht*" zu nennen, wie sie sich als Folge der steigenden Komplexität moderner Wirtschaftsprozesse immer deutlicher zeigen. Diese Komplexität macht es zunehmend schwieriger, wirtschaftliche Prozesse allein durch Politik und Recht effizient zu steuern.[16] Das führt, wie im letzten Teil erläutert wird, zu neuen Kooperationsformen von Staat und Wirtschaft, was wiederum unmittelbar relevant ist für die unternehmensethische Frage der Verantwortung der Unternehmensführung.

(3) Drittens müssen wir unser Thema vor dem Hintergrund einer *posttraditionalen* Gesellschaft behandeln, also einer Gesellschaft, in der Werte nicht mehr ungefragt hingenommen und selbstverständlich gelebt werden, sondern in der immer wieder von allen Seiten die „Warum-Frage" gestellt wird und den Betroffenen auch zu beantworten ist. Hierin dokumentiert sich die „Moderne" – im Gegensatz zur viel beschworenen „Post-Moderne", in der es wegen der Individualität von Wertauffassungen und Lebenslagen angeblich aufgegeben werden muss, noch einmal nach dem Sinn und dem Warum zu fragen.[17] Demgegenüber ist daran festzuhalten, dass die Verantwortungsfrage im Grundsatz zu einer Frage der intersubjektiv nachvollziehbaren *Begründung* von Normen geworden ist – der Verweis auf überkommene Wertvorstellungen reicht (in der Regel) nicht mehr aus, und für eine freudige Flucht in post-moderne Subjektivitäten scheint

---

15 Neuerdings ausführlich dazu *Scherer, Andreas G.*, Die Rolle der Multinationalen Unternehmung im Prozeß der Globalisierung, Habilitationsschrift Nürnberg 2000.

16 Dazu schon früh *Stone, Christopher D.*, Where the Law Ends, New York 1975; neuerdings aus der Sicht der politischen Praxis *Steinmeier, Frank-Walter*, Abschied von den Machern. Wie das Bündnis für Arbeit die Erneuerung schafft – durch Konsens, in: DIE ZEIT Nr. 10 vom 1.3.2001, S. 9.

17 Vgl. *Hassard, John* u. *Parker, Martin* (Hrsg.), Postmodernism and Organizations, London 1993.

uns die Lage doch zu ernst; sie ist überdies nicht hoffnungslos. Mit der entscheidenden Frage, ob und wie eine solche Begründung geleistet werden kann, wird sich der nächste Teil der Ausführungen beschäftigen. Unternehmensethik soll dabei als „Vernunftethik" verstanden werden, und das heißt: die Unternehmung, das Management, muss – dies steckt ja schon im Wort „Ver-Antwortung" – überzeugende Antworten geben auf Fragen, die diejenigen stellen, die von der Unternehmensstrategie existentiell betroffen sind.[18]

(4) Viertens: Wenn wir von Verantwortung sprechen, dann zielt diese Redeweise also auf die Rechtfertigung des *Freiheitsgebrauchs* ab: Antworte, warum Du von der unternehmerischen Freiheit so und nicht anders Gebrauch gemacht hast! Wegen dieser Rückbindung des privaten an das öffentliche Interesse über Argumentationsprozesse muss das Thema Unternehmensethik heute unter dem republikanischen Motto „Freiheit *und* Einheit" (bzw. Freiheit *und* Ordnung) verhandelt werden statt unter dem neo-liberalen Credo „Freiheit *oder* Einheit" (gelegentlich in politischer Rhetorik zugespitzt auf „Freiheit oder Sozialismus"). Also: *Freiheit und Einheit* sind der gemeinsame Ausgangspunkt! Wie gewinnt man in Freiheit die notwendige Einheit oder Ordnung des Ganzen angesichts der Einsicht, dass eine Beliebigkeit der Werte, der heute so gerne beschworene gesellschaftliche Pluralismus, diese Einheit nicht stiften kann?

Hier geht es letztlich um das richtige Verständnis unserer Wirtschaftsordnung selber. Ohne dies hier näher begründen zu können, wollen wir davon ausgehen, dass die Argumentation zu dieser Frage *relativ* angelegt werden sollte in dem Sinne, dass auf unsere konkrete *historische* Erfahrung mit unterschiedlichen Wirtschaftssystemen rekurriert wird, statt auf einen fiktiven Bestzustand, wie er sich aus gedanklich-modellhaft entworfenen ökonomischen Theorien ergibt. Im Vordergrund steht also das Problem, wie man am empirischen Status quo der kapitalistischen Marktwirtschaft etwas verbessern können wird? Eine hier angestrebte relative Antwort wird entsprechend bescheiden und eher evolutionär statt revolutionär ausfallen. Im Ergebnis ist für eine *duale Verantwortung* der Unternehmensführung in der Marktwirtschaft zu plädieren: einerseits für die *ökonomische* Verantwortung, die sich auf die Notwendigkeit der *Gewinnerzielung* bezieht, und zwar im Rahmen wirksamen Wettbewerbs, und andererseits für die *unternehmensethische* Verantwortung, die sich darüber hinaus in modernen Ge-

---

18 Vgl. dazu das Programm der kommunikativen Vernunft von *Habermas, Jürgen*, Theorie des kommunikativen Handelns, 2 Bde., Frankfurt am Main 1981 und *Habermas, Jürgen*, Diskursethik – Notizen zu einem Begründungsprogramm, in: *ders.*: Moralbewußtsein und kommunikatives Handeln, Frankfurt am Main 1983.

sellschaften in Form der Frage stellt, *mit welchen Mitteln* Gewinne gemacht werden (dürfen). Sind die gewählten Mittel – die Unternehmensstrategie und die Maßnahmen zu ihrer Realisierung – ethisch vertretbar? Die Antwort auf diese Frage und ihre Bedeutung für die rationale Bewältigung von Konflikten in unserer Gesellschaft bildet das zentrale Anliegen der Unternehmensethik.

## 4. Philosophische Grundlagen

Wer heute als Betriebswirt von Unternehmensethik spricht, sollte angesichts der historischen Erfahrungen in dieser Disziplin nicht voreilig und naiv mit persönlichen Bekenntnissen aufwarten, sondern Anschluss an die aktuellen Diskussionen der praktischen Philosophie herstellen können.[19] Damit begibt man sich natürlich auf ein Gebiet, wo man als Betriebswirt nicht unmittelbar sachverständig ist; für eine fundierte Orientierung in Sachen Ethik ist es jedoch unerlässlich, einige Gedanken zu erläutern, die uns in der Frage der Begründung ethischer Normen gegen die landläufigen Tendenzen von Bekenntnis, Resignation und Skeptizismus weiterführend scheinen.[20].

Im Grunde ranken sich alle Schwierigkeiten um die Frage des Anfangs: Wie muss der richtige Anfang argumentativer Bemühungen um die Begründung einer ethischen Forderung aussehen? Wenn eine moralische Forderung in Form eines Sollens-Satzes erhoben wird, dann wird in post-traditionalen Gesellschaften in der Regel sofort die *Warum-Frage* gestellt. Man muss dann zur Beantwortung dieser Frage einen anderen Satz nennen, der den Forderungssatz zu begründen geeignet ist – nach herrschender Meinung in dem Sinne, dass die Forderung aus dem angeführten Obersatz logisch zwingend folgt. Dann kann aber im nächsten Schritt nach der Begründung des zweiten Satzes gefragt werden, und so weiter

---

19 Vgl. dazu ausführlich *Steinmann, Horst* u. *Löhr, Albert*, Unternehmensethik – Zur Geschichte eines ungeliebten Kindes der Betriebswirtschaftslehre, in: *Gaugler, Eduard* u. *Köhler, Richard* (Hrsg.), Entwicklungen der Betriebswirtschaftslehre, Stuttgart 2002 (im Erscheinen). Hier wird insbesondere auf die These eingegangen, dass die ethisch-normative Betriebswirtschaftslehre wegen einer nicht tragfähigen philosophischen Fundierung gescheitert ist und im Nationalsozialismus idealogisch anfällig wurde.

20 Die nachfolgenden Ausführungen basieren insbesondere auf Überlegungen von *Kambartel, Friedrich*, Vernunft: Kriterium oder Kultur? Zur Definierbarkeit des Vernünftigen, a.a.O. S. 27 – 43 und *Kambartel, Friedrich*, Die Vernunft und das Allgemeine. Zum Verständnis rationaler Sprache und Praxis, a.a.O. S. 265 – 277. Vgl. zur Diskussion auch *Steinmann, Horst* u. *Scherer, Andreas G.*, Zwischen Universalismus und Relativismus, Philosophische Grundlagenprobleme des interkulturellen Managements, Frankfurt am Main 1998.

und so fort. Die ganze Sache läuft – wie man zu sagen pflegt – auf einen *„infiniten Regress"* hinaus, der dazu zwingt, das Begründungsgeschäft irgendwo abzubrechen. Das erfordert dann aber (als eine Möglichkeit) die *dogmatische Setzung* eines höchsten Wertes, der nicht mehr weiter hinterfragt werden darf, oder man bedient sich des Tricks des argumentativen Zirkels, der Sätze in Anspruch nimmt, die schon einmal verwendet worden sind.[21] Man kommt zu keinem „logischen Ende" auf der Himmelsleiter der deduktiven Begründungen. Wegen dieser von kritischen Rationalisten immer wieder betonten methodischen Schwierigkeiten (und weil aus Nichts natürlich auch nichts folgt), meinen wir, dass es sinnvoll ist, den Anfang nicht *„von oben"* bei den „höchsten Werten" zu machen, sondern *„von unten"*, aus den konkreten Kultur- und Problemzusammenhängen der *Lebenswelt* heraus. Diese Position ist in den letzten Jahren, ausgehend vom methodischen Konstruktivismus der Erlanger Schule, insbesondere vom Methodischen Kulturalismus Marburger Prägung weiter entwickelt worden.[22]

Der dort in Anspruch genommene Anfang des Argumentierens ist ein aus der praktischen Teilnehmerperspektive heraus gewonnener *reflexiv-erfahrungsgestützter Anfang* (im Unterschied zu einem aus der Beobachterperspektive des Wissenschaftlers gewonnenen *empirischen Anfang*). Man beginnt mit wichtigen kategorialen Unterscheidungen, von denen wir (als am Leben kritisch Teilnehmende) sagen können, dass wir sie schon oft als erfolgreich, als *bewährt,* wahrgenommen haben. Diese Lösung des Anfangsproblems impliziert – auch das kann hier nur beiläufig angemerkt werden – keinen „naturalistischen Fehlschluss". Es geht nicht um den (selbstverständlich unzulässigen) Schluss vom Sein auf das Sollen, sondern – in einer Formulierung von Hanekamp – um die Faktizität der historischen Situation (des je spezifischen Kontexts), die gleichsam das „Sein des Sollens" oder die „*Faktizität von Geltung"* darstellt.[23]

---

21  *Albert, Hans*, Traktat über kritische Vernunft, Tübingen 1980. S. 11 ff.; er hat dies bekanntlich treffend als Münchhausen-Trilemma bezeichnet.

22  Vgl. *Hartmann, Dirk* u. *Janich, Peter* (Hrsg.), Methodischer Kulturalismus. Zwischen Naturalismus und Postmoderne, Frankfurt am Main 1996, *Hartmann, Dirk* u. *Janich, Peter*, Methodischer Kulturalismus, in: *dies.* (Hrsg.), Methodischer Kulturalismus – Zwischen Naturalismus und Postmoderne, a.a.O. S. 9-89, und *Hartmann, Dirk* u. *Janich, Peter* (Hrsg.), Die Kulturalistische Wende. Zur Orientierung des philosophischen Selbstverständnisses. Frankfurt am Main 1998.

23  Vgl. *Hanekamp, Gerd*, Kulturalistische Unternehmensethik – ein Programm, a.a.O. S. 53. Für die auch hier zentrale Thematik nach dem Menschenbild weist Hanekamp einen Anfang in Form der Frage: „Was *ist* der Mensch?" zurück, weil er einen naturalistischen Fehlschluss impliziert. Es gehe vielmehr um die Frage: „Wie wollen wir

Eine solche kategoriale Unterscheidung, die für unser Thema von zentraler Bedeutung ist, resultiert aus der Erfahrung *friedlicher* Konfliktlösung im Unterschied zur Anwendung von *Macht*.[24] Der *Konflikt* zwischen Menschen ist ja das zentrale Phänomen, mit dem wir in der Lebenswelt, in unserem Zusammenhang besonders im ökonomischen Bereich, immer wieder konfrontiert werden. Die praktische Notwendigkeit, hier zu einer friedlichen Konfliktlösung zu kommen, ergibt sich dann aus der *kritisch reflektierten* Erfahrung, dass Frieden das Zusammenleben der Menschen *stabiler* zu machen in der Lage ist als die Anwendung jeglicher Form von Macht. Machtlösungen – so die Erfahrung – sind notorisch *instabil*, weil jede Änderung der Machtverhältnisse neue Konflikte hervorzurufen droht. Wenn man dagegen „Frieden" als eine rational herstellbare Kategorie versteht, die auf Begründungsleistungen aufbaut, dann gibt es eine gute Chance, das Zusammenleben der Menschen – und insbesondere das gemeinsame Arbeiten – stabiler als durch Machtlösungen zu gestalten.

Der Begriff des Friedens, gewonnen aus einer kritischen Reflexion auf eine schon *gelungene* Praxis des politischen Zusammenlebens, ist das Werk praktizierter Vernunft. Dabei ist die Unterscheidung von *„Argumentieren"* und *„Konsens"* auf der einen Seite, und dem bloßen *„Kompromiss"* als eine aufgrund der gegebenen Machtverteilung zustande gekommene Konfliktlösung auf der anderen Seite, schon mitgedacht.[25] Argumentieren ist hier als das *dialogische* Bemühen verstanden, durch Vortragen von Gründen eine gemeinsame *Einsicht* zu gewinnen in die Richtigkeit bestimmter vorgeschlagener Konfliktlösungen. Die Erfahrung der Einsicht ist an dieser Stelle ganz zentral: Einsicht *widerfährt* uns intern, Einsicht kann man nicht von außen manipulativ oder sozialstrategisch „herstellen". Dort, wo argumentiert wird, ist – wenn alles gut geht – irgendwann

---

sein?" – und dies sei als eine Faktizität der Lebenssituation zu begreifen. „Derartige Faktizitäten sind keine empirischen. Man nimmt keine Gleichförmigkeit von neurophysiologischer Phylogenese und ‚im Rahmen soziokultureller Lebensformen möglichen Lernprozesse' an –, sondern bezieht sich auf die Zustimmung zu einem Menschenbild und die Selbstverpflichtung auf entsprechende normative Präsuppositionen. Die anthropologische Fragestellung heisst hier etwa: Wie wollen wir sein?" (*Hanekamp, Gerd*, Kulturalistische Unternehmensethik – ein Programm, a.a.O. S. 53). Hanekamp kritisiert an dieser Stelle den jüngsten Versuch von Jürgen Habermas, transzendentale Begründungen anthropologisch zu stützen (*Habermas, Jürgen*, Wahrheit und Rechtfertigung. Frankfurt am Main 1999. S. 32 ff.).

24 Zum Frieden als Anfang der Argumentation siehe *Lorenzen, Paul*, Lehrbuch der konstruktiven Wissenschaftstheorie, Mannheim 1987. S. 233 f.

25 Vgl. dazu *Habermas, Jürgen*, Legitimationsprobleme im Spätkapitalismus, Frankfurt am Main 1973. S. 153 ff.

ein Argument von durchschlagender Kraft (Habermas spricht hier vom „eigentümlich zwanglosen Zwang des besseren Arguments"), und dann sagen wir: Jawohl, das ist richtig, dem können wir überzeugt zustimmen. Die politischen Bemühungen des Gesetzgebers um den Frieden (als obersten Ausdruck des *Gemeinwohls*) sollten in diesem Sinne eigentlich immer getragen sein von solchen Argumentationen, sie sollten im Prinzip, jedenfalls bei grundsätzlichen Entscheidungen, auf den Einsatz von Macht in allen ihren Formen verzichten, um das bessere Argument zur Geltung zu bringen – es geht um ethische Politik statt Machtpolitik.[26]

Nach dem Gesagten kann man Frieden oder friedliche Konfliktlösungen kurz auch definieren als *allgemeinen und freien Konsens*. Im Wort „allgemein" steckt dabei die *„Einheit"*; und im „freien" Konsens wird die *„Freiheit"* deutlich, also die aus rationaler Einsicht – und gerade nicht bloß aus Beliebigkeit oder Willkür – ohne Zwang zustande gekommene Zustimmung zu einer Konfliktlösung. Frieden, so verstanden, ist mehr als Abwesenheit von Krieg; es ist ein *positiver* Zustand in oder zwischen menschlichen Gesellschaften, die ihre pluralistischen Lebensformen miteinander verträglich gemacht haben. Der Frieden muss als gemeinschaftliche Kulturleistung natürlich immer wieder neu errungen werden, wenn veränderte, neue Konfliktsituationen auftauchen. In einer Gesellschaft, die bereits eine allgemeine Argumentationskultur auf breiter Basis ausgebildet hat, hat man regelmäßig schon erfahren, dass der Unterschied zwischen friedlichen und machtinduzierten Konfliktlösungen für ein *„gutes Leben"* relevant ist, es hier also nicht bloß um *formal-prozessuale* Kategorien, sondern zentral um *substantielle* Orientierungen geht. In einer solchen Situation hat auch Unternehmensethik – als Vernunftethik, als Friedensethik, als Dialogethik – eine gute Chance, einen wirksamen Beitrag zum gesellschaftlichen Frieden zu leisten.

## 5. Konsequenzen für die Unternehmensführung

Welche Konsequenzen ergeben sich aus diesem philosophischen Ansatz für ein adäquates Verständnis unternehmerischer Verantwortung?

(1) Zunächst gilt es, die These hervorzuheben, dass eine Sicherung des sozialen Friedens im wohlverstandenen langfristigen Selbstinteresse der Wirtschaft selbst liegt – und zwar deshalb, weil immer dort, wo Krieg zwischen Staaten oder Krieg zwischen Bürgern geführt wird, die ökonomischen Prozesse und die problemlose Handlungskoordination über das Preissystem behindert werden.

---

26 Vgl. grundlegend *Lorenzen, Paul*, Lehrbuch der konstruktiven Wissenschaftstheorie, Mannheim 1987. S. 228 ff.

Dies zeigen im Grundsatz auch die aktuellen Bemühungen um eine globale Harmonisierung der normativen Grundlagen der Weltwirtschaft. Hier geht es um die Frage, inwieweit sich die Normen des _Freihandels_, verankert hauptsächlich in der World Trade Organization, der WTO, mit den _Sozialstandards_, verankert hauptsächlich in den entsprechenden Richtlinien der ILO, zusammenführen lassen. Die Entwicklungsländer argumentieren: Die niedrigen Sozialstandards und die damit verbundenen Lebensbedingungen und Lebensformen bilden unseren Standort- und Wettbewerbsvorteil auf dem Weltmarkt. Die entwickelten Länder insistieren, dass diese Bedingungen doch keinen humanen Standard für die Arbeitnehmer darstellen. Hier kommen Ökonomie und Ethik in eine Konfliktlage, und bekanntlich sind gerade in diesen Tagen viele Bemühungen im Gange, um dieses Problem zu lösen.[27] Im Interesse des weltweiten Friedens müssen diese politischen Bemühungen „von oben" sicherlich fortgesetzt werden, auch wenn an ihrer ethischen Motivation hier und da Zweifel aufkommen mögen. Die WTO müsste dabei zu dem Ort werden, wo alle diese verschiedenen normativen Anforderungen zusammenlaufen und argumentativ einer konsensuellen Lösung zugeführt werden. Mehr als bisher müssten allerdings auch die Multinationalen Unternehmen in diesen Problemlösungsprozess einbezogen werden, so wie von Kofi Annan bereits gefordert.[28] Sie müssten sich ernsthaft bemühen, an einem Netz normativer Orientierungen mit zu „stricken", das den weltweiten Frieden stabiler macht.[29] Dies wäre eine wichtige Manifestation von aktiver Unternehmensethik.

(2) Vor diesem Hintergrund muss man allerdings sehen, dass effizientes, _gewinnorientiertes Wirtschaften_ bereits einen unverzichtbaren Beitrag zum sozialen Frieden leistet. Diese These sollte man – wie bereits gesagt – nur komparativ interpretieren, vergleichend zur Planwirtschaft. Die Erfahrung der Vergangenheit hat gezeigt, dass Planwirtschaften zu einer vergleichsweise ineffizienten Nutzung von Ressourcen führen. Die daraus resultierenden Knappheitssituationen sind aber außerordentlich konfliktträchtig. Also ist die Feststellung, dass und wie wir heute unsere Wirtschaft über den Markt organisieren und damit die Komplexität des ökonomischen Kosmos relativ betrachtet besser handhabbar machen,

---

27  Vgl. zu diesen Diskussionen näher _Scherer, Andreas G._, Die Rolle der Multinationalen Unternehmung im Prozess der Globalisierung, a.a.O.

28  Vgl. Annan, Kofi, Brücken in die Zuukunft. Ein Manifest für den Dialog der Kulturen, a.a.O.

29  In diesem Sinne auch Ex-Bundespräsident Roman Herzog. Vgl. _Herzog, Roman_, Für eine globale Verantwortungsgemeinschaft, in: Frankfurter Allgemeine Zeitung vom 29.1.1999, S. 8.

ein wichtiges Argument für die angestrebte Friedensordnung. Zur Konstruktionslogik der marktwirtschaftlichen Ordnung gehört nun aber gerade auch unverzichtbar die privatwirtschaftliche Unternehmung. Sie muss Gewinne erwirtschaften, um ihrer Verantwortung für das Überleben im Wettbewerb gerecht zu werden.

(3) Dieser Vorzug für das Marktmodell muss jedoch sogleich mit einer dritten These unter einen systematischen Vorbehalt gestellt werden. Die Übernahme der Gewinnverantwortung ist eine *notwendige,* aber *keine hinreichende* Bedingung für die Legitimation unternehmerischer Freiheit. Dies deshalb, weil für eine friedliche Konfliktlösung die konfliktträchtigen *Nebenwirkungen* ökonomischen Handelns mit zu bedenken sind, die zum Beispiel die *Umwelt* betreffen, die *Arbeitnehmer* oder andere *Stakeholder*. Diese Nebenwirkungen (bzw. die daraus resultierenden Konflikte) müssen im Sinne des Friedenszieles in geeigneter Form berücksichtigt und abgearbeitet werden. Wenn und soweit Politik und Recht ihre originäre Aufgabe der Friedensstiftung in komplexen Systemen nun aber nicht mehr alleine erfolgreich bewältigen können, müssen diejenigen zusätzlich in die Verantwortung eintreten, die Konflikte durch ihr Handeln allererst verursacht haben oder zu verursachen drohen. Dazu gehören auch und in erster Linie die (Groß-)Unternehmen.

Das ist die zentrale Forderung der Unternehmensethik. Genauerhin zielt diese Forderung darauf ab, dass die Unternehmung das Recht als originärem Hüter des Friedens in einem demokratischen Rechtsstaat durch ethische *Selbstbindung* unterstützt, und zwar in dreierlei Hinsicht: durch *Anwendung* der bestehenden Gesetze nach Geist und Buchstabe, durch *Ergänzung* des Rechts dort, wo (noch) keine Gesetze zur Regelung von Konflikten bestehen, und durch kritisch-loyale Bemühungen zur *Fortentwicklung* bestehender Gesetze dort, wo dies zur Schaffung wettbewerbsneutraler Spielregeln ethischer und ökonomischer Natur erforderlich erscheint.[30]

(3a) Der erste Aspekt *(Durchsetzungsfunktion)* findet sich z. B. in den Führungsrichtlinien der Firma Bosch in Form des „Legalitätsgrundsatzes": „Wir vertreten den Grundsatz strikter Legalität für alle Handlungen, Maßnahmen, Verträge und sonstige Vorgänge der Bosch-Gruppe Welt und ihrer Mitarbeiter." Dieser Grundsatz wird – in der Führungsrichtlinie ausdrücklich betont – unabhängig von ökonomischen Opportunitätserwägungen vertreten.

---

30 Vgl. dazu genauer *Gröschner, Rolf,* Zur rechtsphilosophischen Fundierung einer Unternehmensethik, in: *Steinmann, Horst* u. *Löhr, Albert* (Hrsg.), Unternehmensethik, a.a.O. S. 103 – 124.

(3b) Was den zweiten Aspekt *(Ergänzungsfunktion)* anbetrifft, so kann man zur Veranschaulichung an den bekannten Nestlé-Fall aus den siebziger Jahren erinnern. Die Firma vertrieb in Entwicklungsländern Muttermilchersatzprodukte. Aufgrund der spezifischen Situation in diesen Ländern (unhygienische Verhältnisse, sehr niedriges Einkommen der Haushalte, Unwissenheit im Umgang mit dem Produkt) entstand das Problem, wie die Vermarktung dieser Muttermilchersatzprodukte verantwortlich gestaltet werden sollte. Nach längeren Verhandlungen mit verschiedensten Protestgruppen und in Zusammenarbeit mit der WHO (World Health Organization) wurde Anfang der achtziger Jahre ein Ethik-Kodex formuliert, der „WHO International Code of Marketing of Breast-Milk Substitutes". Dieser Kodex regelt in 11 Artikeln ganz konkret, wie das Marketing in Entwicklungsländern zu gestalten sei, um Konflikte nach Möglichkeit zu vermeiden. Nestlé hat hier schlussendlich auf dem Wege der *Selbstverpflichtung* die Verantwortung für die aufgetretenen Nebenwirkungen seiner Unternehmensstrategie übernommen und insoweit (über das Gewinnmotiv hinaus) zur Legitimation des eigenen Handelns beigetragen. Das ist nach unserem Verständnis ein frühes Beispiel für praktizierte Unternehmensethik.[31]

(3c) De*r dritte Aspekt* macht auf eine wichtige Unterscheidung aufmerksam: Unternehmensethik kann *direkt* im Kontext der eigenen Unternehmensstrategie wirksam werden oder *indirekt* als Beitrag im politischen Raum zur *Fortentwicklung* der gesetzlichen Rahmenbedingungen ökonomischen Handelns.[32] Dieser indirekte Beitrag kann dabei wiederum in zweierlei Hinsicht möglich und sinnvoll sein. Zum einen ist es legitim, wenn Unternehmer und Manager darauf insistieren, dass die „Spielregeln" des Wettbewerbs fairerweise für alle gleich sind und strikt eingehalten werden. Zum anderen geht es darum, solche generellen Regeln zu entwickeln und wirksam werden zu lassen, die die unerwünschten Nebenwirkungen unternehmerischen Handelns neutralisieren. Diese zweite Dimension wird – wie angesprochen – gerade im Prozess der Globalisierung von entscheidender Bedeutung für den Weltfrieden werden. Ohne Mitwirkung der

---

31  Vgl. zum Nestlé-Fall genauer *Steinmann, Horst* u. *Löhr, Albert*, Unternehmensethik – eine „realistische Idee". Versuch einer Begriffsbestimmung anhand eines praktischen Falls, in: Zfbf, Schmalenbachs Zeitschrift für betriebswirtschaftliche Forschung: Jg. 40, 4/1988. S. 299 ff.

32  In diesem Sinne auch Kofi Annan auf dem Weltwirtschaftsforum in Davos 1999 mit der Aufforderung an die großen Wirtschaftsführer der Welt, universell gültige Werte und Grundsätze entwickeln und durchsetzen zu helfen „both in their individual corporate practices and by supporting appropriate public policies..." Vgl. http://www.un.org/partners/business/davos.html.

multi- bzw. transnationalen Unternehmen und Einbringung des dort versammelten Wissens und Sachverstandes werden sachgerechte globale Regeln für eine Konfliktlösung kaum oder möglicherweise zu spät kommen. Darum ist es zu begrüßen, wenn auf der erwähnten Davoser Tagung 1999 eine Kontaktgruppe ins Leben gerufen wurde, in der hohe Wirtschaftsführer und Beamte der Weltorganisation für die laufende Interaktion zwischen UNO und der internationalen Wirtschaft sorgen sollen, um die anstehenden Konflikte effizienter als bisher zu bearbeiten.[33]

(4) Der indirekte wie der direkte Friedensbeitrag der Unternehmensethik sollte dabei – das ist die vierte These – prinzipiell auf einem *Dialog* mit den Stakeholdern beruhen, weil Frieden per definitionem nur dialogisch zustande kommen kann. Bob Haas, der CEO von Levi Strauss, hat diesen Punkt in einem recht bekannt gewordenen Aufsatz zur Unternehmensethik in einer globalisierten Wirtschaft sehr deutlich akzentuiert: Er hat darauf hingewiesen, dass fundamentale Konflikte mit den Stakeholdern seiner Firma im Dialog geklärt werden müssen, um die relevanten Interessen zur Sprache bringen und ggfs. berücksichtigen zu können.[34]

Ein anderes Beispiel für eine dialogische Konfliktbewältigung findet sich bei VW.[35] Als es hier 1993/94 in einer dramatischen ökonomischen Krisensituation darum ging, 30.000 Mitarbeiter entlassen zu müssen, haben sich Betriebsrat und Unternehmensführung zusammengesetzt, um kreativ Alternativen zur Massenentlassung zu finden. Durch verschiedene Maßnahmen, wie Kürzung der Einkommen – die höheren Einkommen wurden stärker gekürzt als die niedrigen – durch Schaffung neuer Flexibilitäten im Produktionsprozess usw. gelang es, die Fixkosten hinreichend zu senken, um weiter wettbewerbsfähig zu sein. Im Dialog versuchte man dabei, das jedem *Zumutbare*, aber auch das jedem billigerweise *Zukommende* herauszufinden. Mit der Vermeidung von Massenentlassungen wurde natürlich zugleich die öffentliche Hand entlastet, ein direkter materieller Beitrag zum Gemeinwohl oder öffentlichen Interesse.

(5) Damit wurde nun zwar schon vieles zur Begründung der Unternehmensethik gesagt, offen ist jedoch noch die Frage nach den Bedingungen einer erfolgreichen *Implementation* des unternehmensethischen Konzeptes. Diese Frage

---

33 Siehe dazu die Global Compact website: www.unglobalcompact.org.

34 Vgl. *Haas, Robert D.*, Ethics – A Global Business Challenge, in: Vital Speeches of the Day: Vol. 60, 16/1994.

35 Zur genaueren Darstellung dieser Entscheidung vgl. *Hartz, Peter*, Jeder Arbeitsplatz hat ein Gesicht. Die Volkswagen-Lösung, Frankfurt am Main 1994.

kann an dieser Stelle zwar nicht eingehend behandelt werden, interessant und weiterführend mag jedoch der Hinweis sein, dass hier derzeit zwei Ansätze in der Diskussion sind, nämlich der sog. „Compliance-Ansatz" und der „Integritäts-Ansatz".[36] Sie beantworten die Frage, wie Mitarbeiter und organisatorische Regeln auf die unternehmensethische Problematik hin sensibilisiert werden können, unterschiedlich entlang der bekannten Unterscheidung zwischen intrinsischer und extrinsischer Motivation. Der *Compliance-Ansatz* setzt dafür auf ein Regelwerk, das zentral entwickelt und mit Sanktionen durchgesetzt werden soll. Mitarbeiter sollen durch *externe* Anreize auf das gewünschte Verhalten „eingesteuert" werden. Der *Integritäts-Ansatz* baut dagegen stärker auf die *intrinsische* Motivation und appelliert damit an die Fähigkeiten und die Einsicht der Mitarbeiter, ethisch problematische Situationen erkennen und zur Sprache bringen zu können.[37]

Grundsätzlich dürfte der Integritäts-Ansatz die effizientere Lösung darstellen. Da aber die Implementation einer Unternehmensethik auch – wie eingangs schon erwähnt – auf die bestehende Unternehmenskultur Rücksicht nehmen muss, um idealistisch-utopische Konstruktionen zu vermeiden, kommt Elementen des Compliance praktisch sicher immer auch Bedeutung zu. Schlussendlich wird so im konkreten Fall alles auf einen längeren *Lernprozess* hinauslaufen. Allerdings sollte man dabei die Einsicht von Bob Haas nicht in den Wind schlagen. Er stellte auf Grund der eigenen Erfahrungen bei Levi Strauss fest: „You can`t force ethical conduct into an organization!"[38] Die reine Anwendung des Compliance-Ansatzes hatte bei Levi Strauss zu einer bürokratischen Gestaltung des Ethik-Management-Systems geführt. Die Folge sei gewesen, dass ein Wirrwarr von Vorschriften „wie ein Wasserfall" die Organisation hinuntergeflossen sei, die letztlich von den Mitarbeitern dann doch ignoriert wurden. Das langfristige Ziel des Ethik-Managements muss es daher wohl sein, die Mitarbeiter im Sinne des Integritäts-Ansatzes Schritt für Schritt für ethische Fragen zu sensibilisieren und parallel dazu die Organisation auf partizipative Strukturen umzustellen. Der Compliance-Ansatz muss dann in dem Maße sukzessiv zurückgenommen wer-

---

36  Vgl. grundlegend *Paine, L. Sharp*, Managing for Organizational Integrity, in: Harvard Business Review: Vol. 72, 2/1994. S. 106 – 117.

37  Eine Darstellung beider Ansätze und ihrer Wirkungen findet sich in *Steinmann, Horst* u. *Olbrich, Thomas*, Ethik-Management: Integrierte Steuerung ethischer und ökonomischer Prozesse, in: *Blickle, Gerhard* (Hrsg.), Ethik in Organisationen. Konzepte, Befunde, Praxisbeispiele, Göttingen 1998. S. 95 – 115.

38  *Haas, Robert D.*, Ethics – A Global Business Challenge, a.a.O. S. 508.

den, wie dieser Prozess der ethischen Sensibilisierung der Unternehmung gelingt.

## 6. Unternehmensethik in der modernen Gesellschaft

### 6.1. Neue Kooperationen zwischen Politik und Wirtschaft

Abschließend sollen die Bestrebungen zu einer unternehmensethischen Sensibilisierung wirtschaftlichen Handelns in den größeren Zusammenhang der Wirtschafts- und Gesellschaftsordnung gestellt werden. Die These lautet hier, dass Unternehmensethik angesichts der angesprochenen Steuerungsgrenzen von Politik und Recht zu einem integrierten Bestandteil der Wirtschaftsordnung werden muss. Es sind vor allem neue Formen der *Interaktion* zwischen Staat und Wirtschaft gefordert, die Politik und Recht ergänzen und entlasten, und die man gelegentlich mit dem Wort *„Kooperation"* oder auch *Private-Public-Partnership (PPP)* zu umschreiben pflegt.

Ein Beispiel dafür ist die Entwicklung des Umweltschutzes in den Niederlanden, die wie folgt beschrieben wurde: „Statt mit Gesetzen und Verordnungen die widerstrebende Wirtschaft zu umweltfreundlicheren Produktionsmethoden zu bewegen, setzt Den Haag schon seit Mitte der 80er Jahre auf freiwillige Vereinbarungen. Vom Recycling von Batterien, der Verminderung von Schadstoffen in Farben, der Reduzierung des Schadstoffausstoßes über einen effizienteren Energieverbrauch bis zur Errichtung von Windkraftanlagen reicht die Palette, die Ministerien mit Unternehmen, Branchenverbänden und Organisationen zu schließen pflegen. Die sogenannten „Konvenanten" werden in der niederländischen Konsenskultur jedoch auch direkt zwischen den verschiedenen Lobby-Verbänden ausgehandelt. „Wir sind auf dem Weg von einem Gesetzes- zu einem Vertragsstaat" meint Does Dippel vom niederländischen Institut für Gesetzgebungslehre.[39] Das bedeutet, dass hier die Gesetze eine komplementäre Ergänzung und Unterstützung erfahren durch die verschiedensten institutionellen Arrangements zwischen Staat und Wirtschaft. Ähnliche Regelungen werden von der Umweltschutzpolitik der Europäischen Union verfolgt, wo Ziele mit den verschiedenen Verbänden und Unternehmen vereinbart werden und festlegt wird, in welcher Zeit diese Ziele erreicht werden sollen. Die Wahl der Mittel ist freige-

---

39 *Roser, Thomas*, Holland: Umweltschützer auf Schmusekurs, in: Tagesspiegel Nr. 16510 vom 7.1.1998, S. B2.

stellt. Das reduziert Komplexität und trägt so zu einer höheren Steuerungseffizienz des Rechts bei.[40]

Blickt man nach den USA, so findet man auch hier Parallelen, und zwar bei der Entwicklung neuer Institutionen zur Bekämpfung der Wirtschaftskriminalität seit Anfang der neunziger Jahre. Das erste Mal in der amerikanischen Geschichte sitzen Staat und Wirtschaft hier in einem Boot. Das ist jedenfalls die Konsequenz der sog. „US-Sentencing Guidelines".[41] Diese strafrechtlichen Regeln binden die Unternehmen auf freiwilliger Grundlage in die Bekämpfung der Wirtschaftskriminalität ein. Unternehmen können beachtliche Strafnachlässe erhalten, wenn sie geeignete Vorkehrungen treffen, um wirtschaftskriminelles Handeln in ihrem Hause zu verhindern.[42] Zu diesen Vorkehrungen gehört zum Beispiel die Institution eines hochrangig angesiedelten *„Ethics-Officer"*, der die Verantwortung für das gesamte „Ethik-Management" trägt. Weiter gehört dazu ein *Ethik-Codex*, der jene Grundsätze enthält, die für die Bekämpfung von Wirtschaftskriminalität in den Unternehmungen gelten sollen. Ferner ist die Auswahl geeigneter Mitarbeiter wichtig und ihre Schulung im Hinblick auf die geltenden Grundsätze. Insgesamt sieht das Gesetz sieben derartige Maßnahmen vor, die gewissermaßen als Maßstab für eine hinreichende Sorgfalt bei der Verhinderung von kriminellen Verhaltensweisen in der Unternehmung gelten. Man sieht sofort, dass hier das ganze Management-System einer Firma betroffen ist bis hin zur Kooperation mit den Strafverfolgungsbehörden, wenn es um die Aufdeckung strafbarer Handlungen geht. Der Staat bietet ökonomische Anreize in Form von möglicherweise beachtlichen Strafreduktionen, um die angesprochenen Maßnahmen auf den Weg zu bringen. Entschließt sich eine Unternehmung zu einer derartigen Kooperation, dann sitzt sie in der Tat mit dem Staat in einem Boot. Beide sind nicht mehr bloß

---

40 Vgl. dazu die Kommission der Europäischen Gemeinschaften: Mitteilung der Kommission an den Rat und das Europäische Parlament über Umweltvereinbarungen vom 27.1.1996, S. 3. Hier werden freiwillige Selbstverpflichtungen als ein neues wichtiges Politikinstrument bezeichnet, das einer immer stärker ausdifferenzierten inhaltlichen Rechtsetzung vorzuziehen sei, und zwar aus dreierlei Gründen: Förderung einer fortschrittsorientierten Einstellung der Industrie, Förderung von maßgeschneiderten effizienten Lösungen und raschere Verwirklichung politischer Ziele.

41 Vgl. dazu *Steinherr, Christine* u.a., Die U.S.-Sentencing Commission Guidelines. Eine Dokumentation, in: *Alwart, Heiner* (Hrsg.), Verantwortung und Steuerung von Unternehmen in der Marktwirtschaft, München 1998. S. 153 – 204.

42 Vgl. näher zu diesen Maßnahmen *Wieland, Josef*, Formen der Institutionalisierung von Moral in amerikanischen Unternehmen. Die amerikanische Business Ethics-Bewegung: Why and how they do it. Bern/Stuttgart 1993.

Prozessgegner (Angeklagter und Richter), sondern arbeiten gemeinsam an der öffentlichen Aufgabe, die Wirtschaftskriminalität vorbeugend zu bekämpfen.

## 6.2. Deutungsversuche

Diese neuen Formen der Kooperation zwischen Staat und Wirtschaft im Sinne einer gemeinsamen Verantwortung für den gesellschaftlichen Frieden sollen nachfolgend noch etwas stärker konkretisiert werden, indem das liberale Modell und das republikanische Modell von Wirtschaft und Gesellschaft gegenüberstellend erläutert werden.

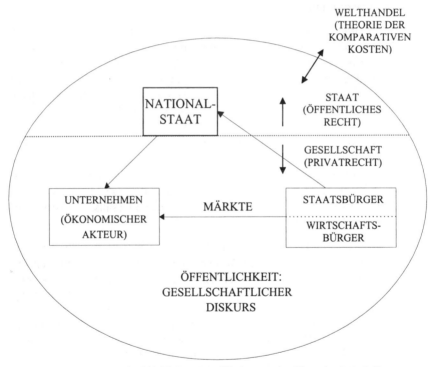

Abb. 1: Arenen friedlicher Konfliktlösung im liberalen Modell

Abb. 1 veranschaulicht die grundlegenden Ideen einer *liberalen Konzeption* von Staat, Wirtschaft und Gesellschaft (im Rahmen des Nationalstaates). Die Gesellschaft und die Wirtschaft als Teil der Gesellschaft werden als macht- und herrschaftsfreie Arenen der *privaten* Betätigung der Bürger gedacht. Die Trennung von *Gesellschaft* (als Bereich des privaten Lebens und Wirtschaftens) und *Staat* (als Bereich hoheitlicher Betätigung) ist für diese Konzeption zentral; sie stammt aus der ersten Hälfte des 19. Jahrhunderts.[43] Dieser Zweiteilung entspricht die Trennung von „Privatrecht" und „Öffentlichem Recht".

Das Privatrecht regelt die Beziehungen der Wirtschaftsbürger (bourgois) unter dem Gesichtspunkt der *Gleichordnung*, wie sie aus einem tendenziell machtfreien Vollzug ökonomischer Produktions- und Tauschvorgänge resultiert. Mit dieser Voraussetzung verknüpft sich dann u. a. die *Richtigkeitsvermutung* für abgeschlossene Verträge: Wenn die Vertragsparteien auf der Ebene der Gleichordnung miteinander interagieren, dann spiegelt der schließlich zustande gekommene Vertrag einen fairen Interessenausgleich wider; andernfalls wäre er nicht zustande gekommen.

Das Öffentliche Recht steht dagegen unter dem (hoheitlichen) Macht- bzw. Herrschaftsanspruch des Staates gegenüber dem Staatsbürger, geht also von einem *Unterordnungsverhältnis* aus. Durch demokratische Wahlen und den öffentlichen Diskurs der zum Publikum versammelten Privatleute (Habermas) wird jedoch die Staatsgewalt durch die Staatsbürger (citoyens) legitimiert und deshalb staatliche Herrschaft nicht also solche begriffen.[44] Gesetze regeln die (Minimal-)Voraussetzungen für die Konstitution und Betätigung von „Unternehmen" im Markt. Markt und (geregelter) Wettbewerb disziplinieren und entmachten die Unternehmen und alle anderen Marktteilnehmer so, dass Partikularinteressen nicht als solche durchgesetzt werden können. Das Ergebnis der ökonomischen Prozesse spiegelt deshalb den friedlichen Ausgleich der Interessen aller Wirtschaftsbürger (das „Gemeinwohl") wider; die Gesellschaft ist wesentlich machtfreie Marktgesellschaft.

*Unternehmerische Verantwortung* heißt in diesem Modell, das Überleben der Unternehmung im Wettbewerb durch ausreichende Gewinnerzielung sicherzustellen.[45] Die Interessen der Kapitaleigner (*shareholder value*) sind der letzte

---

43  Vgl. dazu klassisch *Ehmke, Horst*, „Staat" und „Gesellschaft" als verfassungstheoretisches Problem, in: *Hesse, Konrad* (Hrsg.), Staatsverfassung und Kirchenordnung, Festgabe für Rudolf Smend zum 80. Geburtstag, Tübingen 1962. S. 23 ff.

44  Dazu *Habermas, Jürgen*, Strukturwandel der Öffentlichkeit. Untersuchungen zu einer Kategorie der bürgerlichen Gesellschaft, Neuwied 1965. S. 94: „Weil das öffentliche Raisonnement der Privatleute überzeugend den Charakter einer gewaltlosen Ermittlung des zugleich Richtigen und Rechten behauptet, kann auch eine auf die öffentliche Meinung sich rückbeziehende Gesetzgebung nicht ausdrücklich als Herrschaft gelten ...".

45  In diesem Sinne das bekannte Diktum des Liberalisten *Milton Friedman*: "The social responsibility of business is to increase its profit." Er betonte damals allerdings auch, dass dies innerhalb der Grenzen des Gesetzes und des Anstands zu erfolgen habe.

Maßstab für erfolgreiches ökonomisches Handeln. Die Interessen aller anderen Gruppen und Personen (*stakeholder*) werden vollständig durch Markt und Gesetz geschützt. In diesem Gedankengebäude ist für eine erweiterte unternehmerische Verantwortung, wie sie die Unternehmensethik einfordert, kein Platz. Es besteht einerseits keine Notwendigkeit dafür. Andererseits wäre eine Unternehmensethik auch dysfunktional, weil sie die Unternehmensführung mit einer Verantwortung belasten würde, für deren Wahrnehmung gar keine Spielräume bestehen und der sie deshalb gar nicht gerecht werden könnte und die letztlich zu einer Miss-Allokation der Ressourcen führen würde. Nach der Funktionslogik des liberalen Modells ist die Unternehmung also als rein *ökonomischer* Aktor konzipiert, der durch gewinnorientiertes Wirtschaften zur optimalen Allokation der Ressourcen beiträgt und so Mangelsituationen bestmöglich beseitigt. Der innere Frieden der Nation wird auf diese Weise durch Markt und Gesetze sichergestellt.

Dieses liberale Modell dient heute noch als Bezugspunkt für neo-liberale Forderungen nach möglichst weitreichenden Deregulierungen. Regulierungen haben im Prinzip eine Ineffizienzvermutung für sich, weil sie den Bereich der *Freiheit* und damit das individuelle rationale ökonomische Kalkül beschneiden.

---

*Friedman, Milton*, The Social Responsibility of Business is to Increase its Profits, in: New York Times Magazine vom 13. September 1970. S. 32 f. u. S. 122 – 116.

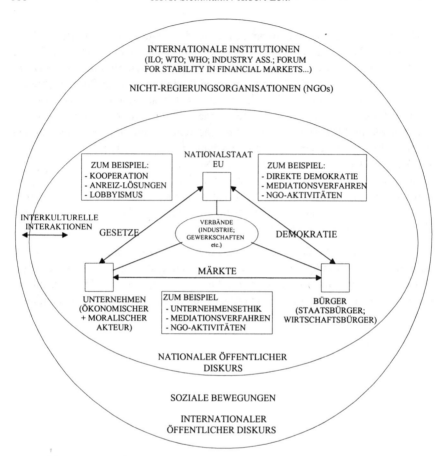

Abb. 2: Arenen friedlicher Konfliktlösung im republikanischen Modell

Demgegenüber macht das *republikanische Modell* (Abb. 2) in Übereinstimmung mit den oben angesprochenen faktischen Entwicklungen im Verhältnis von Staat und Gesellschaft und weiterer Untersuchungen zu den sich entwickelnden Strukturen der globalen Zivilgesellschaft darauf aufmerksam, dass die Wirklichkeit die Grundannahmen des liberalen Modells bereits weit hinter sich gelassen hat. Eine Deutung und ein hinreichendes Verständnis der neuen Situation lässt sich insbesondere nicht mehr gewinnen, wenn man weiterhin allein die „individuelle Freiheit" als Ausgangs- und Referenzpunkt der Argumentation zugrunde legt. Die sich in der Realität abzeichnenden Entwicklungen zur friedlichen Lösung von Konflikten in der Wirtschaft verweisen vielmehr – wie oben schon angedeutet – auf die Notwendigkeit, von „Freiheit *und* Einheit" statt – wie im liberalen

Modell – von „Freiheit *oder* Einheit" auszugehen und beide Ansprüche im Begriff des sozialen Friedens zu verknüpfen. Dieser Begriff sozialen Friedens kann dann als begründeter Argumentationsanfang ausgezeichnet werden.[46]

Fortwährende Bemühungen um eine friedliche Lösung von Konflikten, wie sie durch die privatwirtschaftliche Betätigung ausgelöst werden, lassen sich angesichts der Komplexität und Unübersichtlichkeit der globalisierten Wirtschaftsprozesse heute nicht mehr allein als Aufgabe des Nationalstaates begreifen. Die *Interaktion* zwischen den Akteuren (Staat, Großunternehmen, Verbände, Gewerkschaften, Bürger und deren Vereinigungen, etc.) – in Abb. 2 durch Doppelpfeile angedeutet – tritt national und im globalen Rahmen mehr und mehr an die Stelle der einseitigen Beeinflussung. Sie involviert die Beteiligten – und zwar in Abhängigkeit von der jeweiligen Konfliktsituation – entweder in machtinduzierte *Bargainingprozesse* oder aber und insbesondere auch in rationale *Diskursprozesse* zur konsensuellen Veränderung und Sicherung der normativen Grundlagen der marktwirtschaftlichen Ordnung.

Staatssekretär Steinmeier vom Bundeskanzleramt hat dabei kürzlich – in Übereinstimmung mit dem hier vertretenen Verständnis – darauf aufmerksam gemacht, dass das Wort „Konsens" zur Kennzeichnung des neuen Regierungsstils „weder für die Vermeidung des politischen Meinungsstreits noch für den die Öffentlichkeit scheuenden ‚Kungelkonsens' [steht], sondern für das Ergebnis einer offen und fair ausgetragenen Auseinandersetzung um Standpunkte und Interessen."[47] Konsenssuche, so führt er an gleicher Stelle weiter aus, werde hier zu einem „*dynamischen* Prozess", in dessen Verlauf man traditionelle Blockaden überwindet und dafür sorgt, dass sich in komplexen Entscheidungsprozessen die Waagschale im richtigen Moment zugunsten der Erneuerung senkt. Politisches, am größtmöglichen gemeinsamen Nutzen orientiertes Handeln beschränke sich in diesem Kontext nicht mehr auf den engen Bereich institutioneller Politik, sondern sei in allen Bereichen des gesellschaftlichen Lebens notwendig. Und er erinnert daran, dass das Engagement in kleinen Gruppen und auf überschaubaren

---

46  Vgl. *Lorenzen, Paul*, Lehrbuch der konstruktiven Wissenschaftstheorie, a.a.O. S. 233 f. sowie für die Unternehmensethik *Steinmann, Horst* u. *Löhr, Albert*, Unternehmensethik – Ein republikanisches Programm in der Kritik, in: Forum für Philosophie Bad Homburg (Hrsg.): Markt und Moral. Die Diskussion um die Unternehmensethik, a.a.O. S. 145 – 180 u. *Steinmann, Horst* u. *Löhr, Albert*, Unternehmensethik als Ordnungselement in der Marktwirtschaft, in: Zfbf, Schmalenbachs Zeitschrift für betriebswirtschaftliche Forschung: Jg. 47, 2/1995. S. 143 – 174.

47  Vgl. dazu und zum folgenden *Steinmeier, Frank-Walter*, Abschied von den Machern. Wie das Bündnis für Arbeit die Erneuerung schafft – durch Konsens, a.a.O. S. 9.

Handlungsfeldern die Bereitschaft und Fähigkeit wachsen lässt, sich auch in den großen Fragen am gesellschaftlichen Diskurs zu beteiligen: „Nicht um Verzicht auf Gestaltung geht es also, sondern um Stärkung des Dialogs, um Partizipation und Transparenz. (...) Nur eine Gesellschaft, in der Verantwortung für das Ganze wach bleibt und dort, wo sie getragen werden kann, auch wahrgenommen wird, bewahrt ihren übergeordneten Zusammenhang."

Abb. 2 nennt beispielhaft und keineswegs erschöpfend einige wichtige Interaktionsprozesse, wie sie heute schon in Erscheinung treten und oben beispielhaft angesprochen wurden. Aus der aktuellen Diskussion bekannte Stichworte sind etwa Mediationsverfahren,[48] Kooperationmodelle, Anreizsysteme, Protestaktionen von Nicht-Regierungsorganisationen (NGO's), Initiativen direkter Demokratie usw. In diesen Kontext ordnet sich dann auch die Unternehmensethik zwanglos ein. Die Verantwortung der Unternehmensführung erschöpft sich im republikanischen Modell dann nicht mehr in der Aufforderung, ausreichende Gewinne zu erzielen. Es geht vielmehr jetzt – wie erläutert – auch darum, die konfliktrelevanten (Neben-)Wirkungen des *eigenen* unternehmerischen Handelns mit zu bedenken und sich entweder *direkt* auf Diskursprozesse mit den Betroffenen einzulassen oder *indirekt* (auf *Verbandsebene* oder im *politischen Raum*) tätig zu werden mit dem Ziel, friedliche Konfliktlösungen zu erreichen.[49]

Diese nicht nur ökonomische, sondern auf die Effekte der eigenen Strategie bezogene und insoweit *begrenzte politische Verantwortung* der Unternehmensführung ist gewissermaßen die Gegenleistung für die Freiheiten und Chancen, die die Gesellschaft den Unternehmen gewährt. Unternehmensethik stellt aus dieser Perspektive das Gewinnprinzip unter den Friedensvorbehalt: Die gesellschaftliche „license to operate", die Legitimation zum Betreiben eines Unternehmens, wird unter der Auflage gewährt, sich auf Unternehmens-, Verbandsoder politischer Ebene an friedensstiftenden Diskursen über die normativen

---

48 Vgl. dazu im Kontext der Unternehmensführung etwa *Steinmann, Horst* u. *Zerfaß, Ansgar*, Privates Unternehmertum und öffentliches Interesse, in: *Wagner, Gerd R.* (Hrsg.), Betriebswirtschaft und Umweltschutz, a.a.O. S. 3 – 26.

49 DeGeorge hat in diesem Zusammenhang den Begriff des „ethical displacement" vorgeschlagen, der möglicherweise geeignet ist, die hier in der Sache unterschiedlichen Positionen zur Leistungsfähigkeit der Unternehmensethik (vgl. etwa die Differenz zu Homann/Blome-Drees) zusammenzuführen. Vgl. *DeGeorge, Richard*, Using the Techniques of Ethical Analysis in Corporate Practice, in: *Enderle, George* et al. (Eds.): People in Corporations. Ethical Responsibilities and Corporate Effectiveness, Dordrecht et al. 1990 und *Homann, Karl* u. *Blome-Drees, Franz*: Wirtschafts- und Unternehmensethik. Göttingen 1992.

Grundlagen des Wirtschaftens ernsthaft zu beteiligen. Die Globalisierung wird diese unternehmensethische Herausforderung in der Republik noch ausweiten und verstärken. Als „Republikaner" („good corporate citizens") müssen in Zukunft insbesondere die multinationalen Unternehmen (zusammen mit vielen anderen Organisationen) im globalen Kontext zu Dialogpartnern der Politik beim Aufbau einer Weltfriedensordnung werden.

## Literatur

*Albert, Hans*, Traktat über kritische Vernunft. Tübingen 1980.

*Annan, Kofi*, A Compact for the New Century. In http//www.un.org/partners/business/davos.htm.#

*Annan, Kofi*, Brücken in die Zukunft. Ein Manifest für den Dialog der Kulturen. Frankfurt am Main 2001.

*Buchanan, James M.* u. *Vanberg, Viktor*, The market as a creative process. In economics and philosophy: Vol. 7, 2/1991.

*Council on Economic Priorities*: Social Accountability 8000 – A Global Standard for Ethical Sourcing. Broschüre, London 1997.

*DeGeorge, Richard*, Using the Techniques of Ethical Analysis in Corporate Practice. In: *Enderle, George* et al. (Eds.): People in Corporations. Ethical Responsibilities and Corporate Effectiveness. Dordrecht et al. 1990.

*Dülfer, Eberhard* (Hrsg.), Unternehmenskultur. Phänomen – Philosophie – Technologie. Stuttgart 1991.

*Ehmke, Horst*: „Staat" und „Gesellschaft" als verfassungstheoretisches Problem. In: *Hesse, Konrad* (Hrsg.), Staatsverfassung und Kirchenordnung, Festgabe für Rudolf Smend zum 80. Geburtstag. Tübingen 1962.

*Forum für Philosophie Bad Homburg* (Hrsg.), Markt und Moral. Die Diskussion um die Unternehmensethik. Bern/Stuttgart 1994.

*Friedman, Milton*, The Social Responsibility of Business is to Increase its Profits. In: New York Times Magazine vom 13. September 1970.

*Ghoshal, Sumantra* u. *Moran, Peter*, Bad for Practice: A Critique of the Transaction Cost Theory. In: Academy of Management Review: Vol. 21, 1/1996.

*Global Compact (www)*, www.unglobalcompact.org.

*Gröschner, Rolf,* Zur rechtsphilosophischen Fundierung einer Unternehmensethik. In: *Steinmann, Horst* u. *Löhr, Albert* (Hrsg.), Unternehmensethik. Stuttgart 1991.

*Haas, Robert D.:* Ethics – A Global Business Challenge. In: Vital Speeches of the Day: Vol. 60, 16/1994.

*Habermas, Jürgen,* Strukturwandel der Öffentlichkeit. Untersuchungen zu einer Kategorie der bürgerlichen Gesellschaft. Neuwied 1965.

*Habermas, Jürgen,* Legitimationsprobleme im Spätkapitalismus, Frankfurt am Main 1973.

*Habermas, Jürgen,* Theorie des kommunikativen Handelns in 2 Bdn. Frankfurt am Main 1981.

*Habermas, Jürgen,* Diskursethik – Notizen zu einem Begründungsprogramm. In: ders., Moralbewußtsein und kommunikatives Handeln. Frankfurt am Main 1983.

*Habermas, Jürgen,* Wahrheit und Rechtfertigung. Frankfurt am Main 1999.

*Hanekamp, Gerd,* Kulturalistische Unternehmensethik – ein Programm. In: Zeitschrift für Wirtschafts- und Unternehmensethik: Jg. 2, 1/2001.

*Hansen, Ursula,* Implikationen von Responsible Care für die Betriebswirtschaftslehre. In: *Steinmann, Horst* u. *Wagner, Gerd R.* (Hrsg.), Umwelt und Wirtschaftsethik. Stuttgart 1998.

*Hartmann, Dirk* u. *Janich, Peter,* Methodischer Kulturalismus. In: *dies.* (Hrsg.), Methodischer Kulturalismus – Zwischen Naturalismus und Postmoderne. Frankfurt am Main 1996.

*Hartmann, Dirk* u. *Janich, Peter* (Hrsg.), Methodischer Kulturalismus. Zwischen Naturalismus und Postmoderne. Frankfurt am Main 1996.

*Hartmann, Dirk* u. *Janich, Peter* (Hrsg.), Die Kulturalistische Wende. Zur Orientierung des philosophischen Selbstverständnisses. Frankfurt am Main 1998.

*Hartz, Peter,* Jeder Arbeitsplatz hat ein Gesicht. Die Volkswagen-Lösung, Frankfurt am Main 1994.

*Hassard, John* u. *Parker, Martin* (Hrsg.), Postmodernism and Organizations, London 1993.

*Herzog, Roman,* Für eine globale Verantwortungsgemeinschaft. In: Frankfurter Allgemeine Zeitung vom 29.1.1999.

*Homann, Karl* u. *Blome-Drees, Franz,* Wirtschafts- und Unternehmensethik. Göttingen 1992.

*Kambartel, Friedrich,* Vernunft: Kriterium oder Kultur? Zur Definierbarkeit des Vernünftigen. In: *ders.,* Philosophie der humanen Welt. Frankfurt am Main 1989. (Neuabdruck in: *Steinmann, Horst* u. *Scherer, Andreas G.,* Zwischen Universalismus und Relativismus, Philosophische Grundlagenprobleme des interkulturellen Managements. Frankfurt am Main 1998, S. 88 ff.).

*Kambartel, Friedrich,* Die Vernunft und das Allgemeine. Zum Verständnis rationaler Sprache und Praxis. In: *Gerhard, Volker* u. *Herold, Norbert* (Hrsg.), Perspektiven des Perspektivismus. Gedenkschrift zum Tode Friedrich Kaulbachs. Würzburg 1992.

*Kommission der Europäischen Gemeinschaften* (1996): Mitteilung der Kommission an den Rat und das Europäische Parlament über Umweltvereinbarungen vom 27.1.1996.

*Lorenzen, Paul,* Lehrbuch der konstruktiven Wissenschaftstheorie. Mannheim 1987.

*Lyotard, Jean-François,* Das postmoderne Wissen. Bremen 1982.

*Meister, Hans-Peter* u. *Banthien, Henning,* Die Rolle internationaler Industrieverbände für die Ermittlung und Implementierung einer Ethik: Das Responsible Care-Programm der Chemischen Industrie. In: *Steinmann, Horst* u. *Wagner, Gerd R.* (Hrsg.), Umwelt und Wirtschaftsethik. Stuttgart 1998.

*Osterloh, Margit,* Unternehmensethik und Unternehmenskultur. In: *Steinmann, Horst* u. *Löhr, Albert* (Hrsg.), Unternehmensethik, Stuttgart 1991.

*Paine, L. Sharp,* Managing for Organizational Integrity. In: Harvard Business Review: Vol. 72, 2/1994.

*Roser, Thomas,* Holland: Umweltschützer auf Schmusekurs. In: Tagesspiegel Nr. 16510 vom 7.1.1998.

*Scherer, Andreas G.,* Die Rolle der Multinationalen Unternehmung im Prozeß der Globalisierung, Habilitationsschrift Nürnberg 2000.

*Schneider, Dieter,* Unternehmensethik und Gewinnprinzip in der Betriebswirtschaftslehre. In: Zfbf, Schmalenbachs Zeitschrift für betriebswirtschaftliche Forschung: Jg. 42, 10/1990.

*Schreyögg, Georg*: Kann und darf man Unternehmenskulturen ändern? In: *Dülfer, Eberhard* (Hrsg.), Unternehmenskultur. Phänomen – Philosophie – Technologie. Stuttgart 1991.

*Schreyögg, Georg* (Hrsg.), Organisation und Postmoderne. Grundfragen – Analysen – Perspektiven. Wiesbaden 1999.

*Schwinn, Thomas*, Differenzierung ohne Gesellschaft – Umstellung eines soziologischen Konzepts. Weilerswist 2001.

*Steinherr, Christine u.a.*, Die U.S.-Sentencing Commission Guidelines. Eine Dokumentation. In: *Alwart, Heiner* (Hrsg.), Verantwortung und Steuerung von Unternehmen in der Marktwirtschaft. München 1998.

*Steinmann, Horst* u. *Löhr, Albert*, Unternehmensethik – eine „realistische Idee". Versuch einer Begriffsbestimmung anhand eines praktischen Falls. In: Zfbf, Schmalenbachs Zeitschrift für betriebswirtschaftliche Forschung: Jg. 40, 4/1988.

*Steinmann, Horst* u. *Löhr, Albert*, Grundlagen der Unternehmensethik. Stuttgart 1994.

*Steinmann, Horst* u. *Löhr, Albert*, Unternehmensethik – Ein republikanisches Programm in der Kritik. In: Forum für Philosophie Bad Homburg (Hrsg.), Markt und Moral. Die Diskussion um die Unternehmensethik. Bern/Stuttgart 1994.

*Steinmann, Horst* u. *Löhr, Albert*, Unternehmensethik als Ordnungselement in der Marktwirtschaft. In: Zfbf, Schmalenbachs Zeitschrift für betriebswirtschaftliche Forschung: Jg. 47, 2/1995.

*Steinmann, Horst* u. *Löhr, Albert*, Unternehmensethik – Zur Geschichte eines ungeliebten Kindes der Betriebswirtschaftslehre. In: *Gaugler, Eduard* u. *Köhler, Richard* (Hrsg.), Entwicklungen der Betriebswirtschaftslehre. Stuttgart 2002 (im Erscheinen).

*Steinmann, Horst* u. *Löhr, Albert* (Hrsg.), Unternehmensethik, 2. Aufl., Stuttgart 1991.

*Steinmann, Horst* u. *Olbrich, Thomas*, Ethik-Management: Integrierte Steuerung ethischer und ökonomischer Prozesse. In: *Blickle, Gerhard* (Hrsg.), Ethik in Organisationen. Konzepte, Befunde, Praxisbeispiele. Göttingen 1998.

*Steinmann, Horst* u. *Scherer, Andreas G.*, Zwischen Universalismus und Relativismus. Philosophische Grundlagenprobleme des interkulturellen Managements. Frankfurt am Main 1998.

*Steinmann, Horst* u. *Zerfaß, Ansgar*, Privates Unternehmertum und öffentliches Interesse. In: *Wagner, Gerd R.* (Hrsg.), Betriebswirtschaft und Umweltschutz. Stuttgart 1993.

*Steinmeier, Frank-Walter*, Abschied von den Machern. Wie das Bündnis für Arbeit die Erneuerung schafft – durch Konsens, in: DIE ZEIT Nr. 10 vom 1.3.2001.

*Stone, Christopher D.*, Where the Law Ends. New York 1975.

*Ulrich, Peter*, Unternehmensethik – Führungsinstrument oder Grundlagenreflexion? In: *Steinmann, Horst* u. *Löhr, Albert* (Hrsg.), Unternehmensethik. Stuttgart 1991.

*Ulrich, Peter*, Transformation der ökonomischen Vernunft. Bern/Stuttgart 1993.

*Weik, Elke*, Postmoderne Ansätze in der Organisationstheorie. In: Die Betriebswirtschaft: Jg. 56, 3/1996.

*Welsch, Wolfgang*, Unsere postmoderne Moderne. Berlin 1997.

*Wieland, Josef*, Formen der Institutionalisierung von Moral in amerikanischen Unternehmen. Die amerikanische Business Ethics-Bewegung: Why and how they do it. Bern/Stuttgart 1993.

*Wieland, Josef*, Ethik im Unternehmen – Ein Widerspruch in sich selbst? In: Personalführung: 8/1999.

*World Business Council for Sustainable Development*, Meeting Changing Expectations, Corporate Social Responsibility. Broschüre, 1992.

# Auf dem Weg zur Next Economy.
# Elemente einer praxis-orientierten Wirtschaftsethik

## *Daniel Dietzfelbinger*

## 1. Hinführung

Wirtschaft und Ethik miteinander zu verbinden, ist, glaubt man weiten Teilen der kritischen Öffentlichkeit, dem unsinnigen Versuch gleichzusetzen, ein loderndes Feuer mit Benzin zu löschen. In der Tat, es ist nicht einfach, beide Themen, beide Wissenschaftsgebiete miteinander zu verbinden. Eine ausufernde Publikationswelle der letzten Jahre macht deutlich, dass das Thema brisant, gleichwohl fern einer Lösung ist.[1]

Wenn es denn in der Wissenschaft schon so schwer ist, die beiden Disziplinen Ethik und Ökonomie wenigstens in ein harmonisches Nebeneinander zu bringen (von einem Miteinander sei erst einmal geschwiegen), wie soll es dann in der Praxis gehen? Oder noch konkreter gefragt: Wie soll ein Manager oder eine Managerin, die vom ökonomischen Sachzwang im beruflichen Alltag geprägt zu sein scheint, sich auch noch nach ethischen oder moralischen Kriterien richten können? Medien spötteln darüber, dass es zwischen beiden Seiten eine aufrichtige Verbindung geben soll.[2] Es mag zwar ehrenvoll sein, wenn eine oder einer das versucht, ökonomische Vorteile wird er oder sie damit wohl nicht erzielen, so die Meinung in der Öffentlichkeit.

Unternehmen werden häufig in Presse und Medien als der Hort der Unmoral beschrieben. Hier, in den Unternehmen, werde alles nur nach ökonomischen Kriterien beurteilt, die keinen Platz lassen wollen für moralisches und/oder ethisches Nachdenken und Handlungsgestaltung. Richtig ist daran, dass Unternehmen weitgehend nach ökonomischen Kriterien ausgerichtet sind, falsch ist es, ihnen daraus einen Vorwurf zu machen, doch dazu später mehr.

Ob sich Wirtschaft und Ethik wirklich nicht – oder doch? – miteinander verbinden lassen, dem soll im Folgenden nachgegangen werden. Die Betrachtungs-

---

1 Zur Literatur vgl.: *Dietzfelbinger, Daniel*, Aller Anfang ist leicht, 2. Aufl., München 2000. S. 313 ff.

2 Vgl. DIE ZEIT vom 03. Juni 2001, S. 21 f.

weise des Themas ist an dieser Stelle nicht wissenschaftlich, sie hat in diesem Zusammenhang mehr empirischen Charakter. Das geschieht nicht deswegen, weil der wissenschaftliche Disput oder Diskurs gescheut wird. Nur: Für einen wissenschaftlichen Disput ist kein Beitrag geeignet, dessen Thema „Ethik in der Unterneh-menspraxis" ist. Darüber hinaus scheint es, dass Wirtschaftsethik als angewandte Ethik verstanden werden und sich somit weitgehend unmittelbar eben dem Kriterium der Praxisfähigkeit und -überprüfbarkeit unterziehen muss. Deswegen erscheint es notwendig, die Frage nach „Wirtschafts- und Unternehmensethik in der Praxis" weitgehend nach praxisorientierten Kenntnissen und Erfahrungen zu diskutieren, für den wissenschaftlichen Disput ist – wie erwähnt – an anderer Stelle Platz. Diese Entscheidung für einen empirisch orientierten Beitrag ist für das Folgende im Bewusstsein zu halten.

Nach einleitenden Begriffsunterscheidungen werden die Probleme, die zwischen den beiden Disziplinen herrschen, angedeutet. Danach wird untersucht, ob und inwieweit moralische und/oder ethische Fragen in der Gestaltung der unternehmensalltäglichen Praxis eine Rolle spielen.

## 2. Begriffsunterscheidungen

### 2.1. Moral

Um über Fragen der Ethik und der Ökonomie nachzudenken, muss für das Folgende zunächst geklärt werden, was in diesem Zusammenhang darunter verstanden wird. Moral/moralisch wird in diesem Zusammenhang als das unreflektierte, überlieferte, anerzogene Empfinden für gut und schlecht dargestellt.[3] Dabei sind gut und schlecht noch nicht als objektiv wertende Begriffe gemeint, vielmehr beschreiben sie in diesem Zusammenhang die als subjektiv empfundene Beurteilung von Gestaltungs- oder Wertzusammenhängen. Dem „moralisch Guten" auf individueller Ebene entspricht also nicht unmittelbar das unter Umständen auf breiterer gesellschaftlicher Basis konsensorisch empfundene „moralisch Gute", ebenso gilt das bei dem, was man subjektiv als schlecht oder weniger gut beurteilt. Damit ist auch die Existenz von sogenannten *Binnenmoralen* zu erklären. Eine Binnenmoral existiert dann, wenn der Bezugsrahmen nur in der unmittelbaren Umgebung gesucht wird. Die in einem solchen Bezugsrahmen herrschende Moral kann aber unter Umständen im völligem Gegensatz zu einer im breiten gesellschaftlichem Raum als konsensorisch empfundenen Moral stehen.

---

3   Vgl. ausführlicher dazu: *Dietzfelbinger, Daniel*, Aller Anfang ist leicht, a.a.O. S. 62 ff.

Wichtig ist bei der Moral, dass sie nicht oder allenfalls oberflächlich reflektiert ist. Ihr Kennzeichen ist die *rational-analytische Kriterienlosigkeit*. Moralische Urteile sind als solche nicht näher begründbar. Man beruft sich allenfalls auf den Anstand, der als Ausdruck einer gesellschaftlichen Konvention zur Legitimation dieses oder jenen Handelns beschworen wird. Man beruft sich bei moralischen Urteilen auf Sätze wie „das macht man (nicht) so", „das haben wir noch nie (immer) so gemacht", „das gehört sich (nicht)" etc. Es handelt sich bei solchen Moralbegründungen mithin nicht um reflektierte Argumentation, sondern um die Zitation eines als gesellschaftlicher Konsens vermuteten Anstandes bzw. einer vermuteten oder faktischen Konvention. Das soll nicht heißen, dass als moralisch eingestufte Sätze deswegen falsch oder unwichtig wären. Ihr Begründungszusammenhang ist nur ein anderer als bei ethischen Sätzen.

Es steht zu vermuten, dass die meisten Menschen in einer wie auch immer gearteten Form von einem moralischen Bewusstsein geprägt sind. Sei es aus dem familiären und/oder aus dem weiteren unmittelbaren sozialen Umfeld, bestimmte Wert- und Verhaltensmuster sind einem zurechnungsfähigen Menschen im Normalfall[4] mitgegeben. Diese moralische Prägung des Menschen wird weiterhin durch das größere gesellschaftliche Umfeld getragen und/oder beeinflusst. Damit ist das moralische Bewusstsein des Menschen Wandlungsprozessen ausgesetzt, die durch gesellschaftliche Veränderungen hervorgerufen werden können und vermutlich auch werden.

Noch in den sechziger Jahren war die Sexualmoral in Deutschland stark konservativ geprägt. Unabhängig davon, wie sie individuell gelebt wurde, galten strenge moralische Vorschriften, die das Sexualverhalten des Individuums mehr oder minder stark beeinflussten. Noch vor zwanzig Jahren galt es gewissermaßen als gesellschaftsumstürzend, wenn ein nackter Mensch in einem gewöhnlichen Fernsehfilm gezeigt wurde, der nicht unter dem vielleicht fadenscheinigen Etikett der Aufklärung gesendet wurde. Mittlerweile haben sich die Zeiten (und mit ihnen auch die Moral) geändert. Will sagen: Die Einschränkung sowie die individuelle Wahrnehmung der Gesellschaft durch moralische Normen hat hier nachgelassen.[5]

Ein umgekehrter Prozess, also eine wachsende moralische Sensibilisierung, lässt sich nach dem Zusammenbruch des Ostblocks und seines spezifischen

---

4 In diesem Zusammenhang wird also nicht auf Extremfälle eingegangen werden.

5 Es ist zumindest in einer Fußnote davor zu warnen, solche Veränderungen gleich als „Wertverlust" oder „-verfall" zu deklarieren. Häufig findet nur eine Umdeutung oder Umgewichtung von Werten statt. Zum Begriff „Werte" vgl. unten.

Wirtschaftssystems feststellen. Zu Zeiten, als der Ostblock und sein spezifisch ausgeprägter sogenannter Sozialismus noch verwurzelt und zugemauert die Staaten östlich von Deutschland im Griff hatte, wäre eine solche Debatte über die Auswüchse des Turbokapitalismus', wie sie heutzutage geführt wird, nahezu unmöglich gewesen. Der Ostblock und sein spezifisches Wirtschaftssystem bildeten ein ideologisches und zugleich moralisches (nicht: faktisches!) Korrektiv, durch das dem westlichen System der Marktwirtschaft (also des Kapitalismus') Grenzen aufgezeigt wurden. Erst nach dem Zusammenbruch des Ostblocks wurden ethische Fragen der Wirtschaft und des Wirtschaftens mit dieser Vehemenz, die heute feststellbar ist, diskutiert.[6]

Moral unterliegt also nicht nur dem Wandel der individuellen Biografie, sondern zeigt sich als durchaus anfällig, auf äußere politische wie gesellschaftliche Veränderungen reagieren zu können und diese zugleich aktiv zu gestalten.

## 2.2. Ethik

Ethik unterscheidet sich von der Moral darin, dass bereits ein Reflexionsprozess stattgefunden hat. Die subjektiv empfundenen Werte, die subjektiv getroffenen Beurteilungen und Bewertungen sollen in ein vergleichsweise objektives Stadium[7] gebracht werden. Da aber Ethik und die sie konstituierenden Theorien immer eng an die Moral gebunden sind, weil sie deren Material reflektieren, ist auch Ethik einer gewissen Wandlungsfähigkeit unterworfen. Das muss sie sein, um aktuell relevante, meist moralisch motivierte Fragen beantworten zu können.

Ethik als reflektierte Form des moralischen Bewusstseins versucht zuallererst, Konfliktfelder systematisch zu beschreiben (*deskriptive Ethik*). Unter Heranziehung möglichst aller plausiblen Argumente und deren sorgfältigen Schilderung wird ein hohes Maß an Allgemeingültigkeit erreicht, die das moralische Bewusstsein nicht erreichen kann. Zurecht wird gegen die deskriptive Ethik der Einwand erhoben, schon die Auswahl und die Form der Beschreibung sei immer schon subjektiv. Dem ist zuzustimmen, gleichwohl birgt dieser Einwand die Gefahr der Destruktion in sich. Wird der Gedanke bis zum Ende gedacht, so ist eine auf einigermaßen übersubjektivem Niveau geführte Debatte nicht mehr möglich. Dem Einwand sei aber insofern Rechnung getragen, als er jeglichen

---

6   Wenngleich nicht bestritten werden soll, dass sich kluge Köpfe schon früher über moralische Fragen der Wirtschaft Gedanken gemacht haben. Die katholische Theologie hat diesbezüglich eine lange Tradition, auf protestantischer Seite gilt als Klassiker: *Rich, Arthur*, Wirtschaftsethik. 2 Bände. Gütersloh 1982 ff.

7   Zur Frage, ob es tatsächlich so etwas wie „objektive Ethik" gibt vgl. unten.

Versuch, eine scheinbar auch noch so objektiv geführte Debatte zu führen, immer wieder einschränkend die Erkenntnis ans Herz legt, dass der Mensch nicht in der Lage ist, eine letztgültig objektive Position zu erreichen, da seine Fähigkeiten diesbezüglich psychologisch und epistemologisch begrenzt sind. Demnach ist festzuhalten, dass auch Ethik immer bis zu einem gewissen Grade der Subjektivität verhaftet bleibt. Darauf ist zurückzukommen.

In einer zweiten Form will Ethik *argumentieren*. Ihre Aufgabe ist es so verstanden, verschiedene Argumente zu sammeln und gegeneinander abzuwägen, wenn man so will, das Gute dem weniger Guten (oder auch dem Schlechten) gegenüberzustellen und zwischen den zwei (oder mehreren Alternativen) abzuwägen (*Güterabwägung*). Aus dieser Argumentation ergibt sich zunächst die Wahl einer Alternative, dann aber auch Überlegungen, wie die gewählte Alternative zu gestalten ist (Normen). Geleitet ist diese Güterabwägung von Werten und Wertvorstellungen, die je nach Position des oder der Argumentierenden unterschiedlich sein können. Bei Werten handelt es sich um Axiome, deren Existenz und Form in der Wissenschaft divers gedeutet werden. Die Frage nach Werten, nach ihrer Herkunft, nach ihrer Form und nach ihrer vermeintlichen Beschaffenheit kann in diesem Zusammenhang nicht näher beleuchtet werden. Es möge in diesem Zusammenhang als nicht begründete, empirische These gestattet sein, dass Werte immer etwas axiomatisch-subjektives, allenfalls sozial konsensorisch Untermauertes an sich haben, aber keine objektive Hinterlegbarkeit. Andernfalls ließe sich auch nicht von „Wertewandel" sprechen.

Für diesen Zusammenhang ist die Erkenntnis wichtig, dass auch Ethik im Grunde von subjektiv oder allenfalls als überindividuell konsensorisch zustande gekommenen Werten geleitet ist. Die Diskussion über die (vermeintlich oder tatsächlich) richtige Ethik, etwa beim Handeln unter den Bedingungen der Ökonomie, ist weit davon entfernt, Einheitlichkeit oder Konsens zu verzeichnen, da die unterschiedlichen Wissenschaftler und Wissenschaftlerinnen von unterschiedlichen Positionen und Weltbildern ausgehen,[8] die wiederum auf ein unter-

---

8 Man verfolge nur die Auseinandersetzung, die auf wissenschaftlicher Ebene zwischen den beiden Ansätzen von *Peter Ulrich* (St. Gallen) und *Karl Homann* (München) geführt wird. Mittlerweile scheint hier kein Konsens, wenigstens nur in Ansätzen, mehr möglich. Aber auch die praktischen Ansätze in Unternehmen divergieren sehr stark. Letztlich können in der Wirtschaftsethik zwei grundlegende Pole beschrieben werden: Der eine Ansatz favorisiert die Ethik, der andere die Ökonomie. Das jeweils eine Wissenschaftsfeld wird dem anderen untergeordnet. Ein wirklich integrativer Ansatz scheint bisher noch nicht gefunden. Dahinter verbirgt sich ein tiefgreifender Konflikt der beiden die jeweiligen Disziplinen prägenden Rationalitäten und Wertvorstellungen.

schiedliches subjektives Wahrnehmen der Materie wie auch der Problemstellungen zurückzuführen ist, nicht zuletzt auf ein unterschiedliches Verständnis von Werten.[9] Bei aller vorgegebenen und bedingt tatsächlich vorhandenen Objektivität und Systematik kann die wirtschaftsethische Debatte nicht umhin, sich in bezug auf eine wie auch immer geartete Letztbegründung ihren Subjektivismus zuzugestehen. Das überrascht nicht, denn Ethik ist auf das vorlaufend moralische Bewusstsein angewiesen, und dieses ist oben als subjektiv definiert worden.

Ethik hat es schließlich mit Konflikten zu tun, ihr Ziel ist der Konsens.[10] Damit wird deutlich, dass Ethik sich nicht nur reagierend mit der Beschreibung eines Konfliktes zufrieden geben kann. Die Beschreibung eines Problemfalls ist gleichwohl die notwendige Voraussetzung, um einen wie auch immer gearteten Konsens herbeizuführen und dadurch proaktiv zu gestalten. Damit ist der Übergang zur *normativen Ethik* vollzogen. Damit aber wird ein weiteres Charakteristikum der Ethik, wie auch immer sie inhaltlich geprägt ist, deutlich: Ethik bezieht sich auf die Zukunft. Sie definiert oder fordert ein Sollen, dem das Ist, also die Gegenwart nicht entspricht. Faktizität und Idealzustand stehen in einem zukunftsbezogenen Verhältnis. Würde der Istzustand dem Idealzustand entsprechen, wäre das Nachdenken über ethische Fragen überflüssig geworden. Ethik ist demnach *antizipatorisch*. Ethik arbeitet mit Modellen und Metaphern, die denen der Gegenwart nicht identisch sind, sondern einen idealen oder idealeren Zustand als den der Gegenwart, den des Ists beschreiben. Sie leitet aus diesem Zukunftsmodell Normen für die Gegenwart ab, die dazu dienen sollen, diesen Idealzustand in naher oder ferner Zukunft möglicher zu machen bzw. im besten Falle den Idealzustand zu erreichen (ab diesem Zeitpunkt hat Ethik ihre normative Funktion erfüllt). Im Normalfall wird die Zukunft als relativ nahe an der Gegenwart formuliert. Systematisch versucht sich Ethik im normativ verstandenen Sinne mithin überflüssig zu machen.

Ein treffendes Beispiel für eine solche antizipatorisch verstandene (normative) Ethik zeigt sich in den *Zehn Geboten des Alten Testaments*. In ihrer hebräischen Urform sind sie – sprachanalytisch betrachtet – im Futur formuliert („Du wirst nicht töten" etc.). Zwar ist in der hebräischen Sprache die Grundform des Imperativs und des Futurs identisch, gleichwohl erlauben es zwei unterschiedli-

---

9   Es sei nur darauf hingewiesen, wie schwierig es gerade in der Wirtschafts- und Unternehmensethik ist, den ökonomischen von dem ethisch/moralischen Wertbegriff systematisch zu differenzieren.

10  *Rendtorff, Trutz*, Konsens und Konflikt: Herausforderungen an die Ethik in einer pluralen Gesellschaft, in: *Korff, Wilhelm* u.a. (Hrsg.): Handbuch der Wirtschaftsethik. Band 1. Gütersloh 1999. S. 198.

che Formen der Negation, zwischen Futur und Imperativ klar zu unterscheiden. Insofern lassen sich die hebräischen Zehn Gebote linguistisch zweifelsfrei als Futur definieren. Konsens herrscht mittlerweile bei den Exegeten, dass es sich dabei dennoch nicht um eine echte Futurform handelt, sondern um einen noch verstärkten Imperativ *(Prohibitiv)*. Auch im Deutschen (wie auch in anderen Sprachen) ist das Futur als Imperativ gebräuchlich: „Du wirst dies und das (nicht mehr) machen." Deutlich wird an diesem Beispiel, wie nahe Sollen und Zukunft zusammenhängen. Ferner wird deutlich: Wenn sich alle Mitglieder eines nomadischen Stammes, denn für einen solchen entstanden diese Gebote, daran halten, dann wären sie überflüssig. Ethik ist damit eine antizipatorisch zu verstehende Disziplin, die auf ein (tatsächliches oder vermutetes) Defizit reagiert, und deren systematisches Ziel es ist, sich im normativen Sinne überflüssig zu machen.

## 2.3. Ökonomie

Wie hingegen arbeitet die Ökonomie? Ökonomie ist eine Handlungstheorie, die durch drei Kriterien geprägt ist: Die *Knappheit,* den *Nutzen* und den *Aufwand.* Verkürzt gesagt, ist es Ziel ökonomisch orientierten Handelns, unter den Bedingungen der Knappheit mit minimalem Aufwand einen maximalen Nutzen zu erreichen. Diese Ausrichtung des Handelns spiegelt ein natürliches, anthropologisch nachvollziehbares Verhalten wider. Jegliches Kalkül des Menschen ist in Knappheitssituationen (ethisch wie ökonomisch) nach einer Nutzen-Kosten-Analyse gesteuert, etwa wenn man die Schilderungen gestrandeter, verdurstender oder in einer Höhle eingeschlossener Menschen aufmerksam liest. Das kann nicht überraschen, denn in ihrer ursprünglichen Bedeutung ist die Ökonomie die Lehre vom Haushalten.[11]

Interessanterweise ist auch die Ökonomie eine *antizipatorisch zu verstehende Disziplin.* Auch sie arbeitet mit einem Zukunftsmodell. Man versucht heute so zu handeln, dass morgen mindestens noch genauso viel, wenn nicht sogar mehr da ist. Der in der Wüste verlorene Mensch teilt sich sein restliches Wasser so ein, dass er morgen und vielleicht übermorgen noch den lebenserhaltenden Schluck hat. Ein Unternehmen, das auf langfristige Sicherung aus ist, setzt die Investitionen heute so ein, dass morgen und übermorgen genügend Rücklauf, Rendite, vorhanden ist, der das Überleben des Unternehmens sichert. Noch deutlicher

---

11  Interessanterweise werden die beiden Begriffe, über deren Unterschiedlichkeit heute so viel gestritten wird, in einem friedlichen Nebeneinander von Aristoteles eingeführt. Vgl. dazu: *Aristoteles,* Die Nikomachische Ethik, in: Philosophische Schriften in 6 Bdn., Hamburg 1972. Bd. 4.

wird der antizipatorische Charakter ökonomischen Denkens am Kreditwesen: Man nimmt heute einen Kredit auf, weil man glaubt, ihn morgen zurückzahlen zu können.

## 3. Anschluss-Schwierigkeiten

### 3.1. Messbarkeit und Zeithorizont

Allerdings ergeben sich deutliche Unterschiede zwischen Ethik und Ökonomie: Der eine Unterschied besteht in der Frage der *Messbarkeit der Ergebnisse,* der andere in dem veranschlagten *Zeithorizont.* Der Messbarkeit wird in der Ökonomie ein hoher Stellenwert eingeräumt. Diesem Kriterium kann sich Ethik nur sehr bedingt unterwerfen. Für die Existenz von Moral oder für den Grad vorhandenen ethischen Reflektierens gibt es kein systematisches Kennzahlensystem. Darauf ist anhand der praktischen Beispiele zurückzukommen. Bei der Frage des Zeithorizontes hängt die Problematik von der Festsetzung ab: Einem eher kurzfristigen Kalkül kann Ethik selten gerecht werden, etwas anderes ist es, bei einem mittel- oder langfristig angesetzten Zeithorizont. Auch darauf ist noch einmal zurückzukommen.

### 3.2. Das Grundproblem der Wirtschaftsethik

Es gibt immer wieder Versuche, beide Handlungsorientierungen, die ökonomische wie die ethische, als zwei spezifische Interpretationen und Phänomene menschlichen Handelns zu beschreiben, die ihren Reflex in der *Anthropologie* haben, ein Ansatz der auch hier explizit verfolgt und befürwortet wird.[12] Gleichwohl zeigen sich zunächst in einem weiter gefassten Verständnis weitere Differenzen zwischen beiden Rationalitäten, über die hinwegzugehen unseriös wäre.

Eine große Differenz zwischen den beiden Disziplinen besteht in der Materie. Ökonomie hat es nach dem allgemeinen Verständnis mit fassbarer Materie zu tun. Etwa mit Geld. Eingedenk dessen, dass der Begriff Ökonomie in seiner grundsätzlichen Definition nicht auf das Monetäre oder Finanzielle beschränkt werden kann, sei er hier doch soweit eingegrenzt, dass unter Ökonomie das wirtschaftliche Handeln unter den Bedingungen der Knappheit in bezug auf materielle Mittel verstanden wird. Damit ist der populären Wahrnehmung des Begriffs des Ökonomischen in der Gesellschaft Rechnung getragen. Der erweiterte (oder besser: grundsätzliche) Begriff der Ökonomie geht über diese Definition weit

---

12 Vgl. dazu: *Dietzfelbinger, Daniel*, Soziale Marktwirtschaft als Wirtschaftsstil. Alfred Müller-Armacks Lebenswerk. Gütersloh 1998.

hinaus, ist damit aber Gegenstand einer wissenschaftlichen und nicht einer praxisbezogenen Diskussion.

Es bedarf dieser Einschränkung, um das Wesen und die Problemstellung der Wirtschaftsethik schärfer formulieren zu können. Ökonomie in diesem Zusammenhang verhandelt also materielle Werte, während es Ethik weitgehend und in erster Linie mit immateriellen Werten zu tun hat. Damit stellt sich zuerst für den einzelnen Menschen, dann aber auch für die wissenschaftliche Disziplin der Wirtschaftsethik die Frage, nach welchen Kriterien der Mensch sein Handeln ausrichtet. Damit ist *das Grundproblem der Wirtschaftsethik* beschrieben.

Es ist sehr wohl möglich, dass sich ein Mensch allein von ökonomischen (sprich in diesem Zusammenhang: von materiellen) Kriterien leiten lässt. Diese Person, die spezifisch ökonomische Interessen über das eingangs behauptete moralische Bewusstsein stellt, ist für die Wirtschaftsethik systematisch bereits verloren. Allenfalls ließen sich grundsätzliche Anfragen stellen, die das überdeckte moralische Bewusstsein einer solchen Person zu wecken versuchen. Das aber ist eine Aufgabe für Ethiker (oder im Ernstfall: Psychologen), nicht mehr für Wirtschafts-ethiker und ihre weiblichen Pendants. Umgekehrt kann es für die Disziplin der Wirtschaftsethik nicht interessant sein, wenn sich ein Individuum nur von ethischen und/oder moralischen Werten leiten lässt. Betrachtet man etwa das Jesus in den Mund gelegte Zitat, sich nicht um sein Essen oder um seine Kleidung, also übertragen: um die materiellen Angelegenheiten zu kümmern,[13] sondern auf Gott zu vertrauen, so scheint eine solche Person ebenfalls für die Wirtschafts-ethik ein verlorener Fall. Allenfalls könnte hier der Ökonom oder die Ökonomin fragen: Und was machst du unter den Bedingungen der Knappheit? Kurz: Weder der *homo oeconomicus* noch der *homo ethicus* können systematisch ein ernst zu nehmender Gegenstand praxis-orientierter wirtschaftsethischer Debatten sein.[14]

Wirtschafts- und Unternehmensethik in der Praxis wird mithin nur dann virulent, wenn ein Individuum, eine Institution oder ein System der Frage nachgeht, wie sich materielle und immaterielle Werte und die mit ihnen verbundenen jeweils unter Umständen sehr unterschiedlich akzentuierten Verhaltensweisen im

---

13 Evangelium nach Matthäus 6, 25 ff.

14 Dabei ist klar, dass in der Praxis solche einseitig orientierten Menschen wohl selten anzutreffen sind. Umgekehrt hat es durchaus Charme, auf der wissenschaftlichen E-bene mit den Modellen im besten Sinne zu spielen und aus ihnen bemerkenswerte Schlüsse abzuleiten. Vgl. dazu: *Homann, Karl* u. *Suchanek, Andreas*, Ökonomik. Eine Einführung, Tübingen 2000. Insbesondere S. 391 ff.

Alltag in Einklang bringen lassen. Jegliche Einseitigkeit der Handlungsausrich-
tung – also die Orientierung nur an ethischen oder nur an ökonomischen Kriterien – stellt eine praxis-orientierte Wirtschafts- und Unternehmensethik, die
integrativ wirken will, systematisch vor eine unlösbare Aufgabe. Diese – für
einen umfassenden Ansatz unlösbare Aufgabe – kann dann nur der sie jeweils
teilkonstituierenden Disziplin überlassen werden.[15]

### 3.3. Das Problem der praktischen Differenz

Ansätze praktischer wie theoretischer Wirtschaftsethik, die die Einseitigkeit zum
Programm erheben, laufen Gefahr, die eine Rationalität der anderen zu oktroyie-
ren. Das aber kann nicht der Ansatz einer wohlverstandenen modernen, praxis-
orientierten Wirtschaftsethik sein, da eine solche immer beiden Seiten gerecht
werden muss. Andernfalls bleibt sie immer einer der sie konstituierenden Wissenschaften verhaftet und wird (und wirkt) insofern einseitig, also keineswegs
integrativ. Man mag dies als Manko der Disziplin Wirtschaftsethik empfinden,
ein Manko, das immer, wie das bei Defiziten so üblich ist, zu Unschärfen auf der
einen oder anderen Seite führen muss. Man kann dies aber umgekehrt als große
Chance sehen.

## 4. Die Praxis des Alltags

### 4.1. Der Makel des Profits

Wie lässt sich das bisher Festgestellte auf die Praxis übertragen? Zunächst: Praxis sollte nicht als lästiges, gleichwohl unvermeidliches Abweichen von der
Norm begriffen werden, sondern als der Alltag der in der Wirtschaft Agierenden.
Es ist die Situation, in der sich Managerinnen und Manager befinden, nämlich
das Verhalten in der tatsächlichen Spannung zwischen ethisch/moralischen und
ökonomischen Werten und Normen im Berufsalltag. Gibt es in Unternehmen
Fragen der Ethik oder sind die Unternehmen nur die berüchtigten Maschinerien,
in denen Tag und Nacht nur fürs Geld und für den Gewinn gearbeitet wird, unabhängig davon, ob ethische Interessen auf der Strecke bleiben?

---

15  Konkret heißt dies, sich entweder auf den Appell zurückzuziehen, oder die jeweils
    andere Rationalität unter den Primat einer der beiden Disziplinen zu stellen. Solche
    Kritik wird an den Ansätzen der beiden wissenschaftlichen Vertreter *Karl Homann*
    auf der einen Seite (Auflösung der Ethik in die Ökonomie) und *Peter Ulrich* (ethische
    Rationalität vor der ökonomischen) erhoben.

Zunächst: Unternehmen sind Institutionen, die in erster Linie (nicht ausschließlich) nach ökonomischen Kriterien arbeiten. Ziel einer Unternehmung ist es, unter den Bedingungen der Knappheit mit möglichst wenig Aufwand möglichst großen Nutzen zu erzielen. Versucht man diese Zielbestimmung zunächst isoliert zu betrachten, so ist daran wenig auszusetzen, auch wenn das manchmal auf den ersten Blick als Ärgernis erscheinen mag. Wie oben bereits festgestellt, handelt auch das Individuum in Knappheitssituationen (und nicht nur da) nach dem gleichen Muster.

Unternehmen sind überindividuelle Wertschöpfer. Sie spiegeln in dieser überindividuellen Form das Verhaltensmuster wider, nach dem sich das Individuum in Knappheitssituationen ausrichtet. Auch das Individuum verhält sich in bestimmten (Alltags-)Situationen nach ökonomischen Kriterien. Dabei geht es noch nicht um das Verhalten beim Lebensmittel-Einkaufen.[16] Aus der Medizin ist die im Grunde ökonomische Funktionsfähigkeit des Körpers bekannt. Die Körperfunktionen stellen sich in Belastungssituationen, also etwa beim Sport, so um, dass mit möglichst wenig Aufwand großer Nutzen erzielt werden kann. Noch deutlicher wird dies beim freiwilligen oder erzwungenen Fasten: Der Körper versucht, unter den Bedingungen der Knappheit mit den ihm zur Verfügung stehenden Mitteln das Optimum zu erreichen.

Es ist also falsch, der ökonomischen Verhaltensweise etwas grundsätzlich Menschenfremdes zu unterstellen. Auch die ökonomische Rationalität hat – wie die ethische – ihren Reflex in anthropologischen Strukturen. Es gibt in der Diskussion um Wirtschaftsethik das Problem, dass durch externe Schuldzuweisungen die Abstraktionsfähigkeit des Individuums überstrapaziert wird. Häufig ist bei Diskussionen um Wirtschaftsethik ein überaus seltsames Phänomen beobachtbar: Während die Debatte um Wirtschaftsethik im Plenum läuft, echauffieren sich Menschen darüber, dass Unternehmen „nur ihren Gewinn und das Geld" im Augen hätten. Zwei Stunden später beim abendlichen Rotwein erzählen genau diese Leute, die sich gerade noch über die Unternehmen aufgeregt haben, davon, wie viel Geld sie mit ihrem letzten Aktiendeal verdient haben. Gibt es individuell eine Absolution für das Verhalten, das überindividuell als moralisch schlecht empfunden wird? Gewinn, Profit zu machen wird individuell als mindestens hinzunehmendes Übel, meist aber sogar als Auszeichnung verstanden (z.B. die Werbung einer Bank unter den Stichworten: „Mein Haus, mein Auto, meine Pferde ..."). Überindividuell, wenn es also Unternehmen praktizieren, wird dieses

---

16 Obschon auch hier bei Wirtschaftskritikern wie bei anderen eine erstaunliche ökonomische Pfiffigkeit zu entdecken ist.

Gewinnstreben gleichwohl als Zeichen der Ausbeutung, der Brutalität und des Unmoralischen gesehen. Es ist eine oft erschreckende Diskrepanz zwischen der individuellen Wahrnehmung und der überindividuellen Beurteilung, die die Diskussion über Wirtschaftsethik prägt. Mit Authentizität hat das freilich nichts mehr zu tun. Ein Individuum, das in ökonomisch geprägten (d.h. haushalterischen) Situationen nach ökonomischen Kriterien handelt – und solche sind nicht nur monetär oder materiell bestimmt -, kann dieses Verhalten überindividuellen Institutionen nicht zum Vorwurf machen, wenn sie sich in eben solchen Situationen ebenso verhalten. Wohlbemerkt: Es geht hier zunächst nur um die isolierte Frage des Gewinn-Machens.

Das erste Ziel von Unternehmen ist also, Geld zu verdienen, zumindest aber das Überleben zu sichern. Noch einmal: das Bestreben, Geld zu verdienen, materiellen Erfolg zu erzielen, ist kein Thema der Ethik. Profit zu machen, ist *a-moralisch,* wohlbemerkt a-moralisch, nicht unmoralisch. Es gibt kein überzeugendes Argument aus der Sicht der Ethik dagegen (auch nicht dafür)[17], Geld zu verdienen. Weder ist es ethisch besonders verwerflich noch besonders gut, wenn jemand reich oder arm ist. Das ist schlicht keine Frage der Ethik. Interessant wird es, wenn danach gefragt wird, mit welchen Methoden Geld verdient wird. Hier setzt Ethik ein und zwar berechtigterweise. Man könnte auch fragen, in welchem Verhältnis der oder die erfolgreich Wirtschaftende zu seinem oder ihrem Geld steht, macht man sich abhängig davon oder nicht,[18] definiert man sich über seinen materiellen Reichtum (oder Armut) etc., aber dies soll in diesem Zusammenhang nicht näher beleuchtet werden.

## 4.2. Methodik des Profit-Machens

Betrachtet man die Methoden, so werden zweifelsohne brisante wirtschafts- und unternehmensethische Fragen virulent. Zunächst kann man nach den Produkten fragen. Was sind es für Produkte, die ein Unternehmen auf den Markt wirft? Die Frage, die sich Wirtschaftsethik in der Praxis stellen muss: Ist alles erlaubt, womit man Geld verdienen kann?

---

17  Hier könnte man freilich kritisch einwenden, dass vor allem im frühen Puritanismus ökonomischer Erfolg als Zeichen der besonderen Erwählung Gottes gewertet wurde. Vgl. dazu: *Weber, Max*, Die protestantische Ethik und der „Geist" des Protestantismus, Hain 1993.

18  Genau in dieser Richtung sind auch die reichtumskritischen Äußerungen des Neuen Testamentes zu deuten: In den Stellen geht es nicht um den Reichtum an sich, es geht darum, in welchem Verhältnis das Individuum zu diesem Reichtum steht. Das heißt konkret: Macht man sich abhängig von dem materiellen Reichtum oder nicht.

Zum Beispiel ist es ein ganz erstaunlicher Effekt, der in der aktuellen Diskussion um die Gentechnik und Biotechnik zu beobachten ist. Mit einem Mal laufen all die Debatten, die seit ca. mindestens zehn Jahren in wissenschaftlichen Zirkeln über Sinn und Unsinn gentechnischer Eingriffe in den Menschen geführt worden sind, in einer breiten Öffentlichkeit. Theologische Grundmuster werden aus den verstaubten Archiven journalistischer Hirne gerufen („Eingriff in die Schöpfung", „Jetzt spielen sie Gott" etc.)[19] geholt, die an sich schon dem Vergessen anheim gefallen zu sein schienen. Sinnvoller wäre es zweifelsohne, diese Debatten differenziert und klar zu führen, denn alles andere birgt die Gefahr einer sich immer weiter ausdehnenden Ethik in sich. Aber es ist ebenso eminent wichtig, diese Debatte nicht nur unter bio- und/oder genethischen Gesichtspunkten zu führen, sondern auch wirtschaftsethischen. Im Augenblick ist der Eindruck zu gewinnen, dass die wirtschaftsethischen Implikationen dieser Debatte immer noch großzügig übersehen werden. Konkret: Darf man mit Patenten auf tierische oder menschliche Gene Geld verdienen oder wird hier die Grenze zwischen materiellem Produkt und biologischen Bausteinen überschritten? Darf man sich in der sogenannten „grünen Gentechnik" mit spezifisch veränderten Produkten einen Marktvorteil verschaffen? Eine ganze Reihe von wirtschafts-ethischen Implikationen ließe sich hier auflisten. Mit anderen Worten: Neben allen lebensethisch orientierten Debatten, die notwendigerweise zu führen sind, muss auch die – in diesem Fall überaus kritische – Frage gestellt werden, welche ökonomischen Perspektiven Unternehmen wie Wissenschaftler veranlassen, auf diese Technologien so uneingeschränkt zu setzen und welche Rahmenbedingungen herrschen, dass es lohnend ist, in solche ethisch noch nicht geklärten und gesellschaftlich wie emotional hart umstrittenen Bereiche zu investieren.[20]

Weiter ist die Frage zu stellen, mit welchen *Management-Formen* Unternehmen Geld verdienen: Werden zum Beispiel in einem Unternehmen Mitarbeitende ausgenutzt oder werden sie am Erfolg des Unternehmens beteiligt? Sind Mitar-

---

19 Auffällig ist in der Debatte um die Gen- und Biotechnik ohnehin die spezifische Sprache, die dabei verwendet wird. Beliebt ist das Wort vom „Dammbruch". Es wäre durchaus interessant, dies einmal sprachhistorisch zu untersuchen. Sowohl die Erfindung der Dampfmaschine wie auch des Telefons wie auch viele andere Erfindungen, Entdeckungen oder neue technische Möglichkeiten in der Geschichte der Menschheit, mit denen die Gesellschaft heute gut lebt, wurden als „Dammbruch" empfunden. Es geht nicht um Verharmlosung, sondern die Wahrnehmung einer spezifischen Sprache.

20 Und gleichzeitig ist die Rückfrage zu stellen: Gibt es Kritiker und Kritikerinnen der Bio- und/oder Gentechnik, die bestens an den Aktien von in diese Aktivitäten involvierten Unternehmen verdienen?

beitende nur Mittel zum Zweck oder haben sie in einer wie auch immer gearteten Form die Möglichkeit, als Partizipierende am Unternehmenserfolg zu agieren?

## 5. Ethische Elemente in Management-Prozessen

Es ist falsch, Unternehmen nur als Hort der Unmoral oder Absenz von Ethik zu bezichtigen. Ein Unternehmen besteht genauso wie andere gesellschaftliche Institutionen, etwa die Universitäten, die Kirchen, die Polizei oder die Schulen etc. aus Menschen, die dieses überindividuelle System prägen. Jedes wohl funktionierende Unternehmen ist sich dessen bewusst – es mag immer Gegenbeispiele geben, aber diese sollen in diesem Zusammenhang nicht interessieren, da es gegenüber den hundert Gegenbeispielen 101 positive Beispiele gibt (und umgekehrt).

In vielen Management-Prozessen in einem Unternehmen sind bereits von sich aus ethische Elemente, das heißt Wertverständnisse aufgenommen. Zum einen werden bestimmte Elemente, etwa im Umwelt- oder Sicherheitsmanagement,[21] aus gesetzlichen Gründen und Vorgaben integriert. Das heißt: Die Rahmenordnung reizt in diesem Fall ethisch-orientiertes Verhalten der Unternehmen an (Ordnungsethik). Darüber hinaus lassen sich viele Beispiele auflisten, in denen ethische Fragen in die Management-Prozesse integriert sind, etwa in der Personalführung oder Aus- und Weiterbildung. Zu erwähnen sind hier Leitbildprozesse, Selbstverpflichtungen etc.

Es sei aber in diesem Zusammenhang ein ganz alltäglicher „Wert", eine als moralisch empfundene Verhaltensweise genannt: *Vertrauen.* Vertrauen kann unterschiedlich definiert werden, in diesem Zusammenhang sei es als Verlässlichkeit verstanden, in der zwischen zwei oder mehreren Menschen ein ausgesprochenes oder unausgesprochenes Einvernehmen darüber herrscht, dass man sich ernst nimmt, und sich gegenseitig, auf welcher Ebene auch immer, schützt. Dies kann im Privaten sein (Schutz der Privatsphäre), dies kann im geschäftlichen Sinn sein (Schutz der Geschäftssphäre). Vertrauen setzt voraus, dass sich zwei (oder mehrere Menschen) respektieren und darauf achten, dass der oder die andere in seinen oder ihrem wie auch immer gearteten Interessen nicht verletzt wird. Dies gilt für das Privatleben im gleichen Maße wie für das Geschäftsleben.

---

21 Vgl. *Dietzfelbinger Daniel*, Sicherheitsmanagement als Thema der Ethik, in: *Bausch, Thomas* et. al. (Hrsg.): Unternehmensethik in der Wirtschaftspraxis, Konstanz 2000, S. 85 – 103.

Geht man also einmal eine solche Vertrauensbeziehung auf geschäftlichem Niveau (das andere interessiert in diesem Zusammenhang nicht) ein, dann sollte es und ist es im Normalfall auch Interesse beider (oder mehrerer) Beteiligter sein, diese Vertrauenssphäre zu schützen. Man kann dies an einem einfachen Beispiel erläutern: Man geht abends schön essen. Nach einem ausgiebigen Mahl und ordentlich Wein reicht der Ober eine Rechnung, auf der alle möglichen Phantasiepreise stehen, vielleicht weil der Ober damit spekuliert hat, dass der Gast nach einer Flasche Wein ohnehin nicht mehr so genau weiß, was er eigentlich bestellt bzw. gegessen hat. Kommt der Gast hinter diesen Betrug, ist sein Vertrauen erschüttert. Beim nächsten Mal wird er sicher ganz genau überlegen, ob er dieses Restaurant noch einmal aufsucht.

Vertrauen, ein durch und durch ethischer Wert, gilt in Geschäftsbeziehungen im gleichem Maße wie im sozialen Leben. Für Unternehmen gilt dies mindestens in zweierlei Hinsicht: Zum einen geht es um das Vertrauen, das unter Geschäftspartnern, etwa mit Zulieferfirmen, zu pflegen ist. Zum anderen geht es aber auch darum, dass das Vertrauen der Konsumierenden in das Unternehmen gestärkt wird. Man mag zum Beispiel mit schlechter Qualität in kurzer Zeit viel verdienen können, einen nachhaltigen und langfristigen Unternehmenserfolg wird man damit nicht erzielen.

Man kann auch grundsätzlich fragen, ob es bereits ein Beitrag zum Gemeinwohl ist, wenn Unternehmen Arbeitsplätze zur Verfügung stellen und Menschen bezahlen, damit sich diese ihren Lebensunterhalt finanzieren. Zumindest leisten Unternehmen einen immensen volkswirtschaftlichen Beitrag, der nicht zu übersehen und vor allem nicht zu gering zu bewerten ist.

## 6. Praxis-orientierte Wirtschaftsethik

### 6.1. Der Ort der Wirtschaftsethik

Gleichwohl: Es entsteht immer eine gewisse Unzufriedenheit in der Öffentlichkeit, wenn von „der Wirtschaft", „den Unternehmen", „den Bossen" die Rede ist. Ist das ein Problem der Wirtschaftsethik? Noch einmal: Es gibt Unternehmen – hinter denen immer Menschen stecken –, deren Methoden alles andere als ethisch auch nur in Ansätzen legitimierbar sind. Es kann aber in diesem Zusammenhang nicht darum gehen, die „schwarzen Schafe" zu benennen, sondern es soll um Grundfragen praxis-orientierter Wirtschaftsethik gehen. Einzelbeispiele hier oder da mögen manches illustrieren, verhindern aber den Blick aufs Ganze.

Treffen ethisches Gedankengut – das meint reflektierte Moral – und Ökonomie aufeinander, so scheinen die Grenzen klar gezogen. Hier der gute Mensch,

der sein Handeln nur nach axiomatischen und damit immateriellen Werten ausrichtet, dort der wirtschaftende Mensch, der allein im kurzfristig messbaren Kos-
ten-Nutzen-Kalkül denkt, der bereit ist, einen hohen Preis zu zahlen für alle
ethischen Motive. Ist diese Gegenüberstellung so gerechtfertigt?

Praxis-orientierte Wirtschaftsethik muss dort ansetzen, wo ihr legitimierter
Ansatzpunkt ist. Der ist nicht dort zu suchen, wo Theorien sich einander fast zu
bekämpfen scheinen. Das ist der Ort der wissenschaftlichen Auseinadersetzung,
dessen Legitimation und Notwendigkeit keineswegs bestritten werden soll. Der
Ort praxis-orientierter Wirtschaftsethik ist auch nicht am Stammtisch zu suchen,
wo das beliebte Schimpfen auf Unternehmen ein Alltagsritual der an der pluralen
Gesellschaft Verzweifelnden geworden zu sein scheint. Das ist nicht als Vorwurf
zu deuten, es ist in der Tat mittlerweile ein Problem aller gesellschaftlichen Krei-
se geworden, dieser komplexen Welt mit Orientierung zu begegnen. Darüber
können auch nicht Aussagen selbst ernannter Eliten hinwegtäuschen, die meinen,
diese Welt verstanden zu haben. Der Diskurs über eine praxis-orientierte Wirtschaftsethik ist auch nicht dort zu suchen, wo unter dem doch zweifelhaften
Selbstbewusstsein moralischer Besserwisserei die Abstraktionsfähigkeit des
Individuums zur Lebensphilosophie erhoben wird. Praxis-orientierte Wirtschaftsethik findet aus dem einfachen Grund an diesen Stellen kein Zuhause, weil es
hier nicht um Wirtschafts-Ethik geht, sondern entweder um Wirtschaft oder
Ethik. Das aber ist nicht die Aufgabe, die Wirtschaftsethik zu leisten hat, sondern
es muss einer praxis-orientierten Wirtschaftsethik darum gehen, beide anthropologisch motivierten Verhaltensweisen wenigstens miteinander ins Gespräch zu
bringen, sie zu verbinden oder bestenfalls zu integrieren.

Um nicht falsch verstanden zu werden: Es geht nicht um eine Wissenschafts-
oder Gesellschaftskritik. Die wissenschaftliche Auseinandersetzung ist eine
unbedingt wichtige Form der Beschäftigung mit der Wirtschaftsethik, die sehr
fruchtbar für die Praxis ist, allein die Aufgabenstellung und die Ausführung sind
zwischen einer theorie-orientierten und einer praxis-orientierten Wirtschaftsethik unterschiedlich.

## 6.2. Kurzfristiges versus langfristiges Kalkül

Wirtschaftsethik hat es in der Praxis mit dem Problem zu tun, dass kurzfristiges
auf mittelfristiges oder langfristiges Kalkül trifft. Die Führungen von Unternehmen sind prima facie oft herzlich wenig begeistert davon, wenn ihnen das Thema
Ethik begegnet. Das passiert nicht deswegen, weil sie unmoralisch wären oder
sie keine Sensibilität für das Thema entwickelt hätten. Das passiert vielmehr
deswegen, weil auch ökonomisches Denken manchmal missverstanden wird. Es

wird in dem Augenblick missverstanden, wenn es – bewusst oder unbewusst – dem kurzfristigen Kalkül unterworfen wird.

Das ist nicht als Vorwurf zu verstehen. Oft sind Führungskräfte weitaus mehr auf Langfristigkeit aus, als dies etwa Politiker sind. Jedoch scheint der ökonomische Druck zuzunehmen, ein Grund dafür ist die Debatte um Shareholder-Value, Kurzfristigkeit steht vor Nachhaltigkeit. Ethik, wird sie denn in einem Unternehmen über die alltägliche Praxis hinaus virulent, ist in den wenigsten Fällen ein kurzfristiger Erfolgsfaktor. Praktizierte Ethik in einem Unternehmen kann und wird gleichwohl mittel- bis langfristig zum Erfolg führen. Heute läuft die Diskussion in Unternehmen weitgehend unter dem Stichwort Unternehmenskultur. Diese wird in den wenigsten Fällen gesteuert, vielmehr ist sie im Normalfall – positiv wie negativ – Bestandteil nicht nur der internen, sondern auch der öffentlichen Wahrnehmung von Unternehmen. Ethik gehört mithin zu den mittel- bis langfristigen Erfolgsfaktoren. Genau dies macht es häufig so schwer für Unternehmen, diesem Thema mehr Gewicht zu verleihen.

## 6.3. Wirtschaftlichkeitsrechnungen

Ethik, ethische Maßnahmen für Unternehmen, also etwa Selbstverpflichtungen, Leitbilder, adäquate Führungsmethoden, ökologische und soziale Verantwortung lassen sich monetär nicht so schnell berechnen, wie es etwa bei einer Investition in eine neue Fabrikhalle möglich ist. Allerdings werden die für Investitionen verwendeten Berechnungsmethoden im Normalfall auch sehr weitläufig betrachtet. Im Normalfall errechnen diese Methoden, wann sich die Investitionen auszahlen (*Wirtschaftlichkeitsrechnung*). Eine finanziell überschaubare Sachinvestition sollte im Allgemeinen nach spätestens drei Jahren gewinnbringend abgeschlossen sein. Manche Unternehmen geben sich für die Rendite auf das eingesetzte Kapital Kennzahlen. 15 und mehr Prozent sind keine Seltenheit. Dieses einigermaßen objektive Verfahren lässt sich mit etwas Phantasie auf die Investition in Ethikprogramme, also etwa Maßnahmen zur Verbesserung der internen Unternehmenskultur, in Leitbildprogramme oder ähnliches, übertragen. Allerdings stellt sich die Frage, ob sich klare Kennzahlen ermitteln lassen. Dazu braucht es einen erweiterten Horizont, der auch dem langfristigen Kalkül Platz einräumt. Eine gelebte Unternehmenskultur ist an anderen Kennzahlen fassbar, als sie ein kurzfristiges Investitionscontrolling vorgibt.

Eine Kennzahl für die Beschaffenheit der Unternehmenskultur sind zum Beispiel Krankheits- und Fehltage. Es ist deutlich, dass Mitarbeitende, die sich in einem Unternehmen nicht wohl fühlen, häufiger und schneller bereit sind, einen Tag zu fehlen oder sich krank schreiben zu lassen. Immerhin verbringen Beschäftigte fast den ganzen Tag bei der Arbeit. Viele sehen ihre Arbeitskollegen und -kolleginnen häufiger als ihre(n) jeweilige(n) Lebenspartner oder -partnerin. Also ist das je aktuelle Klima am Arbeitsplatz ein wichtiger und leider häufig übersehener Erfolgsfaktor. Fühlen sich Mitarbeitende an ihrem Arbeitsplatz wohl, so sinkt die Fehlquote und die Motivation steigt. Die Qualität der Arbeitsergebnisse im betrieblichen wie im Management-Bereich wird ebenfalls besser. Hier ist ein wichtiger Ansatzpunkt, an dem die Frage nach der gelebten Unternehmenskultur auch ökonomisch virulent wird. Es ist deutlich, dass die Gefahr, „blau zu machen", dann geringer wird, wenn man im Unternehmen eine Atmosphäre hat, die für die Mitarbeitenden angenehm ist. Häufig ist dies allerdings nicht nur von der gelebten Kultur in einem Unternehmen abhängig, sondern auch von dem Verhalten der Vorgesetzten. Eine Führungskraft, die ihre Mitarbeitenden nur kritisiert oder nach dem gut bayrischen Brauch „nicht geschimpft, ist schon gelobt" vorgeht, wird deutlich weniger motivierte Mitarbeitende haben, als eine Führungskraft, die es versteht, in den Mitarbeitenden das Potential für die Geschäftstätigkeit zu sehen und sie entsprechend motiviert. Auch hier ist es durchaus hilfreich, den Hebel für Ethik-, Wert- oder Kulturprogramme anzusetzen.

Deutlich freilich ist: Der Ertrag für eine solche Investition ist nicht unbedingt nach drei Jahren ergebniswirksam, häufig dauert es länger, bis Ethik- oder Kulturprogramme in einem Unternehmen positive Auswirkungen erzielen. Treten sie aber ein, und in den meisten Fällen werden sie es tun, so sind die Erfolge solcher Maßnahmen klar messbar. Gleichwohl: Solche Maßnahmen müssen nachgehalten werden (Follow-up), man kann sich nicht mit einer einmaligen Investition begnügen und darauf hoffen, dass sie automatisch ihre Wirkung zeitigen werde. Es ist umgekehrt eine Gefahr, wenn schlecht gemanagte Ethik- oder Kulturprogramme im weiteren Verlauf nicht gepflegt oder durch neue Führungskräfte unterlaufen werden.

## 6.4. Unternehmensimage

Nicht nur intern, auch extern können Ethik-Maßnahmen zum Erfolg werden. Hier geht es um Fragen des Images, das ein Unternehmen in der Öffentlichkeit hat. Man muss nicht den mittlerweile wirtschafts- und unternehmensethischen Klassiker-Fall *Brent Spar* zitieren, um nachzuweisen, wie sehr ein schlechtes Image auf die Öffentlichkeit wirkt. Gerade in Zeiten, in denen immer mehr Privatanleger auf den Börsenmarkt drängen, kann einem Unternehmen das Image in der Öffentlichkeit nicht mehr egal sein. Noch vor wenigen Jahren, als es vor allem die Banken und Versicherungsgesellschaften waren, die den Aktienmarkt beherrschten, war die Meinung der Öffentlichkeit für die Unternehmen weniger wichtig, da die eigentlichen Geldgeber, also die Investoren, Banken und Versicherungsgesellschaften waren. Heute aber ist bereits jeder fünfte Deutsche Privatanleger, Tendenz steigend. Infolgedessen müssen auch Unternehmen zunehmend auf ihren Ruf in der Öffentlichkeit achten.

Auch Investmentfonds achten immer häufiger auf das Image eines Unternehmens. Die früher meist mit einem Lächeln bedachten sogenannten „Ethik-" oder „Öko-Fonds" haben in den letzten Jahren zunehmend an Fahrt und Performance gewonnen, sowohl was ihre Zahl als auch ihre Ergebnisse betrifft. Mittels Fragebögen und Audits wird das soziale und/oder ökologische Verhalten von Unternehmen abgefragt und bewertet. Es steht zu vermuten, dass durch die Rentenreform der Bundesregierung, die nahe legt, für einen Teil der Altersvorsorge selbst zu sorgen, die Nachfrage nach solchen Fonds zunehmen wird. An solchen Beispielen wird deutlich, dass soziale wie ökologische Maßnahmen durchaus auch in Zahlen messbar sein können.

## 7. Business Ethics und Ethic Business

Kritiker behaupten, Unternehmen würden nur in Ethik-Maßnahmen investieren, um mehr Geld zu verdienen. Weitgehend haben sie damit Recht, gleichwohl ist es falsch, Unternehmen daraus einen Vorwurf zu machen. Die ureigenste Aufgabe von Unternehmen ist es, Geld zu verdienen, um die Mitarbeitenden bezahlen zu können, abgesehen von dem volkswirtschaftlichen Beitrag, den ein gut florierendes Unternehmen leistet. Es ist nicht zu wünschen, dass ein Unternehmen politische oder gar religiöse Interessen vertritt. Nach dieser Prämisse werden auch ethisch, soziale und/oder ökologische Maßnahmen in einem Unternehmen intern wie extern immer dem Kriterium unterliegen, ob sie wirtschaftlich sind, das heißt in diesem Zusammenhang, ob der eingesetzte Aufwand auch zu einem entsprechenden Nutzen führt. Alles andere wäre in erster Linie fatal. Dann aber wird, so wenden Kritiker ein, die Moral oder die Ethik zu Gunsten der ökonomischen Rationalität geopfert.

Dieser Einwand ist falsch, da es (ethisch) nicht illegitim ist, mit Ethik-Maßnahmen im weitesten Sinne Geld zu verdienen. Im Gegenteil. Es ist ein typisch deutsches, vermutlich protestantisch geprägtes Verständnis, dass Ethik weh tun muss. Ethik wird näher an die Askese gerückt als an ein Ideal, dass es auch einem ethisch/moralisch einwandfreien Menschen materiell gut gehen darf. Das eine hat mit dem anderen wenig zu tun. Es wurde bereits oben gesagt, dass Profit, Erfolg, Reichtum, keine Frage der Ethik ist. Interessant wird es für die Ethik erst dann, wenn man nach den Methoden fragt bzw. nach dem Verhältnis, in dem ein Individuum zum Geld lebt. Anzustreben wäre hier für Unternehmen

eine *multiple-Win-Situation*. Es wurde dargestellt, dass ethikorientierte Maßnahmen für ein Unternehmen oft nicht im kurzfristigen Zeithorizont profitabel
sind. Umgekehrt ist es nicht so, dass solche Maßnahmen erst in einer fernen,
späteren Generation erfolgswirksam werden. Zu betrachten ist ein mittelfristiger
Zeitraum, der dem häufig kurzfristig orientierten Wirtschaftlichkeitsdenken auf
den ersten Blick zu widersprechen scheint.

Allerdings ist hier auch ein Wandel wahrzunehmen. War es in den letzten
Jahren vor allem die Debatte um den Shareholder-Value, die die wirtschaftspolitische Diskussion bestimmt hat, wird sie in der letzten Zeit von der Diskussion
um *Corporate Citizenship* abgelöst. Corporate Citizenship, ein kaum zu überset-
zender Begriff, stellt das Unternehmen als Bürger einer Gesellschaft in den Vordergrund.[22]

Die Shareholder-Value-Debatte der letzten Jahre setzte die Wertsteigerung
der Unternehmen in den Vordergrund. Dabei wurden häufig von Unternehmens-
führungen allerlei kurzfristige Maßnahmen eingeleitet, die den Wert des Unternehmens an der Börse steigern sollten, um so die Kapitalgeber mit einem höheren Wert ihrer Aktien zu belohnen. Mittlerweile hat sich die Euphorie gelegt.
Schnell wurde deutlich, dass ein kurzfristig (miss-)verstandenes Shareholder-
Value-Konzept allenfalls strohfeuerartige Erfolge bringen kann, die schon ein
Jahr später ins Gegenteil umschlagen können. Beispiele nicht nur der New Economy ließen sich hier genug auflisten. Das Denken hat sich geändert, das Share-
holder-Value-Konzept wird als langfristiges Management-Instrument gesehen
und damit in die Nähe des Stakeholder-Ansatzes gerückt. Klar ist, dass kein
Unternehmen alleine darauf achten kann, dass die Geldgeber befriedet und befriedigt sind. Denn wirtschaftlichen Erfolg kann man nur *mit* den Mitarbeitenden, *mit* der Gesellschaft, *mit* einem guten Image, nicht aber *gegen* die Mitarbeitenden, *gegen* die Gesellschaft und *gegen* ein gutes Image haben. Insofern ist es
konsequent, dass der Wandel der Management-Konzepte hin zu einem Corpora-
te-Citizenship-Denken stattgefunden hat.

Unterstützt wird dieser Trend durch die zunehmende Forderung der Politik
und der Gesellschaft an Unternehmen, ihr Wirtschaften am Kriterium der Nachhaltigkeit auszurichten. Der ursprüngliche Begriff der Nachhaltigkeit stammt aus
der Forstwirtschaft.[23] Bezeichnet wird damit die Forderung, nicht mehr Bäume

---

22 Vgl. dazu: *Dietzfelbinger, Daniel*, Corporate Citizenship. Baustein zu einer Next
   Economy, in: Hanns-Seidel-Stiftung (Hrsg.), Politische Studien 379, München 2001,
   S. 64–75.
23 Vgl. dazu: *Detzer, Kurt* u. *Dietzfelbinger, Daniel* u.a., Nachhaltig Wirtschaften. Expertenwissen für Führungskräfte, Augsburg 1999.

zu fällen, als nachwachsen können. Das heutige Konzept der Nachhaltigkeit umfasst die drei Säulen Ökonomie, Ökologie und Soziales, die als drei Pfeiler das Gesamtkonzept tragen. Grundgedanke ist, dass nicht mehr an ökonomischem, ökologischem und sozialem Kapital verbraucht wird, als es Zinsen abwirft. Nicht nur bei den Bemühungen der Vereinten Nationen im Nachgang des Rio-Gipfels geht es darum, Unternehmen zu langfristigen Management-Konzepten anzuhalten. Auch verschiedene länderübergreifende Initiativen bemühen sich, das Konzept der Nachhaltigkeit näher an die Unternehmen zu bringen. So gibt es etwa die GRI, die Global Reporting Initiative, die sich dafür einsetzt, dass Unternehmen nicht nur jeweils einen Geschäftsbericht und einen Umweltbericht publizieren, sondern darüber hinaus auch einen Bericht darüber, was im sozialen Bereich getan wird. Im günstigsten Fall sollten alle drei Reporting-Systeme in einem Bericht zusammengefasst werden, der dann als *Nachhaltigkeitsbericht* der Öffentlichkeit darlegt, was in den verschiedenen Bereichen getan wird. Für Unternehmen ist es zumindest eine Anforderung, diese Bestrebungen genau zu beobachten.

## 8. Schluss

Das Verhältnis von Ethik und Ökonomie bleibt zweifelsohne ein Spannungsfeld. Vieles ist in den letzten Jahren in der Gesellschaft wie in den Unternehmen geschehen, das durchaus positiv stimmen mag, ohne dabei in Euphorie zu verfallen. Gleichwohl: Es gibt noch viel zu tun. Freilich: In Zeiten einer sich abschwächenden Konjunktur besteht auch die Gefahr, dass Unternehmen ihre Investitionen in Sachen Ethik einschränken, andere Themen rücken in den Vordergrund, wenn die ökonomischen Zahlen nicht mehr stimmen. Man mag das kritisieren. Aber es ist im Grunde zunächst einmal sinnvoll: Unternehmen haben, das war oben festgestellt worden, die Aufgabe, Gewinn zu erzielen. Und dazu beschäftigen sie Menschen. Im Ernstfall, also dann, wenn ein Unternehmen in der Existenz bedroht ist, ist es wichtig, alle Aktivitäten darauf hin auszurichten, dass das Unternehmen überleben wird, nicht aus ökonomischen Gründen allein, sondern auch deswegen, damit Menschen in Brot und Arbeit sind. Man mag hier schnell Brechts Diktum aus der Schublade der beliebten Zitate holen: „Erst das Fressen, dann die Moral." Dieses Zitat ist zwar in seiner negativen Konnotation plakativ einleuchtend, deswegen muss es – differenziert betrachtet – nicht richtig sein.

Es wäre im Sinne der Ethik völlig ungewöhnlich und letztlich vermutlich schwer zu rechtfertigen, würde ein vom Konkurs bedrohtes Unternehmen viel Geld in Kultur- und/oder Ethikprogramme investieren, wenn infolgedessen Mitarbeitende entlassen werden müssten. Weder die beschäftigten Mitarbeitenden noch die Öffentlichkeit hätten dafür vermutlich Verständnis. Die Aufgabe eines

Unternehmens in Krisenzeiten kann nur so gestaltet werden, dass zuallererst der ökonomische Bestand und damit die Weiterbeschäftigung der Mitarbeitenden gesichert ist. Dass es dabei im Ernstfall zu Entlassungen kommen kann, die individuell sehr schmerzhaft sind, ist möglich. Aber: Es gibt wohl kaum Unternehmen, die gerne Mitarbeitende entlassen. Dafür gibt es ökonomische wie ethische Gründe. Es mag ökonomische Notsituationen geben, in denen Entlassungen notwendig sind – wie gesagt, für die Betroffenen ist das individuell sehr schmerzhaft. Aber umgekehrt ist die Frage zu stellen, was ein Unternehmen machen soll, dem es wirtschaftlich schlecht geht: Soll es alle Mitarbeitende halten, auf die Gefahr hin, am Ende alle Mitarbeitende dem Konkursverwalter anheim zu stellen, oder sollte es vorher, um vielleicht das Überleben des Unternehmens und damit eines Teils der Belegschaft zu sichern, einen anderen Teil der Arbeitskräfte entlassen? Im Sinne einer Güterabwägung scheint letzteres Verfahren sinnvoller und ethisch legitimierbar, insbesondere dann, wenn Unternehmen sich bemühen, etwaige Entlassungen sozial – soweit es möglich ist – abzusichern.

Dies ist in keiner Form zynisch gemeint. Diese Situationen müssen – auch im wirtschaftsethischen Diskurs – durchdacht und nicht durch stammtischpolitische Ideologisierungen und Vereinfachungen zu pseudoklassenkämpferischen Debatten degradiert werden. Ideologiebildungen und Pauschalisierungen helfen nicht weiter. Wie würde sich eine Familie verhalten, der es wirtschaftlich schlecht geht? Würde man zuallererst darauf achten, dass die Lebensmittel nach ökologischen Kriterien produziert werden (und damit meist teurer sind), oder würde man einfach das Billigste kaufen, wenn der finanzielle Kollaps droht?

Natürlich können ethische Maßnahmen in Unternehmen noch stärker angereizt werden, die Mechanismen des Marktes beinhalten eine Vielzahl von Möglichkeiten, die derzeit leider zu wenig von der Politik in ihrer weitest verstandenen Form genutzt werden. Alternative Energiegewinnung, neue Motor- und Kraftwerkstechnologien, auch die Führung von Mitarbeitenden sind solche Beispiele. Dafür aber bedarf es nicht nur eines Umdenkens in der Wirtschaft, es bedarf auch eines Umdenkens in der Gesellschaft. Ethische wie ökonomische Rationalität wurden beide als dem Mensch inhärent analysiert. Deswegen muss eine praktisch-orientierte Wirtschaftsethik beim Menschen ansetzen. Sie muss anthropologisch fundiert sein und daraus Konzepte entwickeln, die dann auch überindividuell angewendet werden können. Verliert sie den Bezug zur Anthropologie, verliert sie sich in einer Strukturdebatte. Voraussetzung für die Änderung von Strukturen ist aber das Umdenken beim Individuum, ob es nun ein Konsument, ein Unternehmenschef oder ein Politiker ist.

Dabei gilt es Abschied zu nehmen von Paradigmen wie der Vorstellung von einer *Old* und einer *New Economy*. Vielleicht mag mit diesen unterschiedlichen Begriffen nur ein Generationenwechsel, nicht nur produkt- und konjunkturspezifisch, sondern insbesondere auch personenspezifisch bezeichnet sein. Gleichwohl: Beide funktionieren nach den gleichen Regeln, die über Jahrhunderte tradiert sind. Aber: Um Veränderung zu schaffen, muss der Weg zu einer *Next Economy* führen. Eine solche Next Economy kann dadurch gestaltet werden, dass Fragen einer umfassenden Nachhaltigkeit mit ihren drei Säulen berücksichtigt werden. Das heißt konkret für die Unternehmenspraxis, dass neben der ökonomischen Grundsicherung der Aktivitäten des Unternehmens auch Fragen der Ökologie und der sozialen Verantwortung noch stärker in den Vordergrund gerückt werden müssen, nicht gegen die ökonomischen Interessen, sondern mit ihnen komplementär verbunden. Es ist wünschenswert, die Zeiten der Klassenkampfmentalität, in der Wirtschaft gegen Ethik und Ökologie gesehen wurden, hinter sich zu lassen. In einer nachhaltig ausgerichteten Unternehmensstrategie haben alle drei Verantwortungsbereiche ihre Berechtigung. Unternehmen und die in ihnen beschäftigten Menschen können das nicht alleine leisten, da der Markt bisher noch weitgehend ökonomisch ausgerichtet ist. Es ist parallel Aufgabe der Politik, Anreizsysteme (die ein viel zu wenig beachtetes Instrument sind, meist wird über negative Sanktionen diskutiert) zu schaffen, damit die unternehmerische Ausrichtung am Kriterium der Nachhaltigkeit nicht zum nachhaltigen Nachteil im Markt wird. Die Funktionslogik des Marktes kann für ökologische wie soziale Fragen gleichermaßen fruchtbar gemacht werden, um für alle drei Bereiche eine Win-Situation zu erreichen. Eine Next Economy beschreibt also eine multiple-Win-Situation. Unterstützt werden kann ein solches Umdenken durch die grandiosen Möglichkeiten, die das Internet den Unternehmen (wie auch den Individuen) bietet.

Die Vorstellung einer Next Economy mag zunächst Unbehagen hervorrufen. Unbehagen vor neuen Formen des Wirtschaftens (z.B. E-Commerce), Angst vor neuen Organisationsformen (z.B. virtuelle Allianzen), Unbehagen ob der neuen Aufgaben, die auf Politik, Unternehmen und Individuen zukommen. All diese Entwicklungen erfordern Umdenken, Umdenken nicht nur in den Etagen der Funktionäre der Wirtschaft, denn diese sind oft wesentlich weiter, als man das gemeinhin glaubt, sondern zu gleichen Teilen erfordern diese Entwicklungen ein Umdenken in Politik und Gesellschaft hin zu einer Ökonomie, die im Wort- und im besten Sinne nachhaltig haushalterisch denkt. Ein Zu-Spät-Kommen können wir uns in diesem Fall ethisch wie ökonomisch nicht leisten.

## Literatur

*Aristoteles*, Die Nikomachische Ethik. In: Philosophische Schriften in 6 Bdn., Bd. 4. Hamburg 1972.

*Detzer, Kurt* u. *Dietzfelbinger, Daniel* u.a., Nachhaltig Wirtschaften. Expertenwissen für Führungskräfte. Augsburg 1999.

*Dietzfelbinger, Daniel*, Sicherheitsmanagement als Thema der Ethik. In: *Bausch, T./Kleinfeld, A./Steinmann, H.* (Hrsg.), Unternehmensethik in der Wirtschaftspraxis. Konstanz 2000.

*Dietzfelbinger, Daniel*, Aller Anfang ist leicht. München 2000.

*Dietzfelbinger, Daniel*, Soziale Marktwirtschaft als Wirtschaftsstil. Alfred Müller-Armacks Lebenswerk. Gütersloh 1998.

*Dietzfelbinger, Daniel*, Corporate Citizenship. Baustein zu einer Next Economy, in: Hanns-Seidel-Stiftung (Hrsg.), Polititsche Studien 379, München 2001, S. 64–75.

*Homann, Karl* u. *Suchanek, Andreas*, Ökonomik. Eine Einführung, Tübingen 2000.

*Rendtorff, Trutz*, Konsens und Konflikt: Herausforderungen an die Ethik in einer pluralen Gesellschaft. In: *Korff, Wilhelm* u.a. (Hrsg.), Handbuch der Wirtschaftsethik. Band 1. Gütersloh 1999.

*Rich, Arthur*, Wirtschaftsethik. 2 Bände. Gütersloh 1982 ff.

*Weber, Max*, Die protestantische Ethik und der „Geist" des Protestantismus, hrsg. von *Lichtblau, K./Weiß, J.*. Hain 1993.

# Moral Values in Russian Business: the Experience of a Consultant

## Mikhail A. Ivanov

### 1. Introduction

Globalization has transformed business, changing it into an international professional activity, no matter where you are from. The same game rules apply everywhere, and ethical behavior in business means following such international rules. Though that is a valid statement in general, in each country business has its own specifics. Different laws, different cultural traditions, different history give rise to additional rules. That is why it is not always easy for the players to understand each other: problems and misunderstandings arise in interactions between American and Japanese businessmen, German and French entrepreneurs, etc. It is especially hard for newcomers to enter the arena. People are suspicious towards them, generalizing all mistakes and conscious violations of rules made by some businessmen to all others from that respective country, a kind of stereotyping. Though a quite natural reaction, it is not the most effective and profitable response as far as global business is concerned.

The aim of the present paper is to share my picture of modern Russian business and the place moral values occupy in it. My portrait is not the result of rigorous scientific research, but based on a more subjective generalization of personal hands-on experience and observation.

Since I am native to Russia and am involved in business as a consultant in organizational development, this picture is not merely subjective but also highly specific and personal. Yet I believe that in its very concreteness and specificity, it will help to shed useful light on some key contours of current Russian business practice.

### 2. The Birth of Modern Russian Business

Before 1987 there was no free market in Russia. Communist party leaders, Gosplan and Soviet ministers dictated to our plants what to produce, and what prices to sell the products for. It was a very peculiar economy and there was no legal space for what we now term "business" in the free-market sense. In 1987 a new law on cooperatives was adopted, and people working in them were granted the right to determine sales prices for products themselves. But it was only the beginning: the government was still the owner of nearly everything and continued to control prices for basic products.

Only in 1990 a law concerning private firms was adopted, and privatization of plants and factories started in 1992. Thus, modern Russian business is a fledgling, at best 12 years old. Yet one should not forget that serfdom in Russia was not abolished until 1861: thus, Russian capitalism had been developing for some 56 years until it was abruptly halted in 1917. This "fledgling" is developing very rapidly. However we should remember that each age has its own specific psychological, sociological and other problems. At present, Russian business is in a phase marked by enormous energy, without a clear awareness of limits; it is a time of conflicts and psychopathological reactions.

Back when the Russian market was only in the formative stage and virtually empty, business here was extremely profitable. Even now there are a lot of business areas where competition is minimal and it is possible to reap surprisingly large profits. Yet it should not be forgotten that since the level of risks, especially political risks, is also high, Russians have rather bad experience in their interactions with foreign partners. A high attractive potential level of profits makes the Russian market attractive for foreigners; yet equally high levels of risk make it attractive in the main for adventurers. There are few if any Russian businessmen who have not been tricked at least once by some foreign partner.

### 3. Who's in Business? Backgrounds of Entrepreneurs in Russia

As Russian business was launched from virtual scratch only 12 years ago, most new businessmen and businesswomen are rather young. Little over a decade ago these persons were working in some other fields or undergoing training for such positions. That work experience formed and stamped their habits, circles of acquaintances and value priorities. Let me attempt to sketch the backgrounds of some major categories of these new entrepreneurs:

1. The largest group of Russian businessmen is comprised of intellectuals and professionals, i.e. those who were working as scientists, engineers, or were studying at scientific departments in universities before the demise of socialism. They were better prepared for changes; it was easier for them to open up and adapt to new activities. On the other hand, they were under pressure to change. For example, in Voronezh, a medium-sized town in terms of economy, population size and other characteristics, we found that key positions in the financial sphere were occupied by physicians. It appeared that they were the first in the

city who encountered difficulties in receiving their regular state salary. And since they had families to support, they had to change their job, start their own business, and proved quite effective in such new ventures.

2. A second category is made up of former government and party officials: Communist party, Komsomol, Soviet and even new Russian bureaucrats, officials from the KGB and militia are now involved in business. Part of their effectiveness is probably due to their extensive network of acquaintances in different social circles, in governmental structures etc. This group has a distinctive and specific cooperative style; they are used to playing bureaucratic games, not dealing with business.

3. A third group consists of former directors (directors of plants, factories, etc.). Some of these individuals became the owners of the business, utilizing some mode of privatization, according to which staff members received various privileges in connection with privatizing of the plants they were working in. After buying up stock options from the workers of the enterprise very cheaply (the workers had received such equities for free, often unaware of their real value), they sometimes were able to accumulate more than 60 percent of the company stock. Such businessmen are often engineers, quite familiar with the technology of production, but may lack knowledge and experience in marketing and finance. Those among them ready to absorb new information and to locate professionals in the new fields became quite effective. Especially now, with the depressed exchange rate of the Russian ruble, that people have to buy native products, often of questionable quality; and export of Russian-made commodities has become extremely lucrative.

4. A fourth rather small category consists of persons involved in underground business during the Soviet era. These businessmen had their own money, seed capital for diverse new ventures; on the other hand, such involvement in shady operations in the past may act as a handicap when one wants be an effective business person "above ground" in ventures that are completely legal. The ground rules are quite different.

5. The fifth category is comprised of criminals who appeared in the late 1980s, setting up cooperative rackets and then new private enterprises. Some of them invested money in legal firms and became proper businessmen. They are likewise burdened by their background as criminals. Though this category is comparatively small, it is highly specific and enjoys a high profile, stamping the image of Russian business: as a consequence, foreigners and even Russian citizens uninvolved in business often consider such dubious individuals typical "new Russians."

Thus, it is plain to see that the aggregate of new entrepreneurs is far from homogeneous. Individuals from these five categories prefer to interact inside their respective circle, although sometimes that is impossible – business needs openness.

In addition to these five basic subcategories, there is another specific group, individual traders, known in Russia as "challengers". There are several million such "challengers"; nobody knows the exact number, because frequently they do not officially register their business. Former teachers, army officers, workers from plants that have been closed down, etc. – a large diverse group who, under the pressure of government policies, have chosen to venture into the field of business.

## 4. Business and Government

Much information has been published about government economic policy in Russia. You will have heard about the absence of laws supporting and regulating business interaction, the chaotic situation in the courts, rampant corruption and the truly exorbitant rates of taxes (in some cases over 90 %). I will concentrate here on two basic items.

1. The Russian government has done nothing to solve the strategic problems of business. Over the past decade, there has been much talk but little real activity. Politicians concentrated on the problems of the hour, without drafting any genuine program for future development. Their thinking was geared to one-year programs, while the Russian economy now urgently needs programs oriented to long-term perspectives. That is why the government changed regulations every three months, altering the ground rules chaotically and unpredictably. How did business respond? It went deeper and deeper underground, severing connections with governmental structures and concealing information. Only in 2001 were the principal laws connected with business finally adopted or are now in the process of adoption, such as legislation reducing taxes and laws permitting sale of land on the open market.

Though these laws exhibit a normal tendency, in reality they tend to regulate the general market situation; laws for small business still remain extremely complicated. This is very important because although the state budget is dependent on revenue from gas and oil companies, millions of people are involved in small business. If there were properly functioning regulations, more could productively enter this sphere.

The problem is that huge companies are now banded together in one association and their representatives maintain close ties with political circles. By contrast, small businesses are still not associated and there is no organization representing the interest of small business in a dialogue with the government.

Very often the Russian government makes decisions based upon faulty information. Virtually all official statistics in Russia are inadequate, relying on deficient methods and techniques. For example, according to official data, some 75 percent of all Russian enterprises declare they have no profit and operate in the red. That is a distressing fact, yet since taxes on profits are 35% and are in addition to various other taxes, it is not surprising many enterprises declare they have no effective profit.

2. The Russian government uses strong-arm tactics in dealing with business, methods that are of course ineffective if you have no direct contact with your partner or enemy. Very often the Russian government indeed has no such contact. There is no mechanism for possible and necessary dialogue between government and small and medium-sized business.

As a psychologist, I believe such dialogue is crucial for the future of the Russian economy and business. It will become normal and efficient only when we create mechanisms of negotiation and coordination of interests in this sphere.

## 5. Two Types of Business

In our consulting practice, we constantly attempt to discover the mechanism for turning a profit, the content of real business ideas and how to determine profit levels in a given enterprise. Based on such information about the real source of profits, we can divide enterprises into two types:

In the first scenario, the level of profits is determined by some privilege given business by the government or an individual official. It does not directly lead to corruption. For example, one businessman sells salt in Russia, exporting it from the Ukraine with more than 200% profit per year. Profits are high, yet why are others not doing the same, why doesn't he have competitors? The answer is very simple – he has a good relationship with the head of local railway department, which is owned by the government. And he has managed to obtain an exclusive tariff for railway transport of his salt. The component of transport expenses in the price of salt is very high. Given this special deal, nobody was able to compete with this businessman. In Russia we have in all branches of industry that have been granted a variety of exclusive rights. And frequently they have obtained these privileges quite legally, based on official decisions. Often such enterprises are very profitable, but their future hinges on relations with the government or a specific official.

In the second scenario, business is dependent upon the market and consumers and clients prefer the products of a specific enterprise, even though there are competitors in the marketplace. In this case, the readiness on the part of customers to pay the price asked is a source of profits for the business. The creative successful business idea involves doing something better than the others do. At the moment, small and medium-size business is primarily of this type.

We have presented a crude typology here: it indicates we still have businesses of both types in Russia; many small and medium-sized businesses are of this second category. What can we say about their moral values?

## 6. Business and Society

It is not easy to analyze contemporary Russian society. The Soviet structures are destroyed and the emerging ones are very chaotic. Sociologists are unanimous in underlining the necessity of an emergent and enterprising middle class as part of the successful mix, but nobody knows the precise meaning of such a class in modern Russia. In their social identification, many are in a conflicting position: they recall their former status as intellectuals or qualified professionals, part of the old Soviet middle class – but now live in poverty or have struck out down a new path as business persons. On the one hand, they remember their former values, on the other they must come to esteem something new.

Few are involved in public NGOs or political organizations (the further from Moscow, the fewer are those who participate in such structures).The church has become rather popular, but its outreach is still limited, integrating millions, not hundreds of millions. So voluntary associations are still a marginal factor in Russian social life.

## 7. Cultural Myths

Though not an expert in cultural studies or ethnography, I nonetheless deal centrally in my work with organizational cultures. As far as a state can be described as a special type of organization, it is correct to use here the same method of analysis. In attempting to understand organizational culture, I draw on the analysis of Edgar Schein, where the basic values of culture are considered largely unconscious. However, these unconscious values have a shaping impact on the perception of reality, decision-making and forms of relationships. These values are somehow presented in "assumptions and beliefs that are shared by members of an organization, that operate unconsciously, and that define in a basic 'taking–for–granted' fashion an organization's view of itself and its environment."[1]

We term such assumptions "organizational myths," and many such myths abound in Russia. Let me mention but a few drawn from Russian fairy tales, proverbs and classical literature, adding sometimes their modern variants.

– During the entire course of history, Russia was robbed by foreign enemies, coming from the East and West.

– The modern variant: even while purportedly helping Russia, foreigners scheme to make it weak, to prevent it from developing into a strong power. Foreigners are thus engaged in trying to destabilize the Russian economy and state.

– Russia is the Third Rome, unique; God's chosen country, with its own distinctive destiny.

– The modern variant: Russia should not imitate foreign models, does not require any foreign help, should be autonomous and fend for itself .

– Russian people are open-hearted, oriented toward matters of the spirit, a highly creative nation; or vice versa: Russians are normally lazy, passive and conservative.

– Russia has suffered throughout its long history. Suffering is a path and means to salvation. All Russian heroes and saints have suffered. Such suffering is ultimately a road to happiness.

– The modern variant: you are rich and successful, you didn't suffer, so you are not heroic. Yet the younger generation now tends to see these new Russians as heroes, leading to a breakdown in national morals.

– Three personal concepts of a "way of life":

1. The path to success, a career and richness – the Path of Evil.

2. Restriction of one's own needs, self-abnegation, serving others, suffering for the people, saving your soul – the Path of the Righteous.

3. Supporting your family, friends, community – the Middle Way. If you are doing this in order to support your community, they will

---

1    *Schein, Edgar H.*: A Formal Definition of Organisational Culture, in: *MacLennan, Roy* (Hrsg.): Managing Organisational Change, Englewood Cliffs 1989, pp. 77 – 79.

pray for your soul – even if you stray from the narrow spiritual path.

– Laws in Russia were ever unjust and remain so. The only way to survive is not to obey them.

– Only in an informal relationships is it possible to be open and honest. The formal world is unjust, immoral.

– If you are successful and rich you must necessarily feel guilty – because so many others live in poverty.

– It is better to have a hundred friends rather than a hundred rubles.

– Dream there will someday be a czar, good, kind and just: some day such a sovereign will come. Then we will have justice and happiness.

Inside the old culture, following a code of internalized rules, our new businessmen felt like dissidents. Now there are several million such dissidents. Living in a "democracy," Russians watch American movies and cartoons, Russian TV imitates American paradigms, and in reality we have a composite of different contradictory values, a kind of cultural stew. But all Russians were brought up on fairy tales, movies, Russian literature; basic values are hard to change, the process is very slow. So we are confident Russia will preserve its time-honored values, using them as a resource for future development.

## 8. Values in Russian Business Organizations

In a country where the laws (and especially legal practices) are not conducive to and supportive of normal business relations, where most people do not trust the government, aware that its decisions are unpredictable, moral values have become a major yardstick for evaluating business partners and associates. This is especially true in a culture where political decisions often outweigh economic ones in their importance, particularly as far as personnel is concerned. We frequently receive a request to probe and evaluate the moral values of staff members in a given firm. When people speak positively about their employer, they often mention that it is a good "team" (in ex-Soviet discourse a good "collective"), meaning that fellow workers in the firm can be relied on.

The same is true about outside partners. As one knows, in Russia there are no any official guarantees in business relations, you cannot be insured against commercial or political risks, the rate of the ruble could change, the laws, amount of taxes or tariffs could be altered. So the only way for someone to function effectively in business is to have partners whom he or she can trust, who behave "morally" in business relations. For this reason, Russian businessmen prefer to have stable staff, stable outside partners and business associates, and people they know and trust.

When queried about their values in organizations, people– not only in Russia – stress similar items. But there is an important difference between declared values and what really drives individuals, what motivates them in terms of value structures. The salient differences are not in the inventories of values but their hierarchy. Life and work practice is often testing people, demanding to choose the appropriate value for the situation. Such choices, which can hardly consciously be explained by the actor, are nevertheless made in every day life, often not even being aware of what they are doing. Such real priorities, personal decisions or group choices are what make persons and organizations unique and different from each other.

In our work with Russian business we have encountered many different lists of values. Testing them on real priorities, we find that commonly one of the five values below has top priority in organizational cultures:

1. self-realization

2. independence

3. interest (interesting, creative work);

4. security

5. family (in its broader meaning as a circle of close friends and relatives)

It is noteworthy that this list of real sometimes unconscious values does not contain any references to money or quality of production, quality of life or health. This means that in order to attain or realize values such as independence or interesting work, businesses often incur losses, cutting into their profits. Staff members may put in long hours, harming their health in pursuit of self-realization.

In the United States over the past 30 years, young businessmen have been taught that the goals of an enterprise should go beyond just making a profit. Oddly, we did not discover a single firm in our work in Russia where money, profit or health were ranked among the top priorities. Sometimes people declared their nominal belief in such values, but these were never mentioned as top priorities in decision-making.

We can generalize by stating that in business in contemporary Russia, ethical behavior toward the state is not a source of profit (though some businessmen are still trying to derive profit from such practices, losing money in the process). Yet ethical behavior towards partners is profitable, useful, even necessary.

But the content of ethical behavior in Russia differs. Since the battery of official rules of business is changing rapidly and unpredictably, ethical behavior follows clear moral rules – a code that partners have decided to adhere to.

## 9. How to Deal with Your Counterpart in Russian Business

Russia is now experiencing a phase of profound systemic innovation. Nobody in the 1980s was aware it would be so far-reaching when it came. Not only did the organizational system change from a closed one to an open society. Everything is in a process of flux and innovation: the political system, the governmental system and bureaucracy, the law and judicial system, society, the economy, one's personal-psychological world view. It is a difficult and dangerous process, but rich with hope. What makes it even more complicated is that much of the world is starting to change as we enter a new millennium. The global map, the world's economy and political, order and even the climate are changing. The world has not given Russia sufficient time to complete its innovation process, but to turn around a huge ship in a stormy sea needs time, it cannot be accomplished hastily.

Business is developing more rapidly than other spheres. It can not wait until political and social change are finished. And as far as economy becomes global in scope, Russian business must be included in the international system. There is no avoiding this. Since it is imperative to cooperate, it is necessary to shatter all mutual fantasies and myths. It is time to learn to understand and appreciate each other. Here a few pertinent theses:

1.  Russian business is no less ethical than Chinese, Indian, or German business.

2.  Since Russian banking, insurance and legal systems cannot provide solid guarantees at present, anyone deciding to work with Russian businesses should find other ways to minimize the risks.

3.  Though international business has become depersonalized, dealing with Russian business one should pay attention to one's partner as a person: personalism is a key to success.

4.  In Russia at the moment, the various methods of gathering business information a Western businessman is accustomed to are out of place. Inevitably, Russian businessmen do not have credit histories in Western banks. Their official financial reports tell you nothing about the real situation of their

firm. Most official documents and statistics are inadequate for assessing what is actually happening.

5. In such a situation, it is crucial to obtain information about the background of your partner, his or her partners and associates in Russia, the history of the firm, sources of the business, mechanisms of profit-making and the content of business ideas. This information can be come by only in personal interaction via a solid network of interpersonal relationships.

6. It is always better to build a longer-term strategic partnership; if it collapses, this will have mutually adverse effects, so both sides have an interest in its maintenance.

7. It is more effective to suggest an open position to your partner; it will help in overcoming numerous misunderstandings which are bound to arise.

8. Since official rules are inadequate and internationally conventional rules sometimes do not work, you have to discuss these matters openly: to create basic ground rules within your relationships with your partner. Pay attention to this fact, be realistic.

9. Since Russian insurance companies at the moment are rather weak, in order to effectively minimize your risks, it is possible to involve foreign insurance companies as well.

10. Personal interaction with Russian businessman will help you to find mechanisms to minimize political risks; Russians are very creative and adept at such work.

Despite all this advice, there is one paramount idea. In Western-Russian business cooperation, it is imperative to develop non-governmental associations of businessmen, interacting with each other on a personal footing, sharing information openly. In this way, businessmen will develop joint projects and will find ways to minimize risks, assuming personal financial and moral responsibility in the transactions.

## 10. Russian – German Business Values

It is difficult for the players to understand each other: problems and misunderstandings appear in interaction between American and Japanese businessmen, German and French business people, etc. In order to deal effectively with such misunderstandings, we need experience in interacting with business persons from a variety of cultures.

In 2000, I had the opportunity to work together on a project with J. Weiland and David Shusterman, facilitating a workshop on values among Russian and German businessmen. There we had a chance to compare the picture of meaningful values of business in Russia and the expectations which German businessmen entertained about such values.

The Russian participants were owners of medium-sized enterprises in different cities and regions of the country. The German businessmen were also drawn from such middle-level companies. The goal of the workshop was to pinpoint differences in perception of business ethics and decrease the level of mutual anxiety and suspense.

Modal Values of Russian business:

1. Reliability
2. Honesty
3. Readiness to compromise
4. Resistance to stress
5. Competence
6. Intuition
7. Stability in partnership
8. Profit

German expectations of value priorities in Russian business:

1. Adherence to fixed appointments and dates
2. Profit
3. Partnership
4. Quality
5. Predictability
6. Reliability
7. Continuity
8. Flexibility
9. Financial security
10. Readiness to solve problems

Principal German business values:

1. Quality in accordance with contract specifications
2. Financial reliability
3. Trust in the organization and partner
4. Personal reliability
5. Partnership
6. Solid success of the enterprise
7. Profit
8. Predictability
9. Readiness to deal with problems

Russian businessmen expect Germans to obey following values in business:

1. Reliability
2. Stability of business
3. Honesty
4. Ability to compromise
5. Resistance to stress
6. Image of the firm
7. Competence
8. Intuition
9. Stable partnership
10. Money

So Russians perceive German business as having the same values as in Russia, though more centred on stability and less on profit. They attribute their own values to German business operators, but in a more idealistic manner. Quality of product or service is not among the main Russian business values. Germans emphasize values such as quality and partnership. In their perception of Russian values, profit ranks second. So Germans perceive Russian business as far more mercenary than it actually is within the structure of Russian entrepreneurial values.

Germans could not understand why resistance to stress was so highly valued by Russian business people. So they were poorly informed about the stressful situation in modern Russian business.

German participants accepted that personal relationships are very salient for Russian business. And even formulated a rule for German businessmen in Russia: if you want to do business in Russia, plan to invest some time in building and maintaining personal relations.

Russians understood that for Germans, the formal side of the contracts is very important. They formulated a working rule for Russians in Germany: in dealing with business firms in Germany, plan time for careful work on contracts in a fixed written form. It seems that the major fear among Germans doing business in Russia is the Mafia and corruption. For Russians, the principal anxiety they experience in Germany is connected with a lack of information about German laws and regulations. However, both sides came to the conclusion they share important joint values which constitute a solid basis for doing business:

1. Reliability

2. Stability

3. Trust

4. Readiness to compromise

5. Solid success of the enterprise

6. Readiness to observe the laws

In general, the workshop demonstrated that there are more similarities than differences in Russian–German value systems in business.

**Bibliography**

*Schein, Edgar H.*: A Formal Definition of Organisational Culture. In *MacLennan, Roy* (Hrsg.): Managing Organisational Change. Englewood Cliffs 1989.

# Markt ohne Moral?
## *– Wirtschaftsethik in der Transformationsökonomie*

# The Market Economy in Russia and Business Ethics

## Alexey Yu. Sidorov

Let me begin with the main theme: markets without morality. Semantically, the term "morality" has various meanings, so we should decide on the one relevant to our needs here – either the moral ideal or the actual morality operative in the business community. In respect to Russia, I contend that we have neither an ideal nor anti-ideal, nor a stable business morality, but a contradictory growth.

Various models of business culture have come into being during the post-Soviet transition to the market economy. In Russia or among observers abroad, this situation is often viewed in simplified terms. Some opinions voiced are that the Russian economy is thoroughly criminal; there is no real market in Russia at all and the economy is still state-controlled; or the economy belongs to oligarchs and the state officials serve them. It is evident that in all these cases one cannot speak about some "civilized business morality" that has taken hold in Russia. Yet I believe these positions are incorrect and misleading: the real situation is contradictory but not desperate.

I would like to proceed from several general theses. First, economic mechanisms and their social role depend on the specific type of society and its culture. I will not focus here on these aspects but rather present them in brief general outline. Traditional economy is based on the prevailing system of religious, moral and social norms. For example, the ban on interest, the guild system, etc. Thus, we find that ethical concerns for business activity are primarily prohibitive within such systems: struggle for richness is considered sinful; commerce and especially financial activities with incremental gain through interest are regarded as evil, etc.

Industrial society "frees" the economy and considers it the main engine for social growth. Here the system of industrial business ethics emerges. The working person is regarded as a professional and corporate responsibility means obedience to the law and the maximization of production.

In post-industrial society, values in economics and business ethics transform. Issues such as the social market economy or environmental concerns and their salience for the economy underscore the fact that economics has become part of a new general system of ethics. In Russia today, various ethical systems – traditional, industrial and post-industrial – coexist, while the state plays a contradictory role in the economy.

Before I analyze the contemporary situation in business ethics, I would like to review certain historical aspects. At the beginning of the 20th century, there was no market culture in economics. Moreover, in philosophy and humanities, there was a widespread negative view regarding private property and the market. Not only revolutionary activists but religious philosophers as well, such as Soloviev and Berdyaev in Russia, espoused this view. The idea of "return to the ancient primal national economic traditions" is popular now as a kind of imagined panacea in Russia, but I suspect there is nothing to return to: thus, there are in fact no real historical traditions operative in business ethics in the Russian case.

The socialist business mentality was contradictory: on the one hand, the Marxists were oriented to economy growth; on the other, this growth was the means for communist social progress. That is why ideology was all-powerful, pervasive: communist morality was embracing and predominant, and there was no special separate morality for economics. Under socialism, individual enterprise, private property and market relationships were regarded as negative factors. We may conclude that at the beginning of market reforms in Russia, there was no moral and cultural foundation for the new economic system.

That venturous beginning is termed "market romanticism," or more precisely "market nihilism." The transforming economy was looked at divorced from its cultural and moral dimensions, and their influence on the process was not evident. The main thesis was that economic change would lead to social development. For example, the leading exponent of this position, J. Gaidar, stated in an interview in *Izvestia*: "First, we argued what had to be done, then what ought to be done with regards to our historical heritage."[1]

As I see it, two main factors were overlooked: first, the market itself could not function without a strong and well-tempered business ethics; second, new emerging economic relations had to be legitimate from the point of view of society and its body of laws.

In fact, business ethics resolves contradictions between the market and social justice. One can achieve this with the help of legitimate main values of the market economy (property, profit, etc.). Another way is to configure the wide social and cultural context to shape economics in accordance with general social goals.

---

1   Izvestiya, October 10, 1997.

Let us examine the ethical moorings of the Russian economy from this point of view. As I noted, it is replete with conflicts between various types of social values. The problem of property and the state power alliance derived from traditional society. This is not the problem of the state as an owner of property, but the situation when the state violates its own laws to act as a stockholder. There are a multitude of examples: from voucher deals to the frequency allocation for Sonic Duo, the Russian-Finnish mobile telephone service co-operator.

The joint venture Sonic Duo is the product of cooperation between the Central Telegraph in Moscow and the Finnish communications operator Sonera. In 2000, it was granted a license for providing the mobile communication network for the GSM 900/1800 standard for the capital and Moscow region. According to official information, there was no competition and the license was bought at a very low price. It was the third corporate player in the highly competitive market of mobile operators in metropolitan Moscow. The license was granted to Sonic Duo against the rules of fair play of the Ministry of Communication.

According to information published in *Expert*,[2] the background of this deal has been as follows. During the visit of Prime Minister Vladimir Putin to Finland in 1999 Sonera was promised the third GSM license in the Moscow region. For a long time, Sonera had been looking for an opportunity to enter this potentially lucrative Moscow market. In March, Putin became president, in May he was inaugurated, and then the government was approved and then Putin delivered on his promise to Sonera.

A civilized market must regard relations of this sort as very surprising, to say the least. The government does not establish fair play rules, it does not play fairly and produces unequal starting positions for market competition. So here is an example where from the very first starting whistle, the basic rules of business ethics were flagrantly violated.

On the other hand, many state officials see their positions as springboards for extra income in addition to their contracted salary. They simply do not think they themselves are "corrupted." Many high officials have business alliances because of family relations such as wives and children who operate various businesses. It is not surprising that their business activity is spread across the territory under the protection of the family head of. Such examples are plenty.

The traditional tutelary role of the state is evident even when it is morally motivated. For example, President Putin began his meeting with the Russian

---

2   Expert: 20/2000.

business elite with a quip, yet dead serious: "Gentlemen, according to my data, you are going to provide the Foundation for Wounded War Veterans and their Families a grant of 1.5 billion rubles. I just thought to let you know," he said smiling.

There are sometimes amusing situations. V. Prokhorenko, the president of the football team from Novorossijsk, is also the mayor of the city. In an interview given to the popular sports newspaper *Sport-Express* he stated: "We appreciate those businessmen who help our football team. There is a summer bar on the main square of Novorossijsk. It was built with my personal permission. I am happy to say that the owner of this bar does good business and helps the team. Somebody else could hardly have received my permission to build a bar on the main square."[3]

Businessmen themselves utilize the state and its bureaucracies for non-market advantages. Conflicts arise when they forfeit those advantages. Recent examples involve the much publicized situations with B. Berezovski and NTV, where economics is inextricably entangled with politics.

There are many examples of unfair behavior on the part of the Russian government itself. From my point of view, the role of the Russian state in building and promoting business ethics has been negative. The worst thing here is not the corruption – it is the unfair competition. Equal rights and opportunities are crucial for normal business relationships and an emerging system of business ethics. Inequality and favoritism are anachronisms lingering on from traditional society.

From July 1998 to August 1999, the well-known American consulting firm McKisey investigated the Russian economy. The head of the project was the Noble prize laureate Robert Solow. The experts on the team came to the conclusion that "there are no conditions for fair competition in Russia. The result is that more industrious companies are less profitable then ineffective competitors."[4]

Ineffective companies sometimes have hidden subsidies while effective companies do not. For example, the best Russian metallurgy plants in Severstal, Novolipetzk and Magnitogorsk are very successful in the foreign market, but have no chance to come out on top in domestic competition, since less effective plants have privileges to purchase electricity at special low rates. One can also

---

3   Sport-Express, December 28, 2000.
4   Komersant, September 19, 1999.

examine the unequal conditions in export-import taxes and local administration demands.

Let me emphasize one key point: the problem of equal competition is not just economic, it is axiological. This case is an example of how traditional moral values operate in economics.

There are many value conflicts in Russian business activity. Various types of value systems collide head-on. There are multi-level conflicts: not only do values from the field of "traditional-industrial-postindustrial" economics oppose each other, but values from the spheres of politics and public morality as well.

An excellent example of this multiple collision is the conflict over NTV. It exacerbated in the spring of 2001 and was widely discussed in Russia and abroad. I will analyze it here as a sui generis yet representative value conflict.

NTV was established at the beginning of 1990s and soon gained the reputation of a world-class company in terms of its TV operating standards. The high level of its information service was quite evident. The company's top management and its head Gussinsky stressed its independence from the state and various political and economic structures and forces. At the same time, NTV was a private company. Even the abbreviation NTV trumpeted its autonomy, standing for "independent TV." It appeared that NTV turned out objective information for consumption by Russian society.

That was indeed true, but in 1996 the company and its director played a major role in supporting President Yeltsin in his electoral bid for a second term. NTV thus forfeited its independent position. After Yeltsin's re-election, Russia's largest company, Gazprom, promptly credited NTV and its business partners with more than $250 million to guarantee NTV stocks.

The controlling stock interest in Gazprom belongs to the state, and the company itself has no ties to the media industry. It is the biggest producer of natural gas in the world. It was evident that the credit granted was the payoff for electoral services rendered. If NTV supported the administration, this credit would be extended as a reward. Thus, NTV had evident non-market benefits.

At first glance this smacks of unfair state practices as discussed above, but the real value conflict is quite different. In 1999 and at the beginning of 2000, there was an active battle for the successor to Yeltsin as president. Vladimir Putin was tapped by Boris Yeltsin and became the new president. Meanwhile NTV went beyond its role to provide news – it also provided support for the opponents of Putin in the contest. It became evident to everybody that NTV had lost its independent position. On the one hand, the state authorities did not like the political position taken by NTV; on the other, they had provided a payoff for earlier support when it was needed. Official pressure was based on a shame: blaming the company directors of fraud and of contravention of financial law. To protect themselves, NTV top management styled themselves as the "champions" of media freedom. The drama was played out as a contest over freedom of speech.

Finally, NTV had no chance to pay the credit. Thus, Gazprom took over the stock and nominated its own managers to run the company. There was a head-on locking of horns in the public arena, accompanied by several meetings aiming on consolidation of NTV in Moscow. Many journalists departed from NTV, but later a number of those same professionals returned

On the surface, the whole incident might appear like a classic example of persecution of the free press. But the real story is a bit different here. As Hegel noted, civil society is based on private property. A free press is possible solely in such a society. Property also subsumes personal rights and duties. The NTV leaders, Gussinsky in particular, always proclaimed the primacy of private property and the idea of its independence from the state. Nevertheless, the situation described above shows that this value was not absolute for the former NTV management. Where profit is involved, certain principles apply; when there is no profit, the principles promptly change. When the state plays on the side of NTV (with generous Gazprom credit), this is alright; yet when the state plays *against* NTV, this is not correct. How is it possible that one private company has the right to dispose over its property, while another company has no such right, for example, to get its credit back.

Why is this conflict of such particular interest? It points up two main value goals for Russian business: first, an array of market values are accepted, but they do not operate in a way that is sustainable, in particular, when private property and the role of the state are concerned. Second, the value system is on weak foundations, its various aspects contravene each other, especially, the values of free press, private property and state interest.

All the same, the last economic program of the government contains a notion of a "social contract" between state and business. This includes the idea of responsible behavior on both sides.

Nevertheless, businessmen themselves in Russia remain quite interested in business morality. Why? During the first stage of market reforms, the problems lay not only in property restructuring but also in effective management. Many popular businessmen in that first stage failed to achieve their goals owing to poor management.

As we had no market management culture in Russia, there was an attempt to import and adopt Western experience. But a kind of "cultural nihilism" emerged. Technologies were the main focus – not business ideology, culture and ethics.

The situation over the last two years has been changing. The default of August 1998 spurred basic economic growth and, conversely, demonstrated the necessity of civilized business ethics. The personal experience of Russian businessmen led them to understand that:

1. Business ethics is an obligatory component of corporate culture;

2. Stable business relationships are based on moral rules;

3. Those who do not observe these first two principles cannot develop external business contacts.

How are new approaches manifested? Many firms have begun to construct their ideology and evaluate their own ethical codes, while entrepreneurs have started to consolidate into associations to develop requisite rules of business behavior and to assert their mutual interests. In this process, the whole business atmosphere improved, as did the social image of the business community.

Yet according to the leading Russian business magazine *Expert*, a survey of entrepreneurs indicated that they believe their popular image outside the business world is immoral. That perception is apparently inaccurate: teachers, workers, etc. gave high ratings to the business community. It seems that Russian businessmen themselves are not sure whether business is necessarily dirty or not.[5]

I believe there have been major positive upheavals in business morality in Russia over the past decade. Many big and medium-sized companies now elaborate their own ethical codes and use them in management as an obligatory component. Various entrepreneur alliances also need ethical regulations and work out moral rules for their activity. For example, the authorized members of the Moscow stock exchange voted against a broker's company due to its alleged immoral conduct.[6]

---

5  Expert: 46/2000.

6  Komersant, July 13, 2000.

One important fact is that those companies and their management, which tried to make profit of the 1998 crisis without adhering to moral norms in business ethics, are now out of business. One such example is SBS-Agro Bank. During the crisis, A. Smolensky, its former head, transferred active funds from the bank to other organizations, paying almost nothing to the bank's creditors and investors. Moreover, Smolensky was proud of this sly trick. In his interview to *The Wall Street Journal*, he denounced SBS-Agro investors as "idiots".[7] It is difficult to imagine a more cynical picture of Russian business.

Yet Smolensky lost a further opportunity to remain in the international financial community. According to the interview published in *Expert* with a representative of Deutsche Bank, that community would never be able to forget and forgive the crime of a former banker.[8]

Nonetheless, there are also huge problems in Russian business morality. I already stressed the matter of unfair competition and a virtual government dictatorship in business. Another major problem is that international copyright law and patent law are not observed. For example, only approximately 15-20 percent of computers in Russia have legal software.

The transnational auditing company Deloitte & Touche published the results of research on counterfeit consumer products in Russia. The company's experts estimate the loss at more than $1 billion a year. At the same time, Russian and foreign entrepreneurs lose much more for their original products. Even world computer leaders and Russian hi-tech firms face this problem, which cuts deeply into their profits.

The problem of copyright in the computer industry is highly complicated all over the world. Sometimes in Russia people suggest that the copyright law be eliminated, a view that reflects an ambiguous attitude toward private property.

As I mentioned above, values of Russian business are a mix of various tendencies. The same holds in connection with intellectual property and the copyright law, where the impact of former Soviet moral principles is powerfully felt. When international law views the problems of copyright in the historical context of Soviet patent law, inventions are seen as public property. The inventor's rights were confirmed by something called the "originator's certificate." This is quite

---

7    Vedomosti, August 20, 2000.
8    Expert: 8/2000.

different from a patent: though it acknowledges the inventor's primacy, any use of the invention is fully under state control.

The author received some sum once his or her invention was used in a practical way – yet it belonged to the state and thus to the "people."

Because of these reasons, public consciousness does not recognize any blanket ban on the use of intellectual property belonging to others.

On the other hand, we can note conflicts common to post-industrial societies that have no strict moral interpretation in existing law. For example, the conflict between the right of trade mark and right of domain name on the Internet. There have been three law suits in Russia on the problem of the run for domain names. Though the tendencies are not yet clear, several facts are apparent.

Two of these conflicts had a similar scenario and were quickly concluded. They were connected with the largest Russian dream factory, Mosfilm and the German retailing firm Quelle. The sites <Mosfilm.ru> and <quelle.ru> were registered in Russia on the Internet. It was easy to confirm that the domain name grabbers wanted to turn a profit: Quelle representatives suggested they buy their own domain name for $60,000. The court nullified the unfair registration and the problem was thus resolved.

The Kodak case is more complicated and still in progress. The private entrepreneur Grundul registered his own personal address as <www.Kodak.ru> and never asked Eastman Kodak company for money. Grundul uses his site for advertising his business in photographic technology. Since Kodak is a well-known trade mark, it should be protected without any registration. But this fact was not taken into consideration during deliberations in court. Eastman Kodak lost its case three times in court in various instances. The situation is not regarded as a violation of trade mark. The case is now being reviewed at the highest level and the outcome will doubtless serve as a precedent for future cases. The problem is that both the court system and the two sides to this dispute are unwilling to discuss the problem in terms of Internet market activity. It is time to develop legal practice in this field in keeping with international practice.

Technologies are always ahead of the state of legal practice at any given time. There is a gap between both. It is fruitful for a system in transition to give its community a range of free choice. That helps to adapt new technologies and social needs. Thus, values of adaptation are very important, but the necessity of such values is not understood in Russia yet.

There are a number of discussions in the Russian media on this issue. For example, the famous scientist S. Kapitsa, a member of the Club of Rome, has noted:

"Everybody should have free information access. Informational producers and dealers should not charge the consumer. They should find other sources for funding. In my opinion, the Internet will change the legal system. One can not provide full protection for information. The concept of intellectual property is very contradictory; since all of human intellectual activity is free by nature, it should be widespread and should not be handled as ordinary property."[9]

This is a vital issue for Russian entrepreneurship, but it has no universal relevance. The same problem arises in connection with the general concept of property. During recent years though, the situation has been changing. Before private property was something seemingly unknown and forbidden; now it is an economic and social value. The problem lies in *practice*, i.e. in the actual rights of property holders. In real life these rights are usually contravened. This involves relations between the business community and the state, copyright law and relations inside the joint-stock companies, while smaller shareholders are almost bereft of any rights.

There are some special conflicts based on property rights when the workers aspire to manage the company themselves. The workers do not argue against poor job conditions or low income, they argue against changing proprietors. Exemplary in Russia are the cases of the Vyborg paper plant, Kachnakar mine and several others. The workers did not allow new owners to take over the plants.

Another thorny problem is that of company-employee relations. In such interactions, the firm is the stronger privileged partner, the employee the weak and unprotected player. There are two reasons for this practice. First, the number of high-paid positions are limited. Second, salaries are only in part legal and contractual; a large segment of such compensation is illegal and goes unmentioned in the job contract. So if employees have professional or business ethics gripes and demand something be done to resolve them, they run the risk of losing their jobs. I am sorry to say that this usually happens even if the firm claims its corporate culture is based on an ethics of cooperation.

---

9   Expert: 28/2000.

This situation is exacerbated by the low level of professional cooperation between salaried workers. For example, there are associations for computer providers but there are none specifically for computer engineers.

The two main problems "corporation vs. the state" and "corporation-employee relations" have common roots. Neither businessmen nor highly qualified professionals are as yet stable social groups in Russia. They do not achieve their interests as a group and are not represented in politics. Many authors have pointed to the absence of a solid and viable middle class in Russia. I believe the problem hinges on the absence of what may be termed "the new middle class". That stratum's main income is in the form of salary for high-level qualifications. This class also represents new ideals of social responsibility, partnership and sensitivity to the environment and its pressing issues.

As mentioned above, business ethics in Russia has developed as an industrial type of entrepreneurial morality, but the post-industrial model is not yet in evidence, due primarily to three reasons. I already stressed the low level of professional identification. Another one is the lack of social partnership and social responsibility in business. The business community has played only a small part in solving local and federal social problems. For example, it does not assist in funding the hard-strapped system of education through a program of grants.

The third problem is the lack of environmental awareness and activity. At the beginning of *perestroika* under the leadership of Gorbachev, ecology was a central issue in public discourse and debate. Now environmental problems are of tertiary interest and businessmen pay them little heed. Environmental values are not a core component of business consciousness and culture. Indeed, today in Russia there is no influential environmental movement or influential public force. At the same time, most understand the urgency of environmental problems. In other words, however bizarre, there is no necessary connection between economic values and the environmental imperatives.

As mentioned above, business ethics is in a formative stage in Russia and focuses on reputation. In other words, its principles are used as a management strategy or to improve one's external image, but business ethics itself has no intrinsic value. For example, to develop a strong ecological consciousness is not the best way to build a good public image in the Russian business community.

This is why entrepreneurs reject the value of ecological activity as a primary social need. An example of confused ecological thinking in Russia is the recent discussion in the Duma on the problem of nuclear waste recycling. Russian law forbids the import and recycling of nuclear waste. Nuclear industry representatives have tried to overcome this ban. Their main argument was the possibility for reaping huge profits. There was no broad public discussion on this issue and the Russian parliament went ahead to adopt this law. Now nothing can be done to reverse this decision. The only possible changes are cosmetic. One compounding problem is that Russia itself has a huge amount of unrecycled nuclear waste. Moreover, the key players in the nuclear industry have no economic base for handling the future import recycling program. Nonetheless, the law is on the books.

Nuclear industry management conveniently were quick to forget about past accidents at their own plants. For example, V. Sadovnikov, CEO of the Majak plant in the Tchelyabinsk region, blamed local environmental-protection organizations for losing $2 million a year. Majak has the only nuclear recycling complex in Russia. According to Sadovnikov, the Russian Greens ultimately assisted Western competitors. His position was echoed by State Ecology Commission officials, who argued that Greens work in foreign governments and big monopolies, scheming to undermine the Russian military potential and national security. N. Sheremet, press secretary of the regional committee on ecology, claimed that "Greens are very well paid from abroad."

At the same time, as Greenpeace representatives reminded us, back in 1957 there was a very dangerous accident in the Majak facility. After the explosion of nuclear fuel, a leak some 8-9 km wide and 105 km long appeared; some 260,000 people were contaminated. The consequences of this accident are still with us.[10]

What is the role of cooperation between Russian and Western entrepreneurs? At the beginning of the market reforms, both sides were buoyed by idealistic notions and high expectations. Western partners presupposed that with the help of the West, Russia could rapidly transform to a similar type of market-driven economy. In Russia, the idea of easy and quick reforms was also popular. Neither position took historical, cultural and ethical factors into account. The result was disastrous.

Now in reaction to disappointed expectations and disillusionment, Western countries decry the criminal aspects of the Russian economy and its purported "market without morality." In Russia, we can find plenty of politicians and businessmen speaking about the West in negative terms, denying the idea of cooperation. I believe both positions are incorrect. There will be a process of perma-

---

10  Komersant, August 17, .2000.

nent and gradual growth in cooperation within the economy and culture. Nobody needs a new version of lines of separation in Europe and the world.

There are differences in culture and in values. Russian business is now in the process of establishing its new ideals in business culture and culture more generally. But since developments are rapid, one by-product of such transformation is a whole slew of vices and virtues. *Expert* interviewed foreign (German and other) businessmen working in Russia. All of them stressed the idea that Russian business is developing at dangerous speed and is becoming more and more "civilized."[11]

Yet cultural distinctions impact on business ethics: Russian entrepreneurs are prepared to risk and innovate, they often rely more on intuition than reason. They are more success-oriented, more egoistic and have problems in accepting corporate culture.

Ambitious individuals striving to press ahead have little time to evaluate strictures and rules of behavior, including associated moral norms and values. Nowadays few Russian businessmen reject the necessity of business ethics. But they apply it "in principle" – there are often no concrete norms and systems of control. Nevertheless, step by step, changes occur.

In conclusion, let me sum up:

1.  The Russian market is not devoid of morality, but rather marked by a changing, unstable and contradictory morality.

2.  Business ethics in Russia is now crystallizing in accordance with an industrial rather than post-industrial paradigm and faces a host of problems: state dictatorship in economics, unfair competition, inadequate corporate culture and little respect for property.

3.  The post-industrial system of moral values in economics is under- developed.

4.  Cooperation with international business structures helps to stimulate business ethics yet is fraught with contradiction.

---

[11] Expert: 17/2000.

# Values of Partnership: Ends and Trends in the Market Economy

## *Elena N. Shklyarik*

The transition period to market reforms in Russia is proceeding apace simultaneous with the globalization of the world economic process. This also encompasses the integration of the world ethnic and cultural communities, the development of information technologies and the concomitant emergence of the institutional structure of the information society. All these processes interlock, and its main armature is the idea of partnership or cooperation, which has various meanings. The right understanding of this conception helps us to grasp and consolidate the place of the country in the world market economy. The ethics of cooperation is both an international and national phenomenon.

Global society today is the multiverse of local communities, regional communities, national states and international organizations which function based on conventional norms. All countries across the globe are more or less involved in globalization, but this process of mutual dependency is not equilateral. While some countries and transnational corporations are rapidly moving toward integration into the global community, others are reducing their political and economic intercommunications or lagging further behind. There are plenty of opponents to globalization, partnership and integration.

Why, for example, are European countries looking for a fruitful alliance, and Scandinavian countries are not? The "Nordic Five" – Denmark, Norway, Sweden, Finland and Iceland – are traditionally oriented to each other. Their historic, cultural and economic interpenetration is so close that they are not interested in global integration in its current perspective.

Russia is seeking international cooperation, but has encountered many problems along the way. This is why it is necessary to look carefully at the economic, cultural and historical pathways to partnership in order to clarify the ethical components in this complex. Let us presuppose that a successful partnership is always based on values in a moral sense, that is centered on accountability and mutual responsibility, and entailing moral motivation and positive ends. What are the aims of partnership – international and local – in contemporary Russia?

What historical and cultural features make a difference in respect to the global process?

In its etymology, the Russian term "partnership" expresses the idea of joint labor, equal interest in mutual activity. Its synonyms are cooperation and collaboration. All these meanings express the goal of partnership as a successful result of interaction. Partnership presupposes the equal status and autonomy of the actors. At the same time, cooperation is focused on mutual help. Its tenor is coalition, mutual activity and a shared result. These are the elements of the process. Each stage can be fraught with distress, disagreement, lack of understanding and the ultimate failure of cooperation. All these contradictions arise from various causes – economic, historical, linguistic, cultural, psychological, religious and moral.[1]

Moreover, the problem of cooperation involves the traditional view of the role of the country in the world process. In Russia, the first experience in that field was articulated by P. Tchaadaev.[2] He rejected the self-dependent role of Russia and proclaims it has a moderating role as "a bridge between the East and the West." Later the idea of the specific spiritual role of Russia, "*sobornost*" ("communality") arose. For example, N. Berdyaev stressed the mission of Russia as a journey on its own separate path independent from the rest of the world. The main feature of Russian existences "the fear of being," "Urangst", nonexistence, or pure faith. This is most certainly Orthodox Christianity, but even secularized consciousness is concentrated on faith and its various aspects, ranging from mystery to cognitive intuition. Faith itself is not illusion, it is an essence of the world and "the heart of Russia." In its ordinary sense, faith means trivial trust, mutual human respect. The informal character of faith abrogates the need for any further laws (sometimes Western business partners do not understand this disregard for formal law in Russia).

According to Berdyaev, "faith and the will to other worlds is risky and dangerous. In his swirl to faith, the human being rushes to the abyss, and he runs the risk of smashing his head or achieving all he strives for. In the act of faith and the will to achieve it, a human being is always at the edge of the chasm. Faith has no guarantees. The search for guarantees makes it clear that it is impossible for

---

1   *Zion, Deborah*, "Moral Taint" or Ethical Responsibility? In: Journal of Applied Philosophy: Vol. 15, 3/1998, pp. 231-239.

2   *Tchaadaev, Piotr J.*,Philosophical Letters. First Letter, in: Collected Works (Russian), Moscow 1989, p. 38.

us to fathom faith's deep mystery. The risk of faith is in this absence of guarantees." For Berdyaev, the only way to personal freedom is the risk entailed by the leap of faith.[3]

This position is clearly related to our topic. Key words here are will, faith, freedom, resoluteness. These are moral values in a spiritual sense, not in a material sense. Thus, one task for contemporary Russia is to learn the right way of existence and being-in-the-world, to investigate the real world and not its phantom. Here lies emerges a new value of *realism* in Russian mentality.

This should be the new experience of self-knowledge, introspection and self-determination. The value of realism is in permanent self-identification in a changing world, positive development and constructive thinking. In terms of the informational society, sacred communication transmutes into professional and productive interchange.

In general, religious contexts provide important data for better understanding the nature of partnership in the modern market situation. Models of cooperation between man and God differ in the religious traditions of the West and East. Byzantine and Rome are ancient centers which influenced the future development of two main currents of Christianity. The idea of Rome finds its expression in the institution of law. During the pagan era, the people of Rome related to gods as though they were partners in some legal bond or transaction. Their contract was based on convention and mutual agreement. It had strict rules. That is why law was deified. The law also formed the structure of everyday norms, a kind of social pact, sacred to one and all.[4]

In pre-Christian times, law in Rome was oriented toward the natural rights of the person. It led to the individualistic and personalistic foundation of social life. Its negative feature is egoism, e.g. when any act of giving depends on the expectation of receiving an equal value. Under these circumstances, the state became the legal external force regulating social relations. It forced individuals to reduce their own mercenary selfish interests and to live in accordance with communal values.

---

3   *Berdyaev, Nikolai A.*, Philosophy of Freedom (Russian), Moscow 1989, p. 52.

4   *Holodkov, Vladimir V.*, Special Features of the Current Russian Economy in the World Of Orthodox Christian Tradition, in: *Osipov Yuri M.* et al. (eds.): Surmounting the Times. Materials of an International Conference on the Work of Sergej N. Bulgakov (Russian), Moscow 1998.

From the 12th century on, Roman law was adopted in Western Europe. The main result of this process was that the legal mentality became an ordinary feature of everyday life. Christianity was also interpreted in legal terms. That is evident in the Catholic version of salvation. According to the doctrine of the duties of the Saints and the indulgences, a person must perform various good deeds to save his soul. The ultimate reward for this is eternal life. It is evident that salvation is the prize for a life of good deeds. If someone has few deeds in his or her sacred account, indulgences can be bought to cover the deficit.

This legal relation with God allows no freedom for personal moral choice. Christian values of love and charity are replaced by a legal contract. Good acts are egoistic in their ultimate purpose. They constitute the means to achieve salvation. The object of good acts is simply the instrument on the path leading to God. God's commandments are regarded as an external regulation with no concern for inner personal motivation.

Compared to Catholicism, Russian Orthodoxy had no pagan roots and was adopted in the 10th century as the new moral law. It was absolutely different from the legal norms common to the society at the time. The legends of Saints were interpreted that humans have a free choice between good and evil. This position is grounded in St. Paul's Epistle to the Romans (Rom. 2: 6; 4: 4-6), where he says that faith, more than good deeds, leads to salvation. It is dependent on God's grace. There is no room for haggling and hypocrisy, and all acts are based on charity.

In terms of property relations, these principles create parity in regard to resources and goods needed for survival. People should share their property, as Paul says: "At the moment your surplus meets their need, but one day your need may be met from their surplus. The aim is equality" (2 Cor. 8: 14-15). People should serve each other in honor of God. People act according to their own understanding of values prescribed by God, when each human communication is an act of self-knowledge. That is why the only way to God and salvation is *communal* interaction and grace.

It was evident that common people in everyday life cannot share all their property, as prescribed, because they are human, weak, fallible. Monasteries exhibit this principle and are a kind of paradigm. Monasteries also have grandiose charity projects which stimulate the laity to give charity. Property is regarded neither as good nor as evil, but as a medium which can be used either for good or evil, an instrument.

In contrast with Eastern Orthodoxy, the Catholic Church pays close attention to property, viewed as sacred and inviolable, a kind of material fetishism in Western society. In Russia this material way of being is condemned and is not widespread because of its negative sense in moral terms. In general, richness is an evil when you do not share it.

Religious mentality influenced business activity: in Europe the most popular economic style was *corpo*ration, in Russia – *coope*ration. A corporation is the consolidated corpus of private proprietors who have rights of a share in mutual property. In medieval times, craft artisans were the proprietors of their workshops. However, their activity was under the strict control of the guild that regulated production and organized trade. These features of mutual economy gave the character of mutual property to the total communal property of the craftsmen. Medieval unions were alliances developing their own business through corporative isolation in a particular social group.

Cooperation in Russia means first of all consolidation of labor. This consolidation is based on self-government when the worker's contribution is not coordinated with the market but depends on his partner's decision. All partners are authorized cooperative members. Each member takes part in administration according to his or her abilities. The principles of management are more moral than legal. Personal and communicative aspects are of great importance. The area of responsibility is vast and not personalized.

This structure of cooperation came into being long before the local markets emerged in the 16th and 17th centuries.[5] That involved the non-market nature of cooperation: its effectiveness was stimulated by propriety and moral obligations of the associated members. They were expected to pay a contribution in case of necessarity.

In contrast, corporation is market-oriented, so the business activity of its members did not depend on workers' opinions. Since labor regulation was not moral, a legal system for employees emerged. It coordinated the problems between the employee, manager and the employer. These legal, formal and professional relationships were very useful for the process of industrialization that later developed. A corporation is ruled by the majority and its responsibility is limited. The owner has the right to choose the company's strategy and evaluate employee achievements. This management strategy corresponds to the traditional

---

5   *Vladimir V. Holodkov*, Special Features of the Current Russian Economy in the World Of Orthodox Christian Tradition, op. cit., p. 431.

hierarchy of pre-industrial society. The dominating principle of decision-making there was unanimity. The principal moral values for all members were humility, piety and unselfishness.

These values were immanent in the Russian free community formed long before czar Alexei Michailovitch (1645-1676). The land was not privately held, peasants had no personal freedom - under these conditions no respect for private property could arise. Only in 1861 did the peasants, the largest segment of the Russian population, receive rights to property and personal freedom.

By contrast, in Europe even in the 5th/6th centuries, Franks had the land held as family property and were able to sell it. German peasants had the right to dispose of the land. In Russia, the patrimonial commune transformed first into the rural commune and then into the neighborhood commune. Step by step, communal ownership of land developed. Landowners are depended on fraternity and the commune regulates land use. It forbids to sell land and makes sure plots are equal in size.

History shows that the aim of the Orthodox Church from the beginning of the 10th century was to change family communal relations into socio-economic relations.[6] This new orientation was moral but not biological. Christian love instead of instinct became the guiding principle in communal life. Authorized communal members had equal rights . The commune was the landholder, but the state (czar) was general proprietor. The land was shared according to labor or consumption norms. Compared to German or Roman property, in Russia the commune was an instrument for social equality, and from the Orthodox point of view, it was the working principle of unselfishness and industriousness as synonyms of moral good. Everyday life was also under communal protection; cooperation and mercy were conventional valorized moral patterns.

The value of mercy should be interpreted. There is no sense of grace when its source is excess. Mercy is seen as a result of diligence and forgiving. It is the observance of feeling and knowledge. It is an action that demonstrates unity and equality from the moral point of view, but not from the social position of wealth.

The land was obviously the main material and moral value, since it provided an opportunity for free labor. It was the guarantee of stable life for the whole

---

6   *Klyuchevskii, Vasilii O.*, A Short Textbook of Russian History (Russian), Moscow 1992, p. 50.

family, since it could be inherited. It helped people to realize their initiative and creativity.

Communal life generated general norms of labor ethics and productive cooperation. These norms combined natural egoism and selfishness with mutual help and control. The rural commune was the pattern for the Russian *artel* (workers' or peasants' cooperative, from the 1880s). The artel became the free unit for business activity. It was based on a legal contract, or sometimes on the unofficial convention that used all communal moral principles. Before the October Revolution, cooperation in general had the structure of associated partnership. It was forbidden to sell any shares, so people could hardly quit.

During the Soviet period, communal labor ethics retained its moral authority. It influenced the situation in economics and gave rise to a certain type of business relations. In the 1990s, during privatization, one could observe the tendency to self-government: many employees in privatized companies chose the scheme of stockholder ownership to control the main body of stock.[7]

It is evident that communal labor ethics is part of fundamental Russian values. It has a high potential for survival and is a guarantee of self-determination. Various attempts to reform the modern Russian economy which have ignored these traditions have failed. Extraneous business relations and unfamiliar values do not work. Sometimes there is no room for understanding. For example, for Europeans money is an equivalent of freedom. For many Russians, freedom means independence from money. The results of an incorrect moral orientation in business and the public sphere are: profit as the sole criterion of evaluation in business, a mercenary approach as the sole moral virtue, corruption, severe struggle for property, etc.

Wealth corresponds to labor in Russian mentality. Hard work is the main value. Wealth is a synonym for idleness and often is regarded as a moral vice. At the same time, labor has a negative valence since it never leads to prosperity and affluence. Compared to the affluent, working people are usually unhappy. Labor is a source of self-esteem and bolsters the proper world view, but idleness seems to be the moral priority. On the contrary, protestant ethics proposes industrious behavior as a way to success. The fruits of labor are protected by civil law and are evidence for a life pleasing in the sight of God. Under these circumstances passiveness and indolence are the worst sins. These differences one should take

---

7   *Yakovleva, Irina*, When Will There be an Effective Owner? (Russian), in: Ekonomika i Zhizn: No. 19, 1995, p. 11.

into consideration to estimate the effectiveness of business organizations in modern world.

To integrate into the world community, Russia needs investment. There are many political, economic, technological and social problems that make investment one of the most necessary forms of partnership. Negative elements here are political instability and the weak infrastructure. Nevertheless, market opportunities are extensive and perspectives for the future are bright. There is cooperation on the state, private and international levels. Joint investment has become a mode of partnership for Russian and international entrepreneurs, so it is useful to examine its ethical aspects.

Investment provides the recipient country with various types of profit sources, such as new jobs, new technologies, enhanced economic growth, restructuring of the economy, lower prices, a competitive internal market. These changes lead to consumer growth and a higher standard of living. Though such modifications have no strict moral sense, they nonetheless should be regarded as values of integration and social mobility. The population migrates from the unproductive traditional sector of economy (agriculture), where the income is based on average production, to modern sectors where income is generated on the basis of the final product. There are fewer unemployed, which bolsters social stability. Local cooperation is also improved and regional budgets have resources for socially oriented projects.

Meanwhile investors seek profit maximization and primarily try to develop various export sectors of the economy . The recipient country finally becomes highly dependent on world markets. Also, there are distinctions between efficiency in economics and efficiency in the social sphere. For example, in the 1950s to 1970s, underdeveloped countries faced exploitation of their human and natural resources by the transnational corporations. They had to reorient their economy to agriculture once again to satisfy the needs of the people. Changed priorities stimulated farmers, but reduced foreign investments to a minimum.[8]

In other words, partnership is an alliance for mutual profit and the process of globalization creates conditions where the ethics of cooperation can help to solve multiple problems. The evaluation of the norms and rules of partnership ethics maximizes the effect of business cooperation and minimizes its risks. When the weak partner is under pressure from the strong, neither wins: there is no profit in the long run for either player.

---

8    World Investment Report, 1998.

Should the global ethics of cooperation rely on universal human moral norms drawn from the field of the European Christian idea of good, or should it take into consideration specific ideas and norms of local communities which participate in cooperation? Is it correct to calculate the average price to be attached to moral behavior in terms of cooperation? Is it right to use cooperative profit to evaluate the utility of cooperative ethics? For example, business discipline is an obligatory component for moral behavior. Is it possible to evaluate it with the help of a penalty? Is it a moral ladder or simply a business instrument? What is the use of discipline for employees? Does it improve his responsibility? Is it an ethics of concern or simply instrumental? Should we reduce partnership to its basic contours of role and profit?

Experts stress the gap between market values of the particular participant of market relations and social needs. The world crisis in 1997-1998 was initiated by private investors who withdrew their funds from the developing economies.[9] Russia also had investment problems because of the state, which rescinded its guarantees and announced it was defaulting. When financial leaders left the market, medium-sized companies got their chance, and the Russian trade system began to play an active role in balancing and stabilizing the situation.[10]

The private investment quota is on the rise in Russia. They wish stability, and their part should eventually be about 30-35 percent. In Russia at the present moment, that only amounts to some 20 percent.[11] Stock-exchange activity is based on immediate analysis of the changing quotations, knowledge of vital current information and ability to risk. The financial value of risk is a new experience for a majority of Russians who were unacquainted with the possibility of risk: losing their money by free choice. The elements of game and instability as the main features of market relations could not be connected to any ethical background.

Moral aspects of these changes are evident in the new mentality oriented to a highly expedient economy. New values also work in old forms and contexts. For example, the profiteer was for Soviet people an amoral person garnering profit from deficit. Yet today the stock-exchange profiteer is an important protagonist in the free market. Be that as it may, public psychology changes slowly, as only one percent of all Russians trade in stocks for a living. The rest sometimes have

9   Investment Climate, in: Expert, 10/2000, pp. 17-26.
10  Expert: 13/2000, p. 27.
11  Expert: 13/2000, p. 27.

little appreciation of how the dynamics of finance functions within social dynamics.

In other words, it seems that market values are evaluated in terms of a monetary equivalent, and social values are outside of this process and depend on motives of the social elite. When the state is interested in equal rights and fair conditions for all competitors, it protects the interests of the majority in the long run. In fact, the state proposes financial equivalents to moral goals. This position is very close to that of financial fundamentalists who proclaim that their funding of social programs is enough to morally justify their activity. It seems to be shaped by their ability to ignore social consequences of the stock-exchange game for a successful result.[12] Social responsibility is not their virtue. They are interested only in profit maximization. They compare risks and outcomes in some ideal isolated sphere and care only about competition. They are ambitious – insensitive, for example, to the fact of corruption among the top managers. Buying the stocks of the corrupted companies, they play out their games and act immorally too. Under the press of financial information and its imperatives, the moral mentality and psychology of each member of the stock-exchange is nonpersonal. He has no free moral choice, as market mechanisms act automatically. If he does not play, somebody else will. The less external factors the better. It looks like moral behavior depends on the constraints of financial markets in general, and in this sense behavior in markets is neither moral nor immoral.

The law is another factor that holds out the option of reduced personal accountability to the members of financial market. It totally regulates their behavior. Moreover, its flaws permit persons to play an unfair game without damaging one's professional reputation. For example, a few years ago a Russian company used the right to carry out simultaneous transactions in its own name and the name of the client. At the end of the day, the company transferred all loss transactions to the client's name and realized a pure profit. Now the law forbids this sort of devious practice.[13] The problem is that social partnership and moral responsibility are external values for financial markets. In this case, social regulation should settle obligatory norms and control it. Public opinion and professonal codes can help to regulate this profitable sector of the market.

For Russia, the problem lies in an unstable currency and a weak democracy where lobbies of various sorts exert undue influence. Various political, financial

---

12  *Soros, George*, The Crisis of World Capitalism (Russian), Moscow 1999.

13  Expert: 10/2000, p. 16.

and productive interests are focused on lobbying and influence-peddling. More-over, democracy as the collective decision-making process is a sort of competi-tion among interests. An idea of stability as the balance between various evident or hidden interests does not work, since the sphere of moral law is far wider and more inclusive than the market normative sphere. The community cannot survive guided only by a market morality. Moral ideals and non-utilitarian perspectives of choice and development emerge inside society not because of economic mo-tives; they spring from world views, ideology. General economic concepts of balance and profit are not applicable to universal moral and cultural norms. Be-sides, one cannot calculate all the consequences of market development. In the long run, the market mechanism enters spheres that are traditionally non-profitable, such as private and cultural activities. Market values are generalized, social values are individualized.

The world market economy does not function like the commune. Notions of good and justice differ in business and in the social public sphere. Immorality, as shown above, often leads to business success and devalorizes social structure. The worst tendency is the transmission of attentuated moral values to further generations. Another question is the criterion for assessing market and social values in their interpenetration. An absence of the personal sense in human moti-vation should not be regarded as moral. At the same time, unpersonified goals never lead to business success. Is it possible to correlate market moral norms based on profit with market norms based on personal relationships? From the point of view of traditional business ethics, there is no room for adequately dis-tinguishing these obligations.

Does this mean there is a crisis for the potential civilizing role of the market? Looking for new trends means looking for a balance between social needs and personal goals in their cooperation. What kind of methodology is correct for this procedure of evaluation – systemic, civilizational or institutional?

These questions are important for Russia, because market exploitation of tra-ditional export sectors is divorced from ethical considerations. Imperial ambi-tions of the past and Soviet hegemonism made the military sector the very core of the Russian economy. Despite a new ideology and geopolicy, Russia remains one of the biggest weapon exporters in the world. After the collapse of So-vietism, this huge system of the military service and arms production, technical centers and research institutes remained. The military industry lost much of its highly qualified work force and was almost ruined. Meanwhile the high competi-tive level of Russian arms in the world market and army requirements for new weapons systems (the war in Chechniya, peaceful international missions, etc.)

have led to a revival of the arms industry. In general, new invented arms reflect the technical state of art. For example, the anti-vessel missile "Jachont" realizes the latest developments in artificial intelligence. These missiles are autonomous in classifying targets, they find the best strategy and act it. In fact, their market value is the unique software.[14]

The situation is quite paradoxical, since the Russian military services themselves are not equipped with the newest state-of-the-art weapons and technologies. The government cannot finance new armaments for its own army. Internal funding of military research is some 30 times less than in the USA.[15] Recently the situation has been changing: the army has received a bigger share of the budget and more new weapons. It looks like Russia's new economic success provides a new window of opportunity for old imperial ideals and does not assist in fundamentally restructuring Russian socioeconomics. The joke about the Kalashnikov as the grand contribution of Russia to world civilization highlights the moral disadvantage of the international weapons trader. This is the pre-industrial value – to reproduce an old experience and to reduce innovations. Here we can see the sociobiological aspects of aggression. The overriding orientation is toward survival. The commercial value of weapons export is evident: in 1994 Russia earned $1.7 billion, in 1995, $2.8 billion, in 1996, $3.4 billion.[16]

In 1998 there were 59 countries trading with Russia in the sphere of weaponry. The total amount of orders for the Russian weapons industry projected to 2005 is approximately $8 billion. The main profit is from the export of aircraft, ships and tanks. The state dealer "Rosvooruszenie" has a monopoly of about 90 percent of this trade. The Russian weapons industry is undoubtedly a solid partner in competition. Since there are no analogues for its production in the world, it is an attractive sphere for investment. It also provides certain advantages for national security and social stability: weapons account for some 80 percent of Russian industrial exports and are one of the main sources for reducing the national debt.[17]

Despite the significance of the weapons market, which amounts to billions in trade, the world community is ready to change its goals. To protect itself from

---

14 Handbook on Socioeconomic Problems in Russia (Russian), Fiper. <http://www.fiper.ru>
15 Handbook on Socioeconomic Problems in Russia (Russian), op. cit.
16 Handbook on Socioeconomic Problems in Russia (Russian), op. cit.
17 Pokolenie 2000: . 4/2000, p. 17.

the unstable regimes and terrorists, to control global stability – these are also new perspectives for the weapons industry. The US initiatives for anti-missile defense (2001) have created new goals for the national economy. This is an arena for innovations in research, management and production.

The situation is quite different in Russia, burdened by its poor infrastructure and conservative and unprofessional top management. Besides, the situation on the world market for raw material and weapons does not help Russia to focus on the new goals. Obviously, this is a negative trend of cooperation. The social dynamic of Russian society is dependent on world market prices for traditional export products. Low prices lead to rapid structural changes in society and the economy. This is the civilizing role of partnership for Russia and the relevant factor for cooperation within the world community.

Another important sector for cooperation is the field of humanities and social policy. From the beginning of the reforms, many foundations and private bene-factors came into Russia to provide the population with basic relief. They work in diverse sectors: medicine and law, education, ecology, etc. Despite the state bureaucracy and unstable social atmosphere, foundations were the first to assist scientists, musicians, the homeless, refugees, orphans. For Russian public opin-ion, this form of cooperation still constitutes an acceptable alternative to institu-tionalized decision-making, widely regarded as unfair and undemocratic. In this way, moreover, the authorities can become acquainted with the new technolo-gies.

The ethics of cooperation that use foundations for evaluation have a certain normative base: these are respect for human rights, moral duty, selflessness, responsibility, adhering to one's commitments. These are market values in a sphere of unprofitable activity. They form attitudes, shape expertise and instruct people in partnership policy. This is not an equal partnership, it is lopsided: Rus-sia is solely the recipient of humanitarian help. Yet it is not a passive recipient. The pattern of professional culture and qualified management is of great impor-tance for Russian partners.

Since the whole social sphere in Russia is dominated by commercial struc-tures, a particular strata survives because humanitarian foundations provide help. Their activity then looks like the only opportunity for survival and not simply charity. For example, the homeless in Moscow obtain food from charity founda-tions or from Russian private entrepreneurs who wish to help. In other words, feedback as a practical initiative of the local community is quite evident.

Foundations also change the stereotypes of Russians due to their intensive and multi-level propaganda work in areas such as AIDS, drug addiction, and ecology, serious problems in Russia. The most important elements of cooperation here are specialized techniques of international partners in communication, treatment, and client interconnections that succeed where ordinary methods do not. The methods applied hinge on differences in age, gender, race, region, profession, etc., where the market experience can be of use. These methods also introduce values of partnership and responsibility in various stages of social action.

There is another positive aspect of cooperation besides the productive models of partnership. These are educational programs and apprenticeship for Russian specialists. Thus, students from the field of psychology and psychiatry can study international practice with the help of the specialized centers under the auspices of foundations. They intensify their academic knowledge, gaining new experience and useful career opportunities to run their own professional business. The most important part of this cooperation in education is the client-oriented position, the market moral value applied to the non-market field.

Nevertheless, there are some negative consequences of humanitarian cooperation. One of them is social overdependency. During the final years of the Soviet period, the majority of Russians were accustomed to stable and predictable social circumstances. From the beginning of reforms, stability lost its salience as a core value.[18] On the contrary, self-determination, opportunities research, social mobility and communication skills are now valorized and deemed relevant to the goals of the whole society. The "Help Russia – help yourself" slogan points up these new values. Naturally, the middle-aged and elderly cannot change their expectations regarding state support. This is the reason why international charity foundations face misunderstandings when they cut or replace their personnel and assistance. They do not cultivate overdependency on private and public charity. On the contrary, they support self-suffiency and self-respect.

In fact, Russia faces social revolution based on technology and age attributes. Young people are flexible and open to rapid changes, ready for new training, purposeful. Computer education goes first, even before literacy. The youth has some basic IT knowledge and skills, uncommon in the older generation. Now

---

18 *Abulhanova, Klara A.*, The Russian Problem of Freedom, Solitude and Reconciliation (Russian), in: Psihologicheskii Zhurnal, Vol. 20, 5/1999, pp. 5-14.

they are gaining real informational power and opportunities to model the multi-factor situation from the point of view of global cooperation.[19]

What are some examples of the ethics of partnership in modern Russia? One of them is cooperation between people based on their market interests. These are financial alliances, consumer associations, media unions, etc.

The highest level of partnership activity is in the informational sector. This area is very important for Russia, since in the past the state repeatedly distorted and controlled information. From the beginning of the 1990s, media entrepreneurs have been organizing unions for professional and regional cooperation. Their goals are to protect their right to exist and the consumer's right to complete and accurate information.

In Europe and the US, there are various types of professional cooperation associations. This network is very well organized, has a certain moral prestige and is under the protection of the law. The situation in Russia is quite different. Compared to professional unions of the Soviet era, modern charities, pacts and conventions not only include employees but also the dealers and the proprietors of print and electronic media structures. These alliances are rather broad, incorporating media operators and software developers. All of them are oriented to a qualitative final informational product. Their aim is to protect the constitutional right to information for all the citizens of Russia and to counteract central and local authorities in their unfair practices. The members of media unions compare their life with the fate of the soldier on the battlefield. Each newspaper, magazine or TV station can be closed down by some angry official.[20] It resembles a war. The situation is much worse in the provinces. Sometimes people live in an informational vacuum, which aids the authorities in manipulating public opinion.

Under these circumstances, cooperation and a common united position toward the government is the only viable and correct policy for the media. The ethics of cooperation here is not only the possibility to survive, but also the non-utilitarian moral idea of unity, the pattern of high-quality professional action. The internal cooperative discipline of the union, obeying conventional norms, license control, client orientation, etc. are the backbone of activity in the media unions.

---

19  Index: 2/1997, pp. 16-25.
20  Komersant: 81/2001, p. 5.

Many sectors of Russian economy were demonopolized and regionalized during the reform period. Under these circumstances, central trade unions do not play their role properly. Emerging new unions help the whole productive branch in expanding fair competition and also in promoting and sparking institutional change. An ordinary mode of politics here is to influence the government concerning special interests of pressure groups. For example, the Duma's regional deputies and the party fractions press for laws to protect the interests of industrial and service producers.[21] The special sphere of their interests is customs and tax law. Sometimes this kind of politicking is unscrupulous, but in general provides various democratic forms and channels for institutional discussion. It widens the public law sphere for the needs of everyday life and helps to control and watch-dog how laws are realized in practice.

One of the negative examples of cooperation was the competition for the bid to audit state companies in 2001. The winners of this competition were the firms who submitted the lowest bids for their audit services. Solid Russian and international firms blamed the Ministry of State Property for accepting unusually low bids and charged them with incompetence. They argued that firms which work for next to nothing would be easily corrupted by their clients. The upshot would be the worst possible management of state and corporate property.[22] This inefficiency is ultimately unprofitable for one and all in Russia, since it influences the investment climate adversely, configuring a negative business image of state management in general.

According to I. Kostikov, the head of the Federal Commission for the Stock Market (FKCB), the total value of the Russian stock and corporate market is assessed at about $40 billion, or several times less then the capitalization index for one large American corporation.[23] In other words, corporate management and organizational behavior are more a problem of state security than of individual behavior in private business.

By November 2001, we should have a government code for Russian corporations as ordered by the FKCB. It would prevent unfair corporate behavior and block certain types of stock from being traded. This code will draw on international experience.

---

21  Segodnya: 35/2001, p. .3.
22  Komersant: 81/2001, p. 4.
23  Segodnya: 22/2001, p. 5.

Thus, the ethics of cooperation are based on the whole traditional and market development of the country. To achieve the best results on a global scale, one should recognize the norms and ends of partnership. In contemporary Russia, international partnership plays a civilizing role of integrating the country into the world market system. Yet at the same time, it tends to hamper export restructuring. Close international cooperation in non-productive fields helps to upgrade business ethics and enhance the investment climate more generally.

## Bibliography

*Abulhanova, Klara A.*, The Russian Problem of Freedom, Solitude and Reconciliation (Russian). In Psihologicheskii Zhurnal: Vol. 20, 5/1999.

*Berdyaev, Nikolai A.*, Philosophy of Freedom (Russian). Moscow 1989.

Handbook on Socioeconomic Problems in Russia (Russian). In Fiper. <http://www.fiper.ru>.

*Holodkov, Vladimir. V.*, Special Features of the Current Russian Economy in the World Of Orthodox Christian Tradition. In: *Osipov Yuri M.* et al. (eds.): Surmounting the Times. Materials of an International Conference on the Work of Sergej N. Bulgakov (Russian). Moscow 1998.

Investment Climate. In Expert: 10/2000.

*Klyuchevskii, Vasilii O.*, A Short Textbook of Russian History (Russian). Moscow 1992.

*Parayil, Govindan*, Sustainable Development: The Fallacy of a Normatively-Neutral Development Paradigm. In Journal of Applied Philosophy: Vol. 15, 2/1998.

„Pokolenie 2000". 4/2000.

*Soros, George*, The Crisis of World Capitalism (Russian). Moscow 1999.

*Tchaadaev, Piotr J.*, Philosophical Letters. First Letter. In Collected Works (Russian). Moscow 1989.

World Investment Report, 1998.

*Yakovleva, Irina*, When Will There be an Effective Owner? (Russian). In Ekonomika i Zhizn. No. 19, 1995.

*Zion, Deborah*, "Moral Taint" or Ethical Responsibility? In: Journal of Applied Philosophy: Vol. 15, 3/1998.

# The Ethics of Transformation and the Role of Business Ethics. The Polish Perspective

## Jacek Sójka

## 1. Introduction

The economic, social and cultural transformation which has occurred in Central and Eastern Europe is not only a highly complicated process but also one which invites many different interpretations and evaluations. Since this process is not completely spontaneous or out of control,[1] subjective views of different actors, from the so-called man on the street (a potential voter) to high-level politicians, become important or even crucial factors influencing and directing the change. One of the most interesting questions in these circumstances is: To what extent does the moral point of view matter? Can it have any practical impact on the course of events? Or, as some people claim, should moral judgements be suspended during the transition period? As a matter of fact, there are a great many supporters of the "first million" argument. Is it really justified or rather extremely dangerous? I am deeply convinced that the latter is true despite the common views to the contrary.

Naturally, the evaluation of the very process of transformation is an extremely interesting subject and can hardly be avoided within academic and everyday discourses, but my focus is on the conditions for and the legitimacy of such evaluation and the role of business ethics as an academic and practical ("professional") activity. I have stressed the "Polish perspective" not to narrow my analysis but to underline the origins of my interest in the transformations of the whole region. In other words, I am interested in the possibilities of evaluating the moral fitness of a complicated process of socio-economic transformation in Central Eastern Europe (CEE), i.e. the legitimacy of an ethical perspective, and in reflection on business conduct (morality), "business ethics," as one of the possibilities.

---

1 Paradoxically, the restoration of free market economy was planned and introduced by reformist elites. It was and still is a "capitalism by democratic design". *Offe, Claus*, Varieties of Transition. The East European and East German Experience, Cambridge, Mass. 1997, p. 29.

There are other options as well. Another possibility would be to deny the legitimacy of ethical perspective and to understand the whole process as purely technical change within an economic system or as something spontaneous which is not amenable to abstract, philosophical treatment. The middle-ground position would be to deny this legitimacy temporarily according to the argument of the "first million".

Paradoxically, the criticisms of the economic situation are not morally neutral but in most cases are based on moral arguments. Even the "first million" argument is a cynical statement grounded on the expectation of beneficial consequences for the "greatest number".

In any case, when we want to speak about popular beliefs and perceptions of reality, influenced by values derived from culture, we cannot ignore the tradition of Central Eastern Europe (CEE). It is the economy of this region and the possibilities of ethical reflection focused on this part of Europe which are central to my focus here. One cannot elude historical analysis. There are not only the 45 years of communism which constitute a difficult heritage but also a more distant past.

At the present moment, CEE is not the only area concerned with itself and its future. All of Europe is in search of a new identity. As a matter of fact, Europe in political, cultural and even economic terms cannot be reduced to a set of univocal geographical meanings. Europe is rather an idea, a dream, a project – as it has always been. "No other continent is so obsessed with its own meaning and direction. These idealistic and teleological visions of Europe at once inform and legitimate, and are themselves informed and legitimated by, the political development of something now called the European Union. The very name 'European Union' is itself a product of this approach. For a Union is what it's meant to be, not what it is."[2] As a matter of fact, Europe cannot be reduced to pure geography or to one simple cultural meaning. Rather, it is, among other things, an ongoing conversation about possible unification. This situation is even more true now than before 1989, the year which marked the watershed in Eastern Europe's liberation.

The sudden destruction of the Iron Curtain opened up a vast area in Europe's East and created an abyss devoid of meaning. Eastern Europe was no longer a frozen part of the continent under Soviet domination; it was no longer defined by

---

2   *Ash, Timothy G.*, History of the Present. Essays, Sketches and Despatches from Europe in the 1990s., London 2000, p. 316.

this political factor. Accordingly, it was possible to define the Western part of Europe by the opposite pole of the political spectrum: freedom and democracy. The fall of the Berlin Wall heralded the end of easy divisions and simple interpretations. Many descriptions were used to reinstate semantic clarity: "triumph of liberal values," "return to democracy" and many other "family reunion" type of expressions. Yet the truth remained: the meaning of both Western and Eastern Europe had become problematic and semantic simplicity was lost for good.

## 2. Where is (Central) Eastern Europe?

Despite these ambiguities there are many examples of a simplistic use of the expression "Eastern Europe": in discussions about this part of the continent, usually the "post-communist" countries and their economies in transition are meant. From the point of view of Poland, the Czech Republic or Hungary (whose national histories and identities cannot be reduced to the post-war period), the bitter paradox is that the defining characteristics are not a local invention because "real" socialism or communism was introduced by the Red Army from elsewhere and approved by the superpowers in Yalta. Even though the countries in question have had long pre-communist histories, what is now truly local and distinctive is the "post" phenomenon and the transition for which Poles, Czechs, Hungarians, Slovaks and others are solely responsible.

It has become apparent that "Eastern" is not a simple geographical description. In the past it meant "Eastern" not "Western," as in the case of a divided Berlin. "Eastern" meant "under Soviet domination." Exactly because of this former, unfortunate meaning, in the 1990s Western politicians began to use the term "Central Europe" or "Central Eastern Europe" in order to break with the memory of the old divisions.[3] This well-meaning intention did not imbue the term with any new clarity. When one says "central" it means that this region is defined by its central location but its borders (frontiers) are not well marked. Moreover, even this central position depends on a geographical point of view. For example, in Austria, where there is still a vivid memory of the "good old days" of the Austro-Hungarian empire, the centre of Central Europe would simply mean "Vienna," "the city of dreams."[4]

---

3   *Ryan, Leo V.*, The New Poland: Major Problems for Ethical Business, in: Business Ethics. A European Review: Vol. 1, 1/1992.

4   *Ash, Timothy G.*, History of the Present. Essays, Sketches and Despatches from Europe in the 1990s., op. cit., p. 386; see also *Janik, Allan* and *Toulmin, Stephen*, Wittgenstein's Vienna, New York 1973, p. 33.

There is much truth in the statement that Central Europe was and still is a "state of mind" rather than pure geography or even the place where "people want to negate their geography."[5] Of course, it was political geography which was denied by the anticommunist opposition of the 1980s. When the Eastern European intellectuals returned to the idea of Central Europe (George Konrad, Vaclav Havel, Milan Kundera, Czeslaw Milosz), it was directed against the domination of the Soviet Union in the whole region. As Kundera put it, Central Europe was "the kidnapped West."[6] Before the Second World War, this part of Europe was a natural participant in Western cultural tradition. The Soviet Bloc entrapped it in the East. The reaction of Joseph Brodsky followed and took a form which could have been easily predicted. He claimed that all these speculations neglected the achievements of Russian culture. In any case, as T. G. Ash described Kundera's effort, "out of a cultural canon he made a cannon – firing against the East."[7] Regardless of the possible injustice done to Russian culture, Kundera's slogan became an effective tool of breaking with the misleading notion of "Eastern Europe." Even today "Central Europe" does not refer to a particular region but rather to a complex of aspirations. It signifies a group of post-communist countries with the most advanced economic and social reforms, which are ready to join EU. (Ready but not yet in, still in a limboland, as an anonymous author ironically expressed it.[8])

The case of Slovakia under Vladimir Meciar shows how plastic geography can be. His populist and authoritarian rule pulled the country eastwards. "Slovakia ejected itself from Central Europe."[9] On the other hand, the closer Poland or the Czech Republic are to the EU, the more the expression "Central Eastern Europe" becomes a kind of invitation addressed to other Eastern European countries, like the Baltic Republics or the Ukraine. If one country "moves westwards," some vacant place in Central Europe can be filled by other Eastern European countries waiting in line.

---

5   Where is Central Europe? in: The Economist: July 8, 2000, p. 49.

6   *Kundera, Milan*, The Tragedy of Central Europe, in: New York Review of Books: April 26, 1984.

7   *Ash, Timothy G.*, History of the Present. Essays, Sketches and Despatches from Europe in the 1990s., op. cit., p. 387.

8   Where is Central Europe? op. cit., p. 50.

9   *Ash, Timothy G.*, History of the Present. Essays, Sketches and Despatches from Europe in the 1990s., op. cit., p. 390.

Not only is the centre difficult to identify, the frontiers are likewise fuzzy. The most interesting question is "where are the Eastern borders of Central (Eastern) Europe?" "Where is Russia on this map?" The perception of Russia is different in Western Europe (Great Britain, France, Germany) from the way it is seen in the former communist countries such as Poland, the Czech Republic, Hungary, Lithuania and others. Western politicians want to include Russia in Europe and believe in the possibility of both transitions: economic (capitalism as an ultimate goal) and political (democracy as a parallel ultimate goal). Eastern politicians are more moderate in their views and ordinary citizens are quite open-minded. They want to exclude Russia because they do not believe in the possibility of a dual transition to capitalism (free market) *and* democracy. Capitalism is not meant here to denote a market for American or EU products but the institutions of a free market, the culture of capitalism with its ethical values, the spirit of entrepreneurship and work ethos.

The arguments being raised in the CEE are cultural and point up cultural differences, e.g. the fact that Russia has never experienced any kind of democratic political system or that corruption in this country is not a deviation but rather a way of life. If Russia belongs to Europe, it is its most Eastern reaches, just as Orthodox Christianity is independent of Rome. As a matter of fact, this view does not only reflect anti-Russian resentment in Central Eastern Europe. It also contains a detached historical analysis, such as reflected in Samuel P. Huntington's famous article and book on the clash of civilizations. The line between Western (including Central) Europe and Eastern Europe (if it still deserves the name) is the same as the border in 1500 between Western Christianity and Islam.[10]

Central Eastern Europe wants to separate itself from Russia and Huntingtonian cultural demarcation has always been welcomed. Oskar Halecki's description of Central Eastern Europe as a coherent region characterized by its Catholicism and subscription to "Western" values has also served this purpose.[11]

Closer historical analysis reveals a more complicated picture which undermines the validity of Halecki's thesis. As Philip Longworth suggests, his "argument fails because it ignores vital social, institutional and economic dimensions of the region's history. The distinguished Cambridge economic historian M. M.

---

10 *Huntington, Samuel P.*, The Clash of Civilizations? in: Foreign Affairs: Vol. 72, 1/1993, p. 25.

11 *Halecki, Oskar*, Historia Europy – jej granice i podziały. (in Polish, History of Europe – its borders and divisions), Lublin 1994.

Postan regarded the River Elbe as an obvious dividing line between economic zones of Europe in the Middle Ages – and the Elbe is very close to the political dividing line today."[12] So, the whole non-Western region can be seen from the point of view of economic history as a single undeveloped area. As Longworth notes:

"A division between Eastern and Western Europe existed in the time of Charlemagne. For the greater part of the last millennium the lands of Eastern Europe have been characterized by endemic shortage and poor development. The demography of the two Europes was distinct, their linguistic history largely different; and Eastern Europe has long been peripheral to the world economy. Its population's attachment to democracy has been both uncertain and of brief duration; its institutions were weaker than the West's, its legal formation less developed. Certain distinctive inclinations and habits of mind also arose: tendencies to bureaucracy and collectivism; stronger urges to national self-realization than to personal autonomy; a disposition to ideology. And love of poetry, idealism and cynicism are all more evident in Eastern Europe than in the West."[13]

On the other hand, not only the level of economic development matters – the collective, cultural aspirations are also important. One should not fall prey to historical determinism. What distinguished Western-oriented elites in Eastern Europe from the Russian elites was the great value they attached to Western culture. The same does not hold for Russia where there are still powerful Slavophile, traditionalist and anti-Western feelings. "Outward-looking Westernizers, enlightened monarchs (Catherine the Great, Alexander I), and aristocracy (Decembrists) opposed the conservative Slavophiles. More recently, outward-looking Gorbachev confronted inward-looking Yeltsin. The ultimate Slavophile revival is associated with novelist Alexander Solzhenitsyn's return to Russia in 1994."[14]

Those Central European aspirations (and the gap between aspirations and reality, especially in the field of economy) could be seen as a common denominator for the countries of this region. The common denominator is marked by an uncertainty about its truly "European," Western character. Aspirations and a lack of certainty also define this region. At the same time, these characteristics are

---

12 *Longworth, Philip*, Central Europe: selective affinities, in: TLS 4/1989, p. 1028.

13 *Longworth, Phillip*, The Making of Eastern Europe. From Prehistory to Postcommunism, London 1992, p. 5 –6.

14 *Rosser, Barkley J. Jr.* and *Rosser, Marina V.*, Comparative Economics in a Transforming World Economy, Chicago 1996, p. 239.

two sides of the same coin. Longworth's determinism explains the sources of uncertainty. On the other hand, aspirations can be realized through economic and social reforms today.

## 3. Business Ethics After Communism

If we seek to assess the ethics of today's transformation and ascribe some tasks to business ethics, we have to take into account the tradition inherited by this region. The fall of the Berlin Wall created an interpretative confusion concerning both the notion of Central Eastern Europe and the value of democracy and free market. That is reflected in the question asked too often by most of the u-nemployed: am I more free now than I used to be? The abstract value of democratic ideals is confronted by a tide of economic hardships. This confusion results in cynicism, which I regard as a crucial and distinctive cultural phenomenon of today's CEE.[15] People are distrustful of selflessness in others. Cynicism implies the lack of trust in other people's motives, making absurd any attempt to cooperate to achieve some common good. There can be no spontaneous cooperation, no social capital, no civil society. The ethical message will be addressed to these people and their knowledge, attitudes and emotions will determine their response.

Let me list some of the specific experiences of the social actors in CEE which shaped their perception of reality and fostered a deepening cynicism:

–   the causes of the collapse of communism are subject to constant reinterpretation, as is the very nature of the 45 years of communist rule;

–   reforms have been introduced by the elites "from the top" and differed from the "bottom-up" spontaneous movement, such as the Solidarity Trade Union;

–   the younger generation of communist party officials took advantage of their privileged positions to become the group of pioneer capitalists; there was no room for sentimental albeit motivating "rags to riches" stories;

–   many people made their fortunes in an unethical way or at least the source of their new-found fortunes seemed obscure;

–   liberation from communism was at the same time a process of the restoration of state sovereignty, taking the form of the nationalist revival. In many

---

15 see e. g. *Vrba, Tomas*, The Trade-offs of a Cozy Life, in: Transitions. Changes in Post-Communist Societies: Vol. 5, 3/1998, p. 65.

cases, that cannot be readily reconciled with the demands of globalization, in particular with privatization based on FDI;

– there can be no immediate effects of economic reforms; unemployment in Poland has reached 15%; further reforms will necessitate more bankruptcies, even of entire industries. This is happening despite the high growth rate of the Polish economy. For many, rates, indices, percentages and other data about the development of the Polish economy constitute a fictional or virtual world.

Business ethics has to take into account the specific business cultures of this region and link this with "universal" dilemmas faced by managers or business people everywhere. In the face of this complicated situation, an opportunity has emerged for business ethics in general to rethink its objectives and methods as well as its own legitimization as an academic subject. The ongoing transformation in CEE has created a real test for this discipline. But most crucial is the future of the economy, so the natural question arises: to what extent will the whole movement of ethical reflection on business be able to influence reality? The hope is that things in progress and now developing might be influenced, shaped or changed in the process.

Ethical discussion, I would argue, can help in several respects:

– in describing modern economies in most advanced countries (and the ethical dilemmas faced by managers), business ethics has a general educative function;

– in describing organizational cultures, economic values and norms, business ethics introduces new concepts, opens new horizons in the field of management education (social responsibilities of corporations, the notion of stakeholders, mission formulation as something similar to existential reflection by individuals, social audits etc.);

– in describing the way markets function in well-developed economies in a global and globalizing world, business ethics helps to combat myths and stereotypes which poison social imagination, such as the "first million" argument, the vision of capitalism as a jungle, understanding of the free market as something separate from morality etc.

I would even venture a thesis: "talking about" transformation (including ethical analyses) is (or should be) a part of this very transformation; public discourse is at the basis of the democratic process which has in turn a basic impact on the economic reforms being introduced by political means, from the top down. Nevertheless, the immediate task of business ethics in Poland and throughout the region is to combat cynicism, to show a different face of the market economy and democracy, and to improve the quality of arguments and discourse on the transformation as a whole. No one can deny that there are transformation winners and transformation losers and the army of losers (i.e. those who measure democracy and freedom by the yardstick of their individual economic problems) is becoming a potential danger for any democratic process. Unfortunately, there can be no immediate cure for this state of affairs. To change the proportions of these groups requires considerable time and effort.

In order to become a part of a civic discourse which can, in the long run, increase the acceptance of economic reforms among the wider audience, business ethics ought to avoid the pitfalls of "ideological" divisions between left and right, post-communists and free market advocates, Catholic and liberal thinkers, etc. This is why the choice of vocabulary, as Richard Rorty would phrase it, is so crucial. In other words, the choice of philosophical tradition has far-reaching consequences, even though, at first glance, it is not too evident during practice-oriented debates. Business ethics in CEE has to avoid yet another danger: the possibility of contributing to a quite old rift in society. Under communism, the classic divide of "us vs. them" prevailed: *us* – citizens unable to influence the political system; *them* – those who have created, supported and benefited from this system. The us/them binary opposition did not disappear in the 1990s. It still exists as a line between transformation winners and transformation losers. "They" are seen by losers as immoral individuals taking advantage of the weakness of the state and its institutions – not as creative entrepreneurs. "We" are the immediate victims of their craft and cunning.

Business ethics cannot adopt the point of view of "us," which entails the perception of business as an eternal abuse of what is best for society as a whole. It cannot represent "us" as the only honest side of the social spectrum. The truth is that business reflects the average level of morality of the entire population. Consequently, business ethics will more likely achieve its goals as the inner voice of the business community than as the external judge. Indeed, we should draw a lesson from what Alasdair MacIntyre wrote 24 years ago:

"We ought to view with suspicion the recent American addiction to easy and instant moral indignation. It exhibits the kind of need to find a whipping boy which characteristically is a symptom of a deep, but unacknowledged unease about oneself. It reinforces the suggestion that the problems of American business are in crucial part the problems of the whole society. We ought always to remember what that keenest of all students of business ethics, Karl Marx, remarked: that we ought not to 'make the individual responsible for relations whose creature he socially remains'."[16]

This average level of moral ability is manifest, among other things, in the widespread cynicism and lack of trust. It is impossible for business ethics to build trust among CEE citizens, but it is possible to combat cynicism by undermining the "descriptive" part of cynical arguments. In order to achieve this goal, it has to configure an accurate picture of the free market economy, to learn more about the historical forces which have shaped CEE societies. It should also examine how certain ethical problems, hesitations and ambiguities notwithstanding, are being solved in everyday life. I am convinced that pragmatist philosophy, with its confidence in the common wisdom and trust in learning by doing, can become a source of inspiration for business ethics. People are cynical not because they do not know the difference between right and wrong; on the contrary, but because they know it and are extremely dismayed by the immorality and corruption they see around them. I would also define cynicism in a pragmatic way as a form of doubt – not an abstract, Cartesian doubt, but the skepticism that springs from real situations and disappointments – and as a pathway towards solutions, as a struggle to find response to unresolved situations.[17]

Business ethicists should join the business community and turn it into a "community of inquiry" in the Peircean sense. In practice, that entails "ethics without sermonizing," collective probings into the consequences of our actions and into the tacit preferences and evaluations already present in people's minds.[18] The ethicist will not achieve his or her goals by telling people that something is wrong. Instead he or she should start with the audience's experiences and their interpretations of the phenomenon in question. In my view, business ethics should not be too normative or too evaluative (meaning too openly normative), because by being descriptive it actually can better perform its norma-

---

16 *MacIntyre, Alasdair*, Why Are the Problems of Business Ethics Insoluble? In: Proceedings of the First National Conference on Business Ethics. Business Values and Social Justice: Compatibility or Contradiction? Center for Business Ethics at Bentley College, Waltham MA 1977, p. 99-100; the Karl Marx quotation is from "Capital", Vol. 1, Preface to the First Edition.

17 See *Rosenthal, Sandra B.* and *Buchholz, Rogene A.*, Rethinking Business Ethics. A Pragmatic Approach, New York 2000, p. 43, passim; see also *Nahser, Byron F.*, Learning to Read the Signs. Reclaiming Pragmatism in Business, Boston 1997, p.9, 60, 65.

18 *Nash, Laura L.*, Ethics without the Sermon, in: *Andrews, Kenneth R.* (ed.), Ethics in Practice. Managing the Moral Corporation, Boston, Mass. 1989, p.244.

tive function. For instance, there is sufficient historical evidence for the existence of commercial morality in modern economy (as opposed to feudalism) to substantiate the claim that business has been based on moral values "from the outset." Starting from a description of the "familism" characteristic of the Middle Ages and a myopic trust in the feudal era, and then proceeding on to tracing the development of modern economic institutions based on non-familistic trust, a key moral message can be conveyed without being overly judgmental about one's audience. As mentioned earlier, this is also the way to dismantle and deconstruct the descriptive part of the cynical argument (the "everybody does it" type of story).

"Sermons" can be also dangerous in view of the fact that there is still a fresh memory of the ideological fetters put on the market in the so-called command economy and the total, Marxist critique of capitalism (in its CEE institutionalized version). Consequently, the choice of the right strategy is crucial in our attempts to establish business ethics as an independent field of research and a legitimate subject in academic teaching.

I believe morality cannot be propagated by teaching abstract reasoning. Transmission of values and norms is possible only as a product of socialization, i.e. the process through which an individual absorbs not only values but also the whole way of life of his or her community. This process is already based on an individual's embeddedness in a group and at the same time strengthens this link between a group and a person. But in the context of teaching business ethics, more important are the opportunities created by secondary socialization. Business ethics can be considered a part of socialization into a profession, role learning and acquiring a new identity. The classroom should become the point for entry into this particular community. Here students should start learning "who they are" and should perceive themselves in a new way at the end of this process. This self-actualization does not consist in mechanical learning of certain roles and necessary standards. Much more is involved here: a change in personality, a strengthening of a person's integrity or sense of "wholeness.". A static view of character is rejected, replaced by the belief that human beings are always able to develop certain new personal characteristics. This recognition of the possibility for continuous development of human character goes back to Aristotle as well as Confucius.[19] It is also part of the tradition of American pragmatism.

---

19  see *Paine, Lynn S.*, Ethics as Character Development: Reflections on the Objective of Ethics Education, in: *Freeman, Edward R.* (ed.), Business Ethics. The State of the Art, New York 1991, p. 72.

Business ethics based on this approach is not an external reflection on business practice but an internal understanding of business, an awareness of its purpose and the necessity of certain virtues in business practice. As an academic subject, it answers the question: who are we as managers, who are we becoming as a result of our study of business administration? It is an attempt at building self-identification and successful enterprise: young people need this self-definition, which often contradicts what they have learned at home within their families and what they see around them in the society (more often than not through the media).

## 4. The Necessity of Trust

Since business morality reflects the morality of the entire society, business ethics cannot avoid discussion about society at large. There is only one "us" – the society of which business is an integral part. It is not possible to separate economic transformation from cultural change or any other transformation. So the question arises: how can business ethics contribute to the larger discussion on the course of reforms? I would contend that a description of contemporary global business will show that change is always possible, since most of the story is about successful change.

One of the most interesting and fruitful debates of the last ten years or so has focused on the problem of trust, summarized and popularised by Fukuyama in his well-known book.[20] The topic is still popular, its discussion illuminating. At the same time, it offers a prism for looking at societies in CEE and the prospects for reform. In Poland, for instance, this topic has been widely discussed for a number of years.

According to some sociologists, Polish society is familistic. Due to obvious historical reasons, the institutional environment for more than a century has been regarded as alien, even hostile, representing the "them" end of the "us-them" polarity. The "us" pole, of course, was constituted by the family. This process in itself does not necessarily undermine social virtues such as non-kin trust and the ability to form spontaneous voluntary associations. In reality, however, the public sphere suffers badly from this familistic bias prevalent in Polish society.

In this connection, Miroslawa Marody has spoken of "privatization of the public sphere," by which she meant a pattern of cooperative behaviour of indi-

---

20 *Fukuyama, Francis*, Trust. The Social Virtues and the Creation of Prosperity, New York 1995.

viduals consisting in projecting the rules of the private sphere onto the public one. Among other things, this means coping with problems in social life in an unofficial, non-institutional way.[21] It is not difficult to notice that corruption and nepotism are the most obvious examples of such a "privatization." A similar diagnosis was put forward by a Czech journalist in looking at the Czech Republic and its problems.[22]

Piotr Sztompka wrote about the "culture of trust," a conception akin to Fukuyama's notion of "social virtue." Sztompka claimed that this mode of culture is absent in Poland. Rather the opposite mechanism prevails, generating antisocial behavior, corruption and egoistic approaches to dealing with social dilemmas.[23]

The economic consequences of familism are quite predictable. Short-term gains outweigh long-term profits in importance. That attitude has a remarkable impact on investment decisions taken by professional managers, small entrepreneurs and ordinary citizens with extra funds for investment.[24] Profit anticipated in the more distant future demands greater levels of trust in other people and their motives as well as in institutions both public and private. The lack of this trust may also shed some light on the widespread view that we cannot afford morality in business at the present difficult moment. Pressure for short-term gains drives out both patience and confidence. Both are necessary in order to achieve future profits, which themselves hinge on one's good reputation and high moral standards.

In the light of these arguments, one may be apprehensive about Polish society: it could remain a low-trust society characterized by a large number of small family businesses, the "us" – while large economic organizations and transnational corporations will always belong to the antipodal sphere of "them." Need-

---

21 *Marody, Mirosława*, Kulturowe aspekty zmiany systemowej. (In Polish: The Cultural Aspects of a Systemic Social Change), in: Acta Collegium Invisibile, zeszyt 2., Warszawa 1997, p. 32.

22 "The well-developed Czech sense of comfortable survival, a sense of improvisation to create the coziest life possible, filled the vacuum between the individual and the state. This gap, was filled with something that bore a slight resemblance to a civil society; a self-help, self-regulating, and perverse form of a civil society." *Vrba, Tomas*, The Trade-offs of a Cozy Life, op. cit., p. 65.

23 *Sztompka, Piotr*, Czy kryzys zaufania w spoczeństwie polskim? (In Polish: Are we dealing with a crisis of trust within Polish society?), in: Acta Collegium Invisibile, zeszyt 2, Warszawa 1997, p. 59.

24 See e.g., *Marody, Mirosława*, Kulturowe aspekty zmiany systemowej, op.cit., p. 35, *Sztompka, Piotr*, Czy kryzys zaufania w spoczeństwie polskim? op. cit., p.62.

less to say, this process would again reinforce the inveterate familistic attitudes rampant in Poland. Is this fear justified?

Actually, this interest in trust can lead to unexpected conclusions. Once it becomes clear that a certain society is marked by features of low social trust, there is nothing one can do except summarize findings. The very idea of introducing the notion of trust into social-scientific discourse was in a bid to replace the legalistic, contractual bias with more "conservative" foundations related to the spontaneous, traditional and local social phenomena. As Peter L. Berger has put it: "Formal law (...) is the inevitable result of a decline of trust. One is tempted to say that it could not be otherwise in a complex modern society, but this too is open to doubt. Highly complex modern societies in East Asia function very well with much less formal law than we regard as indispensable."[25]

Indeed, there can be a bad law that cannot be trusted; the only hope then would be traditional morality and social relations based on trust. On the other hand, a "bad morality" or destructive, corrupting mode of trust (such as cronyism) can exist which can be remedied only by the law and public institutions. Probably this is the case in Poland today. At least some sociological diagnoses seem to indicate that. Given this lack of trust, what we need is better legislation.

Business ethics, then, should be more concerned with these social processes in order to better participate in public discourse on how to reform social institutions. Alone we cannot change the past or alter inherited deeply ingrained social habits, but we can contribute to dialogue on the directions these reforms should follow. When I read the title of an article in a serious but also very popular daily "The law which forces people to circumvent its regulations,"[26] I can only assume that not only is the centuries-old tradition to be blamed but the evident deficiencies in the work of our legislature as well. Instead of a preoccupation with the purported immorality of business, business ethics should position itself in the ongoing debate about those social institutions which will make it possible to change the habits of Polish society as a whole.

---

25 *Berger, Peter L.*, Trusting Laws, Trusting Others, in: First Things: April 1996, No. 62, p. 12.

26 *Bochniarz, Henryka*, Prawo, które zmusza do omijania przepisów. (In Polish: The law which forces people to circumvent its regulations), in: Rzeczpospolita: No. 172 (4729), 25 July 1997, p.22.

An interesting discussion took place in 1997 at a sociology conference. Professor Marody's rather pessimistic diagnosis[27] – Poland as a low-trust country, marked by weak social cooperation and with an underdeveloped, uneducated middle class lacking structural balance – was countered by Janusz A. Majcherek.[28] He brought a detailed analysis of statistical data which showed that change is not only possible but, in fact, is well advanced. Miroslawa Marody claimed that Polish collective imagination was filled with illusions about the capacity of Polish society to reorganize itself along the lines of Western standards. Janusz A. Majcherek replied that we are dealing with self-fulfilling prophecies which in part had already come true, not with illusions.

Two years later however, Piotr Sztompka supported Majcherek's views with a more optimistic assessment based on his own latest research:

"It seems that the vicious loop of deepening distrust in Poland has been overcome, and the virtuous self-amplifying loop of growing trust culture has finally been started on its way. A trust culture has entered into a mutually beneficial interaction with the slowly crystallizing democratic and market institutions, providing support for their viable operation, and being facilitated itself by the conducive context of democracy and market."[29]

Which brings me to my final conclusion: today's challenge for business ethics in CEE entails a new focus on historical traditions and cultures of this region, but without falling prey to cultural determinism. The normative claim of business ethics cannot be burdened by the ballast of illusions, though it ought not to do without a modicum of hope. Let me close with a quote from the most recent book by Timothy Garton Ash, a volume summarizing his experience and impressions on repeated visits to CEE during the 1990s:

"As I was preparing to fly to Slovakia from Heathrow Airport, I met a banker of my acquaintance who travels extensively in CEE. He bluntly summed up his personal finding thus: 'The further east and south you go, the more corruption and chaos'. The cardinal fault, it seems to me, is to turn probabilities into certain-

---

27 Her views were summarized by *Cieszewska, Barbara*, Mity polskie, czyli lekcja pokory. (In Polish: Polish myths or a humbling lesson), in: Rzeczpospolita: No. 240 (4797), 14 October 1997, p. 5.

28 *Majcherek, Janusz A.*, Trwalosc mitow a dynamika przemian. (In Polish: The persistence of myths and the dynamics of change), in: Rzeczpospolita, No. 265 (4822), 14 November 1997, p. 5.

29 *Sztompka, Piotr*, Trust. A Sociological Theory, Cambridge 1999, p. 190.

ties, grey zones into lines between black and white, and, above all, working descriptions into self-fulfilling prophecies. We know, for example, that the following pairings will be difficult to achieve: Balkan tolerance, Ukrainian prosperity, Russian democracy, Turkish respect for human rights. But to suggest that these are contradictions in terms is not just to relativize our own values. It is also to betray the many, many people who are fighting for these things in these places, against the odds, and sometimes at the risk of their lives."[30]

## Bibliography

*Ash, Timothy G.*, History of the Present. Essays, Sketches and Despatches from Europe in the 1990s. London 2000.

*Berger, Peter L.*, Trusting Laws, Trusting Others. In: First Things: April 1996, No. 62.

*Bochniarz, Henryka*, Prawo, które zmusza do omijania przepisów. (In Polish: The law which forces people to circumvent its regulations). In Rzeczpospolita: No. 172 (4729), 25 July 1997.

*Cieszewska, Barbara*, Mity polskie, czyli lekcja pokory.(In Polish: Polish myths or a humbling lesson). In Rzeczpospolita: No. 240 (4797), 14 October 1997.

*Fukuyama, Francis*, Trust. The Social Virtues and the Creation of Prosperity. New York 1995.

*Halecki, Oskar*, Historia Europy – jej granice i podziały. (in Polish, History of Europe – its borders and divisions). Lublin 1994.

*Huntington, Samuel P.*, The Clash of Civilizations? In Foreign Affairs: Vol. 72, 1/1993.

*Janik, Allan* and *Toulmin, Stephen*, Wittgenstein's Vienna, New York 1973.

*Kundera, Milan*, The Tragedy of Central Europe. In New York Review of Books: April 26, 1984.

*Longworth, Philip*, Central Europe: selective affinities. In TLS 4/1989.

---

30 *Ash, Timothy G.*, History of the Present. Essays, Sketches and Despatches from Europe in the 1990s., op. cit., p. 396.

*Longworth Phillip*, The Making of Eastern Europe. From Prehistory to Post-communism. London 1992.

*MacIntyre, Alasdair*, Why Are the Problems of Business Ethics Insoluble? In Proceedings of the First National Conference on Business Ethics. Business Values and Social Justice: Compatibility or Contradiction? Center for Business Ethics at Bentley College, Waltham MA 1977.

*Majcherek, Janusz A.*, Trwalosc mitow a dynamika przemian. (In Polish: The persistence of myths and the dynamics of change), in: Rzeczpospolita, No. 265 (4822), 14 November 1997, p. 5.

*Marody, Mirosława*, Kulturowe aspekty zmiany systemowej. (In Polish: The Cultural Aspects of a Systemic Social Change). In: Acta Collegium Invisibile, zeszyt 2., Warszawa 1997.

*Marx, Karl*, Capital, Vol. 1. London 1993.

*Nahser, Byron F.*, Learning to Read the Signs. Reclaiming Pragmatism in Business. Boston 1997.

*Nash, Laura L.*, Ethics without the Sermon. In *Andrews, Kenneth R.* (ed.), Ethics in Practice. Managing the Moral Corporation. Boston, Mass. 1989.

*Offe, Claus*, Varieties of Transition. The East European and East German Experience. Cambridge, Mass. 1997.

*Paine, Lynn S.*, Ethics as Character Development: Reflections on the Objective of Ethics Education. In *Freeman, Edward R.* (ed.), Business Ethics. The State of the Art. New York 1991.

*Rosenthal, Sandra B.* and *Buchholz, Rogene A.*, Rethinking Business Ethics. A Pragmatic Approach. New York 2000.

*Rosser, Barkley J. Jr.* and *Rosser, Marina V.*, Comparative Economics in a Transforming World Economy. Chicago 1996.

*Sztompka, Piotr*, Czy kryzys zaufania w spoczeństwie polskim? (In Polish: Are we dealing with a crisis of trust within Polish society?). In Acta Collegium Invisibile, zeszyt 2, Warszawa 1997.Ryan, Leo V.: The New Poland: Major Problems for Ethical Business. In Business Ethics. A European Review: Vol. 1, 1/1992.

*Sztompka, Piotr*, Trust. A Sociological Theory. Cambridge 1999.

*Vrba, Tomas*, The Trade-offs of a Cozy Life. In Transitions. Changes in Post-Communist Societies: Vol. 5, 3/1998.

# Vom Sinn moralischer Werte – die Bedeutung der moralischen Erziehung für den Transformationsprozess in Mittelosteuropa

## *Michael S. Aßländer*

### 1. Einleitung

Moralisches Handeln ist nicht nur eine Frage der richtigen Erkenntnis sondern ebenso, wenn nicht in noch erheblicherem Maße eine Frage der richtigen moralischen Erziehung. Dies gilt für individuelles Handeln wie für Handeln im ökonomischen Kontext in gleicher Weise. Stets bezieht sich die Frage nach dem richtigen Handeln auf zwei Aspekte: Was wird im jeweiligen Handlungskontext als richtig angesehen und was veranlasst den einzelnen, sich entsprechend zu verhalten.

Gerade in Transformationsökonomien, in denen oftmals ein geeigneter politischer und ökonomischer Ordnungsrahmen fehlt oder erst im Aufbau begriffen ist, kommt dem moralischen Verhalten der einzelnen Akteure ein besonderes Gewicht zu. Da trotz allmählich sich verändernder Binnenstrukturen und der Verbesserung der staatlichen Rahmenbedingungen mittelfristig nicht mit einem Abschluss der Übergangsphase zu rechnen ist, muss zum einen die Frage nach den herrschenden Werthaltungen und deren Auswirkungen auf die ökonomischen Verhältnisse in der Übergangsphase gestellt werden. Zum anderen gilt es aber auch, die Rolle der moralischen Erziehung im Transformationsprozess zu untersuchen, um so Aussagen über die Bereitschaft zu moralischem Handeln gemäß den Anforderungen einer marktwirtschaftlichen und demokratischen Ordnung machen zu können.

### 2. Die Entwicklung des moralischen Bewusstseins als Voraussetzung des moralischen Urteilens

#### 2.1. Kohlbergs Psychologie der moralischen Stufen

Bereits Ende der 50er Jahre entwickelte Kohlberg ein Sechs-Stufen-Modell der moralischen Entwicklung. Er griff dabei die Hypothese Jean Piagets auf, der in seiner Schrift „Das moralische Urteil beim Kinde" die These vertrat, dass mit der

Pubertät das moralische Urteilsvermögen bei Kindern vom heteronomen auf autonomes Denken umgestellt würde und mithin voll ausgeprägt wäre.[1]

In Fortführung dieser Thematik untersuchte Kohlberg weiße Jugendliche aus einem Vorort Chicagos über einen Zeitraum von 17 Jahren. Anhand der Ergebnisse unterschied Kohlberg sechs Stufen der moralischen Entwicklung:[2]

| | | |
|---|---|---|
| Präkonventionelle Ebene: | Stufe 1: | Orientierung an Strafe und Gehorsam |
| | Stufe 2: | Orientierung an instrumentellen Zwecken und Tauschbeziehungen |
| Konventionelle Ebene: | Stufe 3: | Orientierung an interpersonellen Erwartungen; Konformität |
| | Stufe 4: | Orientierung an der Erhaltung des sozialen Systems |
| Postkonventionelle Ebene: | Stufe 5: | Orientierung am Sozialvertrag |
| | Stufe 6: | Orientierung an universellen ethischen Prinzipien |

Stufe 1:

Die moralische Orientierung ist hier unmittelbar an den Mechanismus von Strafe und Belohnung gebunden. Gehorsam wird als moralisch richtig verstanden. Die Intention dessen, der Verhalten belohnt oder bestraft, wird dabei nicht berücksichtigt oder gar verstanden. Anordnungen werden buchstabengetreu umgesetzt. Es gilt: „Die Macht bestimmt, was richtig ist."

Stufe 2:

Die Grundorientierung ist auf den Austausch von Leistungen gerichtet. „Moralisches" Verhalten ist zweckorientiert und instrumentell. Die eigene Bedürfnisbefriedigung steht im Vordergrund. Zum Zwecke der eigenen Nutzenoptimierung werden jedoch gelegentlich unmittelbare eigene Interessen zugunsten eines Austauschs zurückgestellt. Das Motto lautet: „Wie du mir, so ich dir."

Stufe 3:

Auf dieser Stufe ist der Mensch in der Lage, bewusst auf die Bedürfnisse und Wünsche seiner Mitmenschen einzugehen. Bezugsgruppe bildet dabei primär das

---

1   Vgl. *Piaget, Jean*: Das moralische Urteil beim Kinde, Stuttgart 1983. S. 236 ff.

2   Vgl. *Garz, Detlef*: Lawrence Kohlberg, Hamburg 1996. S. 54 – 62.

unmittelbare soziale Umfeld, i.e. Familie, Freunde, Bekannte etc. Das eigene Verhalten ist bestimmt durch: Respekt, Vertrauen und Dankbarkeit. Als Verhaltensorientierung gilt: „Good-boy-, Good-girl-Orientierung".

Stufe 4:

Grundorientierung bildet der moralische Rahmen einer Gemeinschaft, wie er z.B. in den Gesetzen eines Staates zum Ausdruck kommt. Das Verhalten richtet sich nach den religiösen Geboten der Gemeinschaft, nach staatlichen Gesetzen aber auch nach den allgemein innerhalb der Gemeinschaft üblichen und praktizierten Normen. Diese Orientierung basiert auf der Erkenntnis, dass die moralische Ordnung der Gemeinschaft keine Ausnahmen zulassen darf. Moralisches Verhalten ist damit nicht mehr Gegenstand subjektiver Entscheidungen einzelner, sondern orientiert sich an der Gemeinschaft.

Stufe 5:

Moral wird hier auf eine der Gesellschaft vorgelagerte Ebene transformiert. Im Vordergrund steht nicht mehr die Binnenmoral der Gemeinschaft, sondern die diese Binnenmoral ermöglichende ethische Reflexion; z.B.: allgemeine Freiheitsrechte als Grundlage des freien Vertragsschlusses oder Gleichheit aller Menschen im Sinne einer Naturrechtstradition. Normen und Werte können auf dieser Ebene logisch gegeneinander abgewogen werden. So ist z.B. das Recht auf Eigentum dem Recht auf Leben logisch nachgelagert, da Eigentum ohne menschliches Leben nicht denkbar ist.

Stufe 6:

Auf dieser Stufe bilden universelle moralische Normen den Orientierungspunkt für moralisches Verhalten. Aus den bereits auf Stufe fünf prinzipiell erkannten allgemeinen moralischen Geboten werden selbständig Regeln abgeleitet, die ein eigenständiges, abgewogenes moralisches Urteil in der konkreten Situation erlauben. Bezeichnend ist hierfür ein Verfahren, das Kohlberg als das Verfahren der idealen Rollenübernahme bezeichnet.[3] Dieses vollzieht sich in drei Schritten: 1. es gilt, sich in die Situation der beteiligten Personen hineinzuversetzen und jene Ansprüche abzuwägen, die man erheben könnte; 2. es gilt sich vorzustellen, dass der einzelne nicht weiß, wer er in der gegebenen Situation tatsächlich ist, und zu fragen, ob er auch aus Perspektive der anderen dann seine Ansprüche noch aufrecht erhalten würde; 3. es gilt, auf Basis dieser wechselseitigen Ansprüche zu handeln.

---

3  Vgl. *Kohlberg, Lawrence*: Die Psychologie der Moralentwicklung, Frankfurt am Main 1996. S. 344 f. u. 349 f.

Im Gegensatz zu Jean Piaget ist die Stufentheorie Kohlbergs jedoch nicht an bestimmte Altersgruppen gebunden. Die einzelnen Stufen bezeichnen lediglich die Abfolge der moralischen Entwicklung, wobei Kohlberg allerdings davon ausgeht, dass die postkonventionelle Phase frühestens im Erwachsenenalter erreicht werden kann. Die einzelnen Stufen der moralischen Entwicklung werden dabei irreversibel durchlaufen, d.h. wer einmal auf einer bestimmten Stufe des moralischen Urteilens angelangt ist, kann in seinem moralischen Denken und Argumentierten nicht mehr auf eine frühere Stufe zurückfallen.

Da die empirischen Studien eine Reihe von Aussagen beinhalten, die zwar nicht mehr eindeutig der Stufe 4 aber auch noch nicht eindeutig der Stufe 5 zuordnenbar sind, konstatiert Kohlberg einen Bruch zwischen der konventionellen und der postkonventionellen Phase. Er plädiert für die Einführung einer Stufe 4 ½.[4] Typische Haltungen der Stufe 4 ½ sind der ethische Skeptizismus, der ethische Relativismus oder der ethische Egoismus und der ethische Individualismus. Zwar wird hier das moralische Denken auf Stufe vier praktiziert, zugleich aber dessen Gültigkeit in Frage gestellt. „Der Relativismus in der Adoleszenzkrise, die Stufe 4 ½, kann nur deshalb auftreten, weil es eine vage Vorstellung von einem universellen ethischen Standpunkt gibt, im Hinblick auf den der kulturelle Code relativ und willkürlich erscheint."[5]

## 2.2. Die Bedeutung der moralischen Erziehung

Zwar drückt Kohlbergs Stufenmodell verschiedene Ebenen des moralischen Urteilsvermögens aus. Offen bleibt jedoch die Frage, inwieweit ein ausgeprägtes moralisches Urteilsvermögen alleine bereits ausreicht, um den einzelnen zu moralischem Handeln zu motivieren. „Konzeptionell würde man einen starken Zusammenhang zwischen der Entwicklung des moralischen Bewusstseins und dem moralischen Entscheidungsprozess erwarten; trotzdem trifft Kohlbergs Theorie Erklärungen und Voraussagen für Kognitionen, nicht für Verhalten."[6] Für das tatsächlich geäußerte moralische Verhalten scheinen offensichtlich andere Faktoren von Bedeutung: „Auch wenn Kinder zwischen gut und böse unterscheiden können, wird das für sie nicht zwangsläufig zum Leitbild eigenen Handelns. Das

---

4   Vgl. *Kohlberg, Lawrence*: Die Psychologie der Moralentwicklung, a.a.O. S. 100 f.

5   *Kohlberg, Lawrence*: Die Psychologie der Moralentwicklung, a.a.O. S. 120.

6   *Wimbush, James C.*: The Effect of Cognitive Moral Development and Supervisory Influence on Subordinates Ethical Behavior, in: Journal of Business Ethics: Vol. 18, 4/1999. S. 389.

Erziehungsmilieu kann die innere Bereitwilligkeit für moralisch bewusstes Verhalten fördern."[7]

In diesem Sinne bedarf es einer „moralischen Erziehung", um diese „innere Bereitwilligkeit" zu erlernen. Entsprechend unterschiedliche Anliegen verfolgen die philosophische Ethik und die Moralpädagogik: Während es der philosophischen Ethik darum geht, Normen zu begründen, also zu sagen, was richtig und was falsch ist, geht es der Moralpädagogik um die Erziehung zu richtigem Handeln, also darum, zu richtigem Verhalten zu motivieren. So ist zwar die philosophische Ethik der Pädagogik vorgelagert, da es zunächst die Frage nach richtig und falsch zu klären gilt. Dennoch ist die Ethik auf die moralische Erziehung angewiesen, da es nicht genügt, zu wissen, was richtig und was falsch ist, sondern auch darum geht, das Richtige zu tun. Hierzu zu motivieren, ist Aufgabe der moralischen Erziehung.[8]

„Wer von einer Handlung sagt, sie sei gut oder schlecht, gibt damit eine Antwort auf die Frage, ob diese Handlung getan oder nicht getan werden soll, und es bleibt dem Anderen überlassen, was er mit dieser Antwort macht (...) Der Urteilende jedenfalls hat seine Arbeit getan, wenn der Andere verstanden hat oder zumindest (...) verstanden haben könnte, was gesagt wird. Falls es aber darum geht, tatsächlich zu bewirken, dass der Andere die Handlung tut, die der Urteilende als richtig ansieht, muss dieser sich möglicherweise nach ganz anderen Mitteln umsehen: Er kann es mit Überredung oder Überlistung versuchen, mit Drohungen oder Versprechungen oder, wenn dies alles nicht hilft, mit Gehirnwäsche oder mit Folter. Seine Arbeit hat er erst dann getan, wenn der Andere am Ende wirklich tut, was er tun sollte; und er hat sie um so besser getan, je rascher und effizienter er sein Ziel erreicht."[9]

Die Frage, ob tugendhaftes Verhalten gelehrt werden kann und, wenn ja, wie, ist von jeher eng mit der Frage nach der richtigen Moral verbunden.[10] Wie unterschiedlich die Antworten von der Antike bis zur Neuzeit auch ausgefallen sein mögen, so macht alleine die Fragestellung schon deutlich, dass Tugend weder zu

---

7   *Damon, William*: Die Moralentwicklung von Kindern, in: Spektrum der Wissenschaft: Oktober 1999. S. 62.

8   Vgl. u.a. *Hügli, Anton*: Pädagogische Ethik, in: *Pieper, Annemarie* u. *Thurmherr, Urs* (Hrsg.): Angewandte Ethik, München 1998. S. 316 ff. u. *Pieper, Annemarie*: Einführung in die Ethik, Tübingen 2000. S. 156 f.

9   *Hügli, Anton*: Pädagogische Ethik, a.a.O. S. 314.

10  Vgl. insb. *Platon*: Menon, in: Sämtliche Werke in 4 Bdn., Reinbek 1994. Bd. 1, 70a – 71a.

den natürlichen Anlagen des Menschen gerechnet wird, noch dass die Erkenntnis des Richtigen zwangsläufig zu richtigem Handeln führt. Es bedarf hier also der moralischen Erziehung, da wir – so Aristoteles – schon von Kindheit an daran gewöhnt werden müssen, „Lust" und „Unlust" zu empfinden, worüber wir es sollen.[11]

Zwar konnten empirische Studien belegen, dass in Folge von Ethikseminaren ein signifikant hoher Anteil der Seminarbesucher das Niveau seiner moralischen Argumentation verbessern konnte. Diese Beobachtung legt die Vermutung nahe, dass, je mehr Individuen über moralische Themen lernen, desto schneller die einzelnen Stufen der moralischen Beurteilung durchlaufen werden.[12] Es bleibt jedoch fraglich, ob diese Zunahme des moralischen Urteilsvermögens zugleich eine notwendige wie eine hinreichende Bedingung für moralisches Handeln darstellt.

Ann Colby und William Damon unterstreichen daher einen anderen Aspekt der moralischen Erziehung. In einer Studie, bei der sie die Verhaltensweisen von Persönlichkeiten untersuchten, die für ihr soziales und karitatives Engagement bekannt geworden waren, stellten sie fest, dass für richtiges moralisches Verhalten nicht unbedingt ein hoch entwickeltes moralisches Bewusstsein Voraussetzung ist, sondern vielmehr der Wille zu persönlichem Engagement zählt. „Bei diesen Menschen waren moralische Identität und moralische Betroffenheit sehr eng verknüpft. (...) Dennoch erkannten wir an diesen moralisch herausragenden Personen nicht etwa eine höhere Stufe moralischer Urteilsfähigkeit im Sinne Kohlbergs. Auch in ihren ethischen Idealen entsprachen sie durchaus den anderen."[13]

Der Unterschied zwischen Menschen, die durch moralische Betroffenheit zu sozialem Engagement veranlasst werden, und Menschen, die hiervon unberührt bleiben, liegt auf Ebene der Erziehung. Neben dem Wissen um richtiges moralisches Verhalten bedarf es auch des inneren Antriebs, das eigene Verhalten an diesen als richtig erkannten Normen auszurichten. Die Herausbildung einer moralischen Identität bildet hier eine wichtige Voraussetzung für die moralische Handlungsmotivation. Entscheidend für die Orientierung an moralischen Handlungsmustern ist nicht zuletzt die Akzeptanz einer bestimmten Rolle, mit der

---

11  Vgl. *Aristoteles*: Nikomachische Ethik, in: Philosophische Schriften in 6 Bdn., Hamburg 1995. Bd. 3, 1104 b 10 ff.

12  Vgl. *Robertson, Chris* u. *Fadil, Paul A.*: Ethical Decision Making in Multinational Organizations, in: Journal of Business Ethics: Vol. 19 4/1999. S. 389.

13  *Damon, William*: Die Moralentwicklung von Kindern, a.a.O. S. 66.

diese moralischen Vorstellungen verknüpft sind. Jugendliche, die sich nicht vorstellen können, zukünftig in ihrem Leben als Arzt, Mitglied des Kirchenvorstandes oder Familienvater eine bestimmte Rolle zu übernehmen, erwiesen sich einer amerikanischen Studie zufolge in ihrem moralischen Verhalten als wesentlich labiler als Kinder mit vergleichsweise „klaren" Rollenerwartungen und entsprechend konkreten Wertvorstellungen. Diese waren eher bereit, die moralischen Rollenerwartungen, die sie mit ihren Zukunftsperspektiven verbanden, bereits früh in ihren Alltagshandlungen umzusetzen.[14]

2.3. Moralische Dimensionen innerhalb der Unternehmung

In ähnlicher Weise stellt sich diese Frage nach der Motivation zu moralischem Handeln ebenfalls im Bereich der Wirtschafts- und Unternehmensethik. Jedoch geht es hier neben der Lücke von Erkennen und Tun vor allem auch um die institutionellen Barrieren der Organisationsstruktur und die informellen Barrieren der Organisationskultur, die moralisches Veralten in Unternehmen fördern oder behindern können.[15] Dabei stehen der Erkenntnis des Richtigen auf der einen Seite die Handlungserwartungen und Entscheidungsroutinen innerhalb des Unternehmens auf der anderen Seite gegenüber.

Auf Seiten der Organisationsstruktur bedeutet dies, dass die Menge möglicher Handlungsalternativen oftmals bereits durch den organisatorischen Rahmen des Unternehmens eingeengt ist. Entsprechend bleiben ethische Reflexionen bezüglich der eigenen Handlungsoptionen vielfach hinter den durch die Organisation gesetzten rein formalen Anforderungen zurück.

Wie stark diese Organisationsstrukturen das Moralverhalten des einzelnen beeinflussen können, belegt der Fall der Firma Sears, Roebuck & Company. Die amerikanische Automobil-Service Firma wurde Anfang der 90er Jahre in über 40 US-Bundesstaaten angeklagt, ihren Kunden übertriebene und unnötige Serviceleistungen und Ersatzteile verkauft zu haben. Die Analyse der Verkaufspraktiken ergab, dass es sich hierbei nicht um individuelle moralische Verstöße handelte oder um unmoralische Praktiken, die seitens der Unternehmensführung von ihren Mitarbeitern explizit gefordert worden wären, sondern dass hier eine Fülle organisatorischer Faktoren zusammenspielte, die die einzelnen Mitarbeiter zu diesem Verhalten veranlassten. Um dem wachsenden Konkurrenzdruck auf dem Automobilservice-Markt zu begegnen hatte Sears, Roebuck & Company die Ver-

---

14 Vgl. *Damon, William*: Die Moralentwicklung von Kindern, a.a.O. S. 68.
15 Vgl. *Steinmann, Horst* u. *Löhr, Albert*: Grundlagen der Unternehmensethik, Stuttgart 1994. S. 32 – 39.

kaufsziele für ihre Mitarbeiter heraufgesetzt. Den einzelnen Verkäufern wurde konkret vorgegeben, wieviel sie von den jeweiligen Ersatzteilen, die die Firma anbot, verkaufen sollten. Ferner wurden Anreizsysteme für die Mechaniker eingeführt, um „Produktivitätssteigerungen" im Servicebereich zu bewirken. Das Erreichen der vorgegebenen Quoten war maßgebliche Grundlage für ein Bonus-Malus-System bei den Arbeitsstunden. Diese Vorgaben und der damit erreichte Leistungsdruck führten letztlich dazu, dass viele der Mitarbeiter, anstelle zeitaufwendige Reparaturen durchzuführen, versucht waren, ganze Systeme auszutauschen, und, um ihre Verkaufsquoten zu erfüllen, zusätzliche Teile in den Fahrzeugen einbauten.[16]

Auf Seiten der Organisationskultur sind es dagegen vor allem spezifische Rollenerwartungen, die im Unternehmen auf den einzelnen einwirken und so sein Entscheidungsverhalten beeinflussen. In den wenigsten Fällen kann sich hier die individuelle Moral gegen den „Gruppengeist" im Unternehmen durchsetzen.

Besonders problematisch erscheinen dabei vor allem widersprüchliche Erwartungen an den einzelnen. So hatte sich beispielsweise die Firma General Motors durch eine Unternehmensverfassung auf die Förderung ethischer Verhaltensweisen in ihren Betriebsstätten verpflichtet und diese Leitlinien auf allen Unternehmensebenen konkret umgesetzt. Dennoch erhielt ein Werksleiter, dessen Betrieb nachweislich die Fahrzeuge mit der schlechtesten Qualität produzierte und gleichzeitig die schlechtesten Arbeitsbedingungen, Sozialstandards usw. des ganzen Unternehmens auswies, eine der höchsten Bonus-Zahlungen. Grund hierfür war ein Programm, das die Kostenreduktion als erklärtes Ziel der Betriebsleitung festschrieb. Dieses Programm förderte geradezu unmoralische Vorgehensweisen, insbesondere im Bereich der Personalpolitik und bei der Einhaltung von Sicherheitsstandards. Es war dem einzelnen Manager in diesem Fall nicht möglich, beide Zielvorgaben des Unternehmens gleichzeitig zu erfüllen.[17] Metzger, Dalton und Hill kommen daher zu dem Ergebnis, dass es noch wichtiger ist, innerhalb der Unternehmenskultur jene Belohnungssysteme aufzuspüren, die Anreize für unethisches Verhalten liefern, als ethisches Verhalten zu belohnen. Unternehmen beschränken die Wirkung ihrer Ethikkodizes oftmals selbst

---

16  Vgl. *Paine, Lynn Sharp*: Managing for Organizational Integrity, in: Harvard Business Review: March-April 1994. S. 107 f.

17  Vgl. *Metzger, Michael* et al.: The Organization of Ethics and the Ethics of Organizations: The Case for Expanded Organizational Ethics Audits, in: Business Ethics Quarterly: Vol. 3, 1/1993. S. 33.

dadurch, dass sie alte Anreizsysteme, die zu unethischem Verhalten verleiten, bestehen lassen.[18]

Ähnlich, wie es im Bereich des Individualverhaltens einer moralischen Erziehung bedarf, um zu moralischem Handeln zu motivieren, bedarf es hierzu auch innerhalb der Unternehmung bestimmter Sozialisationsprozesse. Mehrere Aspekte sind dabei von Bedeutung:

(1) Das Vorbild des Managements zählt (moral leadership):

Innerhalb des betrieblichen Sozialisationsprozesses kommt zunächst dem Führungsverhalten des Managements eine besondere Bedeutung zu. Empirische Studien belegen, dass das Führungsverhalten der Vorgesetzten mittel- und langfristig das Verhalten der nachgeordneten Untergebenen ebenso wie den Umgang der Mitarbeiter untereinander wesentlich beeinflusst. Langfristig wirken sich die im Führungsstil und durch das gelebte Beispiel zum Ausdruck gebrachten moralischen Werthaltungen der Vorgesetzten in allen Unternehmensbereichen aus. Es sind häufig gerade die erfolgreichen Unternehmen am Markt, die sich durch klare Führungsgrundsätze und eine auf konkreten und verbindlichen Werthaltungen basierende Unternehmenskultur auszeichnen.[19] Das Beispiel des Vorgesetzten und sein Lob und Tadel sind entscheidende „Motivators" für oder gegen moralisches Verhalten: „Das ethische Verhalten, das zukünftig gezeigt wird, ist – zumindest teilweise – bestimmt durch das Feedback der Vergangenheit."[20]

(2) Gemeinsame moralische Überzeugungen (moral identity):

Die „moral identity" eines Unternehmens gründet auf den persönlichen Werthaltungen der Unternehmensmitglieder, deren Werte und Ideale hierzu die „normative Basis" bilden müssen.[21] Dies ist um so bedeutungsvoller, als Mitarbeiter sich

---

18  Vgl. *Metzger, Michael* et al.: The Organization of Ethics and the Ethics of Organizations: The Case for Expanded Organizational Ethics Audits, a.a.O. S. 33.

19  Vgl. u.a. *Bass, Bernard M.* et al.: Transformational Leadership and the Falling Dominoes Effect, in: Group und Organization Studies: Vol 12, 1/1987. S. 84 ff., *Jones, Harold B. Jr.*: The Ethical Leader: An Ascetic Construct, in: Journal of Business Ethics: Vol. 14, 10/1995. S. 870 ff. u. *Aßländer, Michael*: Instrumente der Unternehmensethik, in: Gablers Magazin: 11-12/1998. S. 31 f.

20  *Wimbush, James C.*: The Effect of Cognitive Moral Development and Supervisory Influence on Subordinates Ethical Behavior, a.a.O. S. 390.

21  Vgl. u.a. *Aßländer, Michael*: Management und Führungsethik: Durch Führungskultur richtig entscheiden, in: Gablers Magazin: 9/1997. S. 8 f. u. *Zimmerli, Walther Ch.* u. *Aßländer, Michael*: Wirtschaftsethik, in: *Nida-Rümelin, Julian* (Hrsg.): Angewandte Ethik, Stuttgart 1996. S. 350 f.

in Konfliktsituationen oftmals nicht nach formalen Verhaltensvorschriften richten, sondern entsprechend ihrer langfristig internalisierten eigenen Moralvorstellungen handeln. Wichtig für moralisches Verhalten in Unternehmen ist daher die Identifizierung der von den Mitarbeitern bereits sozialisierten Normen und Werte.[22] Wie Carlson und Perrewe darlegen, basiert die „moral identity" auf einer Art stillschweigender Übereinkunft der Unternehmensmitglieder über die Gültigkeit bestimmter Werte. Diese als „psychological contract" bezeichnete Übereinkunft enthält u.a. Erwartungen hinsichtlich des Verhaltens von Mitarbeitern und Vorgesetzten, der Verfolgung gemeinsamer Ziele und Visionen und der Verständigung über individuelle und unternehmerische Bedürfnisse und Ansprüche.[23]

(3) Fixierung der gemeinsamen moralischen Überzeugungen (codes of ethics):

Wenn es darum gehen soll, zu moralischem Verhalten zu motivieren, bedarf es sowohl auf der institutionellen Ebene der Unternehmensstruktur als auch auf der informellen Ebene der Unternehmenskultur bestimmter klar formulierter Werte und Normen, die klare Kompetenzen schaffen und eine eindeutige Verhaltenserwartung vorgeben. Es geht um die Schaffung formaler Strukturen, die den Freiraum für moralisch motiviertes Handeln überhaupt erst schaffen, und um eine Unternehmenskultur, die in der Lage ist, das moralische Urteilsvermögen des einzelnen zu fördern. Üblicherweise werden diese gemeinsamen, für beide Seiten verpflichtenden Normen und Werthaltungen im Rahmen von Ethikkodizes festgeschrieben. Formal wird dieser „code of ethics" zum Bestandteil des Arbeitsvertrages, seine Verletzung zieht arbeitsrechtliche Schritte nach sich. So entließ beispielsweise die U.S.-amerikanische Chemical Bank Ende der 80er Jahre mehrere Angestellte wegen Verstoßes gegen den Ethikkodex der Unternehmung, obwohl diese Angestellten gegen keinerlei gesetzliche oder standesrechtliche Vorschrift verstoßen hatten.[24]

Geht man also davon aus, dass es auf Unternehmensebene wie auf Individualebene letztlich die gleichen Faktoren sind, die moralisches Verhalten befördern – positive Rollenidentifikation, Argumentationsfähigkeit, die Möglichkeit, eine eigene moralische Position einzunehmen, die Befähigung, ein moralisches Urteil

---

22  Vgl. *Jones, Harold B. Jr.*: The Ethical Leader: An Ascetic Construct, a.a.O. S. 868.

23  Vgl. *Carlson, Dawn S.* u. *Perrewe, Pamela L.*: Institutionalization of Organizational Ethics Through Transformational Leadership, in: Journal of Business Ethics: Vol. 14, 10/1995. S. 835.

24  Vgl. *Carlson, Dawn S.* u. *Perrewe, Pamela L.*: Institutionalization of Organizational Ethics Through Transformational Leadership, a.a.O. S. 832.

zu fällen und zu begründen etc. –, und stellt man weiter in Rechnung, dass es in beiden Bereichen bestimmter Freiräume bedarf, moralische Einstellungen handlungswirksam werden zu lassen, dann bilden die drei genannten Faktoren eine notwendige, wenn auch noch keine hinreichende Bedingung zur Umsetzung moralischer Wertvorstellungen auf der Handlungsebene des Unternehmens.

## 3. Bedeutung der moralischen Erziehung für den Transformationsprozess der mittelosteuropäischen Wirtschaften

Will man also die Frage nach moralisch richtigem Handeln beantworten, gilt es zwei unterschiedliche Aspekte zu berücksichtigen: Zum einen die Frage nach dem, was als richtig und was als falsch erkannt wird. Zum anderen die Frage nach den Motiven, die den einzelnen dazu veranlassen, das Richtige oder das Falsche zu tun. Will man Aussagen hinsichtlich der gesellschaftlichen Moral in den Ländern mit Transformationsökonomien treffen, gilt es, beide Fragen zu beantworten. Es bedarf einerseits einer Analyse der herrschenden Werthaltungen und Normen innerhalb dieser Gesellschaften und andererseits einer Untersuchung der Einflussfaktoren auf die Bereitschaft zu moralischem Handeln. Ersteres schließt dabei die Frage nach dem Abstraktionsniveau moralischer Urteile ebenso ein wie die Frage nach der Kompatibilität der herrschenden Moralvorstellungen mit den ökonomischen und gesellschaftlichen Anforderungen. Letzteres hat insbesondere auch den Einflüssen gesellschaftlicher Traditionen, historischer Entwicklungen und von Familie, Schule usw. auf den individuellen Sozialisationsprozess und auf die Bereitschaft zu moralischem Handeln Rechnung zu tragen.

### 3.1. Die Frage nach den gesellschaftlichen Werthaltungen

Die Frage der herrschenden Werthaltungen insbesondere in russischen Organisationen versuchen unter anderen Satish Deshpande, Elizabeth George, Jacob Joseph und Vasily Maximov in einer empirischen Studie zu beantworten. Im Vordergrund ihrer Analyse steht dabei die Überlegung, dass es von maßgeblicher Bedeutung für den erfolgreichen Übergang Russlands zur Marktwirtschaft sei, zum einen zu überprüfen, ob die gesellschaftlich-ökonomischen Zusammenhänge, wie sie für die westlichen Marktwirtschaften zugrundegelegte werden, ebenfalls im russischen Kontext gelten. Zum anderen stellen sie die Frage, welche Besonderheiten russischer Moralvorstellungen es im internationalen Kontext zu berücksichtigen gilt, um so Verständigungsbarrieren abzubauen.

Die moralische Einschätzung einzelner russischer Betriebe durch deren Mitarbeiter ergab, dass überwiegend Werte wie Professionalität und Regelbefolgung im Vordergrund standen. Wichtig war zudem stets die Gruppenperspektive, d.h. die Orientierung am Gesamtwohl des Unternehmens und der Mitarbeiter. Auffällig war hingegen, dass es als durchaus moralisch unbedenklich eingestuft wurde, wenn Manager gezielt Informationen für eigene Zwecke nutzten. Auch wurde es nicht als sonderlich problematisch erachtet, dass das vom Unternehmen geforderte Verhalten den eigenen Moralvorstellungen und Werthaltungen zuwider laufen könne. Je stärker das Unternehmensinteresse am Gemeinwohl orientiert war, desto bedeutungsvoller war für die Mitarbeiter der Zusammenhang zwischen ethischem Verhalten und ökonomischem Erfolg. Dieser Zusammenhang wurde umso unwichtiger, je stärker von den Mitabeitern Professionalität als zentraler Wert betont wurde. Von einem guten Manager wurde in der Regel erwartet, dass er im Interesse der Abteilung bereit war, die Wahrheit zu manipulieren. Betrügerein, mitunter auch zum Schaden der Mitarbeiter, wurden als normal akzeptiert.[25] Dabei ergab sich insbesondere hinsichtlich der Werte wie Wahrheit im Berichtswesen, Diebstahl, die Benutzung von Unternehmenseinrichtungen zu privaten Zwecken und Fehlzeiten am Arbeitsplatz eine signifikante Geschlechterdifferenz: Frauen beurteilten derartiges Verhalten als erheblich unmoralischer als ihre männlichen Kollegen. Die Autoren führten dies auf ein geschlechterspezifisches Rollenverhalten zurück, das Männer dazu veranlasst, im Beruf aggressiver und „kampfbereiter" zu sein als Frauen.[26]

Ähnliche Ergebnisse lassen sich ebenso für zahlreiche andere mittelosteuropäische Staaten finden. So stehen in einer Untersuchung über von westlichen Managern als unethisch eingestufte Praktiken rumänischer Managementkollegen Verhaltensweisen wie Privatnutzung von Firmeneigentum, Nepotismus oder Schwarzmarktgeschäfte an erster Stelle. Es handelte sich hierbei um Verhaltensweisen, die von rumänischer Seite als ethisch durchaus unproblematisch eingeschätzt wurden.[27] Ernüchternd kommen Zhan Su und Andre Richelieu in ihrer

---

25　Vgl. *Deshpande, Satish P.* et al.: Ethical Climates and Managerial Success in Russian Organizations, in: Journal of Business Ethics: Vol. 23, 2/2000. S. 211 – 217 u. *Meirovich, Gavriel* u. *Reichel, Arie*: An Inquiry into the Roots of Illegal Corporate Behaviour in Russia, in: Business Ethics: A European Review: Vol. 9, 3/2000. S. 133

26　Vgl. *Deshpande, Satish P.* et al.: Perceptions of Proper Ethical Conduct of Male and Female Russian Managers, in: Journal of Business Ethics: Vol. 24, 2/2000. S. 179 – 183.

27　Vgl. *Su, Zhan* und *Richelieu, Andre*: Western Managers Working in Romania: Perception and Attitude Regarding Business Ethics, in: Journal of Business Ethics: Vol. 20, 2/1999. S. 138 f.

Studie zu dem Ergebnis: „...in einer Welt zunehmenden Wettbewerbs muss sich Rumänien, ebenso wie die Staaten Mittel- und Osteuropas unverzüglich anpassen und die Regeln jenes Spiels lernen, von dem sie fünfzig bis siebzig Jahre ausgeschlossen waren. Als Teil des Rekonstruktionsprozesses der mittelosteuropäischen Gesellschaften erweisen sich moralische Werte als essentiell, insofern sie den Fortschritt der wirtschaftlichen und sozialen Entwicklung über Jahre hinaus beeinflussen werden."[28] In ähnlicher Weise schildert Leonora Fuxman die Erfahrungen westlicher Unternehmer in der Ukraine. Hier hätten insbesondere Verhaltensweisen wie beispielsweise Vertragsbruch oder Veruntreuung eine Dimension angenommen, die für westliche Geschäftsleute schlicht unbegreiflich ist.[29] Ebenso berichtet Geroge J. Neimanis, dass Materialdiebstähle, widerrechtliche Benutzung von Firmeneigentum etc. in Litauen zum gesellschaftlich akzeptierten Erbe des Sowjet-Regimes zählten. Niemand würde einem Arbeitnehmer derartiges überhaupt vorwerfen wollen, schließlich sei er ja ärmer als sein Arbeitgeber.[30]

Macht man sich an dieser Stelle bewusst, dass es zum einen Aufgabe der Wirtschaftsethik im weitesten Sinne ist, sich mit den bestehenden oder nicht bestehenden moralischen Voraussetzungen von Wirtschaftssystemen im Allgemeinen auseinanderzusetzen – z.B. Vertragstreue, Arbeitsmoral etc. –, sich zum anderen aber mit der „moralischen Verbesserung" bestehender Wirtschaftssysteme durch ethische Normen im Besonderen zu beschäftigen – i.e. Steuerungsinstrumente bei Marktversagen, Verbesserung der „Unternehmensmoral" etc. –, wird zweierlei deutlich: Zum einen sind die derzeit dominanten Werthaltungen in den mittelosteuropäischen Gesellschaften nicht immer mit den moralischen Anforderungen eines marktwirtschaftlichen Systems vereinbar. Zwar scheinen Werte wie Professionalität, Regelbefolgung oder Orientierung am Gesamtwohl des Unternehmens prima facie auf eine hohe Kompatibilität von „marktwirtschaftlich notwendiger Moral" und individuellen Werthaltungen hinzuweisen, jedoch ergeben sich auf den zweiten Blick offene Fragen hinsichtlich dessen, was hier unter Professionalität oder Gemeinwohlorientierung verstanden wird.

---

28  *Su, Zhan* und *Richelieu, Andre*: Western Managers Working in Romania: Perception and Attitude Regarding Business Ethics, a.a.O. S. 145.

29  Vgl. *Fuxman Leonora*: Ethical Dilemmas of Doing Business in Post-Soviet Ukraine, in: Journal of Business: Vol. 16, 12-13/1997. S. 1276 ff.

30  Vgl. *Neimanis, George J.*: Business Ethics in the Former Soviet Union: A Report, in: Journal of Business Ethics: Vol. 16, 3/1997. S. 359; vgl. auch *Sexty, Robert W.*: Teaching Business Ethics in Transitional Economies: Avoiding Ethical Missionary, in: Journal of Business Ethics: Vol. 17, 12/1998. S. 1312.

Die Offenheit mit der Datenmanipulation, Betrügerein etc. zum „Wohle der Abteilung" als Normalzustand eingestanden werden, lässt den Schluss zu, dass es sich hier um eine dem westlichen Verständnis diametral entgegengesetzte Lesart von Professionalität handeln dürfte. Noch problematischer erscheinen zudem jene Normalitäten, die hinsichtlich der Privatnutzung von Firmeneigentum, der Fehlzeiten am Arbeitsplatz etc. geschildert wurden. Alles in allem scheinen viele der insbesondere von Deshpande et al. und Su/Richelieu genannten Werthaltungen für das Funktionieren anonymisierter, auf marktlichem Austausch basierender Wirtschaftssysteme geradezu kontraproduktiv zu wirken.

Zum anderen wird Wirtschafts- und Unternehmensethik in ihrer Funktion als kritische Reflexionsebene für unternehmerisches Handeln nur unzureichend wahrgenommen. Markt und Moral erscheinen als zwei Welten, die wechselseitig nichts miteinander zu tun haben.[31] Weder werden die herrschenden ökonomischen Bedingungen als bedingt durch unmoralisches Verhalten angesehen noch wird eine Verbesserung der als ungerecht empfundenen Marktergebnisse durch „wirtschaftsethische Maßnahmen" angestrebt. Mit anderen Worten: Wirtschaftsethik wird – wenn überhaupt – allenfalls in ihrer Funktion zur Abschaffung von als offensichtlich unmoralisch verstandenen Handlungen einzelner gesehen, nicht jedoch in ihrer Funktion der ethischen Reflexion wirtschaftlichen und unternehmerischen Handelns insgesamt. Überwiegend herrscht hier die Tendenz, für das ökonomische Fehlverhalten einzelner letztlich den Staat verantwortlich zu machen. Dies gilt für den betrügerischen Bankrott einzelner Firmen, die so Tausende von Anlegern um ihre Einlagen bringen, ebenso, wie beispielsweise für Veruntreuungen seitens der in den letzten Jahren neu entstandenen Privatbanken.[32] Die starke Fokussierung auf das Wohl des Unternehmens oder der Abteilung oder auch die Mitarbeiterorientierung an Vorschriften und Regeln wie sie hier u.a. in der Studie von Deshpande et al. zum Ausdruck kommt, lässt vermuten, dass sich die ethische Reflexion wirtschaftlichen Handelns im präkonventinellen oder allenfalls im konventionellen Bereich abspielt. Gehorsam gegenüber dem

---

31 Vgl. zur weiteren Interpretation der „Zwei-Welten-Konzeption" u.a. *Ulrich, Peter*: Integrative Wirtschaftsethik – Grundlagen einer lebensdienlichen Ökonomie, Bern 1997. S. 106 u. *Ulrich, Peter*: Die Weiterentwicklung der ökonomischen Rationalität. Zur Grundlegung der Ethik der Unternehmung, in: *Bievert, Bernd* u. *Held, Martin* (Hrsg.): Ökonomische Theorie und Ethik, Frankfurt am Main 1987. S. 122 - 126 u. 134 f.

32 Vgl. hierzu u.a. *Neimanis, George J.*: Business Ethics in the Former Soviet Union: A Report, a.a.O. S. 358 f. u. *Ciulla, Joanne B.*: Business Ethics in a New Russia, in: Business Ethics: A European Review: Vol. 3, 1/1994. S. 5.

Staat und den Vorgesetzten, wechselseitige Vorteilnahme und die Erhaltung der sozialen Beziehungen innerhalb der Gruppe genügen als Legitimationsgrundlage für die als normal akzeptierten Verhaltensweisen.

## 3.2. Die Frage nach den Rahmenbedingungen moralischen Handelns

Wie James C. Wimbush in einer Studie aus dem Jahre 1999 verdeutlicht, sind es aber gerade jene Gruppen auf der Stufe des präkonventionellen und konventionellen moralischen Urteilsvermögens, die in ihrer Motivation zu moralischem Handeln in besonderer Weise von „Umweltfaktoren" abhängig sind.[33] Interessanter scheint daher die in den angeführten Studien zu den moralischen Werthaltungen in postkommunistischen Ländern nicht explizit thematisierte Frage nach den Motivationslagen für tatsächliches moralisches Verhalten. Hier sind es neben der bereits erwähnten Erziehung oder dem Vorbild der Vorgesetzten auch situationsspezifische Variablen, die dafür verantwortlich sind, inwieweit Individuen sich moralisch engagieren. So legen einerseits auf der psychologischen Ebene Überzeugungen wie Altruismus, Loyalität oder Aufrichtigkeit als individuelle Werthaltungen und Grundorientierungen bestimmte Handlungsoptionen fest. Andererseits sind es aber auch vielfach externe Faktoren, wie Organisationskultur, Charakteristik der Arbeit, Gruppenerwartungen u.ä., die das Moralverhalten des einzelnen beeinflussen. Dabei kommen Chris Robertson und Paul Fadil zu dem Schluss, dass sowohl die individuellen Faktoren als auch die situationsspezifischen Faktoren, die das ethische Verhalten von Managern bestimmen, letztlich von der nationalen Kultur des Managers mitbeeinflusst werden.[34] Interessant scheint dabei, so beide Autoren, dass offensichtlich Kulturen mit einer stärkeren individualistischen Ausprägung wesentlich stärker dem moralischen Muster eines aufgeklärten Egoismus, i.e. der langfristigen individuellen Nutzenmaximierung, folgen, während Kulturen mit einer eher kollektivistischen Grundorientierung ihr Verhalten in weit stärkerem Maße an einer utilitaristischen Philosophie, i.e. Nutzenmaximierung der Gemeinschaft, orientieren. Geht man mithin davon aus, dass Kultur mittelbar über individuelle wie auch kontextabhängige Faktoren Einfluss auf moralisches Verhalten gewinnt, muss sie letztlich als zusätzlicher Einflussfaktor auf Moralverhalten gesehen werden.

---

33 Vgl. *Wimbush, James C.*: The Effect of Cognitive Moral Development and Supervisory Influence on Subordinates Ethical Behavior, a.a.O. S. 386 – 389.

34 Vgl. *Robertson, Chris* u. *Fadil, Paul A.*: Ethical Decision Making in Multinational Organizations, a.a.O. S. 390.

Um sich eine Übersicht über diese einzelnen Einflussfaktoren auf das Moralverhalten von Individuen – zumindest in theoretischer Hinsicht – zu verschaffen,
läßt sich folgende Einteilung zugrunde legen.

|  | Formale Strukturen | Informelle Strukturen |
|---|---|---|
| Makro-ebene | *Sozialer Ordnungsrahmen*<br>Rechtsordnung<br>Eigentumsordnung | *Kultureller Hintergrund*<br>Traditionen<br>Gesellschaftliche Erwartungen |
| Meso-ebene | *Organisatinaler Ordnungsrahmen*<br>Organisationsstruktur<br>Rechtsform | *Organisationeller Hintergrund*<br>Organisationskultur<br>Gruppenanforderungen |
| Mikro-ebene | *Individualer Ordungsrahmen*<br>Rolle<br>Entscheidungskompetenzen | *Individueller Hintergrund*<br>Normen und Werthaltungen<br>Fähigkeiten und Kenntnisse |

Es genügt also nicht, lediglich die Rolle der moralischen Erziehung als aus-
schließlichen Einflussfaktor für das tatsächlich geäußerte Moralverhalten heran-
zuziehen. Die Durchsetzung des als richtig Erkannten hängt in mindestens ebenso starkem Maße von den gesellschaftlichen oder organisatorischen Widerstän-
den ab, die dieser Verhaltensdisposition entgegenstehen.[35] Allerdings bleibt die
Verbesserung der individuellen moralischen Kompetenzen Voraussetzung auch
für die Einsicht in die Notwendigkeit einer Veränderung der das moralische
Verhalten hemmenden äußeren Faktoren.

Betrachtet man die oben genannten Einflussbereiche auf das moralische
Handeln im einzelnen, lassen sich die jeweiligen Einflussfaktoren holzschnittar-
tig wie folgt charakterisieren:

(1) Formale Strukturen der Makroebene – „Sozialer Ordnungsrahmen":

Rechtssystem, Eigentumsordnung, Steuergesetzgebung, Umweltrichtlinien etc.
bestimmen insbesondere in legalistisch ausgerichteten Unternehmen einen Groß-
teil der Managemententscheidungen. Inwieweit das Recht hier seiner Steuerfunk-
tion gerecht wird, hängt dabei einerseits vom Sanktionsmechanismus der
Rechtsordnung andererseits aber von der sozialen Akzeptanz der Rechtsnorm

---

35 Vgl. hierzu u.a. *Steinmann, Horst* u. *Löhr, Albert*: Grundlagen der Unternehmensethik, a.a.O. S. 32 – 39 u. *Wimbush James C.*: The Effect of Cognitive Moral Development and Supervisory Influence on Subordinates Ethical Behavior, a.a.O. S. 398.

selbst ab. Franz-Xaver Kaufmann et al. beschreiben die Orientierung am geltenden Recht als einen der dominanten Einflussfaktoren auf Managemententscheidungen. Maßgeblich hierfür sei zum einen die Furcht vor formellen und informellen Sanktionen bei Nichtbefolgung. Zum anderen böte der für alle in gleicher Weise geltende Rechtsrahmen die Sicherheit, dass niemand sich durch Regelverstöße einen Wettbewerbsvorteil verschaffen könne.[36]

In den post-sowjetischen Staaten bilden hier die Auflösung der alten politischen und rechtlichen Strukturen und die mit dem Übergang zu einer neuen Rahmenordnung verbundenen Unsicherheiten ein besonderes Problem. Recht kann hier seine Steuerungsfunktion oftmals nur ungenügend erfüllen, eine konsistente Wirtschaftsordnung ist faktisch nicht existent.[37] Bedeutsam sind hier eine generelle Rechtsunsicherheit, unklare Gesetzgebungskompetenzen, schwache Exekutivorgane und ein nur unzureichend entwickeltes moralisches Bewusstsein gegenüber den neuen Rechtsgütern. Besonders schwer wiegt zudem, dass die post-sowjetischen Staaten zeitgleich demokratische und marktwirtschaftliche Strukturen entwickeln müssen und sich dabei nicht auf die Tradition des einen oder anderen stützen können.[38]

(2) Formale Strukturen der Mesoebene – „Organisationaler Ordnungsrahmen":

Formale Strukturen, wie Organisationsstruktur, Rechtsform der Unternehmung, Grad der Arbeitsteilung, Befehlshierarchien oder die Zuweisung formaler Verantwortungskompetenzen bestimmen den Lösungsraum der den Akteuren zur Verfügung stehenden Handlungsalternativen. Moralisch bessere Handlungsalternativen werden durch Vorgabe dieses Lösungsraums bereits im Vorfeld ausgeschlossen. Arbeitsteiligkeit, Diffusion der Entscheidungskompetenzen und die klassische Befehlshierarchie wirken sich negativ auf das Moralverhalten der einzelnen Mitarbeiter aus. Sie verhindern die Wahrnehmung der Gesamtperspektive, fördern Ressortdenken und verringern das individuelle Verantwortungsempfinden.[39] Die formale Festlegung von Zuständigkeiten, das Auseinan-

---

36 *Kaufmann, Franz-Xaver* u.a.: Ethos und Religion bei Führungskräften, München 1986. S. 68 f. u. 184.

37 Vgl. u.a. *Sidorov, Alexey* u.a.: The Ethical Environment of Russian Business, in: Business Ethics Quarterly: Vol. 10, 4/2000. S. 918 u. *Peterhoff, Reinhard*: Russische Wirtschaftsordnungspolitik, in: Osteuropa Wirtschaft: 4/1999. S. 359 ff.

38 Vgl. *Aßländer*, Lernen von Marx und Lenin? In: Journal for East European Management Studies: Vol. 4, 1/1999. S. 79.

39 Vgl. *Steinmann, Horst* u. *Löhr, Albert*: Grundlagen der Unternehmensethik, a.a.O. S. 32 – 39.

derfallen von Handlungssubjekt und Verantwortungssubjekt[40] und das Bestehen hierarchischer Befehlsketten erschweren moralisches Verhalten.

Besonders problematisch erscheint hier in den Ländern mit Transformations-ökonomien eine häufig anzutreffende Dichotomie zwischen betrieblichen und staatlichen Steuerungsdirektiven. Trotz Privatisierung und Auflösung des staatlichen Komplexes herrscht hier nach wie vor eine enge Verflechtung zwischen Staat und Wirtschaft, die zu Sonderregelungen insbesondere im Steuerrecht und in der Eigentumsordnung führen. Die „staatlichen Eliten" kontrollieren nach wie vor den „privatwirtschaftlichen Sektor" der russischen Wirtschaft in nicht unerheblichem Maße.[41] Hinzu kommen oftmals unklare Rechtsformen und Eigentumsverhältnisse der Betriebe, missverständliche Regelung formaler Kompetenzen und das Fehlen eines objektiven Berichtswesens.

(3) Formale Strukturen der Mikroebene – „Individualer Ordnungsrahmen":

Funktion im Betrieb, formale Rollenanforderungen an den einzelnen Stelleninhaber und hierarchische Festlegung formaler Kompetenzen legen die Handlungsmöglichkeiten des einzelnen im Vorfeld der Entscheidung fest. Weder ist es ihm möglich, jenseits der etablierten formalen Strukturen zu entscheiden noch oftmals seinen moralischen Bedenken innerhalb der Organisation Gehör zu verschaffen. Hinzu kommt zudem häufig eine direkte Abhängigkeit von einem unmittelbaren Vorgesetzten, der über das Wohl und Wehe der Karrierechancen seiner Untergebenen entscheidet. Zahlreiche Fälle von „Whistle-Blowing" – das öffentliche Bekanntmachen ethisch fragwürdiger Praktiken innerhalb der Organisation als letzter Ausweg zur Verhinderung moralisch bedenklicher Handlungen – belegen das Dilemma, dem der einzelne durch Rollenzwang und Loyalitätspflicht einerseits und dem Wunsch, moralisch zu handeln, andererseits ausgesetzt ist.[42]

In den ehemals kommunistischen Ländern scheint es hier zu einem zusätzlichen generellen Rollenkonflikt zu kommen: Der einzelne Mitarbeiter sieht sich einerseits den alten Rollenerwartungen des kommunistischen Systems – wie

---

40  Vgl. *Zimmerli, Walther Ch.*: Wandelt sich die Verantwortung mit dem technischen Wandel? in: *Lenk, Hans* u. *Ropohl, Günter* (Hrsg.): Technik und Ethik, Stuttgart 1987. S. 109.

41  Vgl. u.a. *Sidorov, Alexey* u.a.: The Ethical Environment of Russian Business, a.a.O. S. 918 f.

42  Vgl. hierzu u.a. *Löhr, Albert*: Whistleblowing als Prozess: Auf welche Böden fällt Zivilcourage? in: *Reichold, Hermann* u.a. (Hrsg.): Wirtschaftsbürger oder Marktopfer? München 2001. S. 147 – 152.

personale statt marktliche Steuerung, hierarchische Struktur, Steuerung durch politische Instanzen etc. – gegenüber, andererseits soll er entsprechend den Anforderungen marktwirtschaftlicher Wirtschaftssysteme eine neue „Manager-Rolle" verkörpern. Im Gegensatz zu seinem westlichen Kollegen, sieht sich der mittelosteuropäische Manager somit gleichzeitig zwei Rollenerwartungen ausgesetzt, die weder miteinander noch mit seinen persönlichen moralischen Werthaltungen vereinbar sein müssen.

(4) Informelle Strukturen der Makroebene – „kultureller Hintergrund":

Kulturelles Erbe, gesellschaftliche Erwartungen, Normvorstellungen, Traditionen und historischer Kontext beeinflussen die Motivation zu moralischem Handeln in nicht unerheblichem Maße. Gesellschaftlich als akzeptabel angesehene Verhaltensweisen ebenso wie gesellschaftliche Tabus, die über lange Zeiträume sozialisiert und als Verhaltensstandards eingeübt werden, bilden oftmals den unreflektierten Hintergrund, auf dessen Folie die Motivation zu moralischem Handeln entsteht. Die Erziehung zu gesellschaftlich akzeptiertem Verhalten wirkt selbst durch später eingeübte Verhaltensnormen hindurch, so dass in Konfliktsituationen häufig auf „alte" Verhaltensmuster zurückgegriffen wird.[43] Dies gilt sowohl im Bereich der Werthaltungen und Normen, denen sich der einzelne verpflichtet fühlt, als auch im Bereich der Motive, die ihn letztlich zu „moralischem" Handeln veranlassen.

Zahlreiche Untersuchungen, die sich auf den Kulturhorizont mittelosteuropäischer Manager beziehen, erklären die Schwierigkeiten im Übergang zu demokratischen und marktwirtschaftlichen Ordnungen durch den Verweis auf das „kommunistische Erbe" der jeweiligen Akteure. Normvorstellungen, Traditionen, Rechtsempfinden und historischer Kontext insbesondere der postsowjetischen Manager entsprechen nicht den für demokratische und marktwirtschaftliche Strukturen notwendigen Voraussetzungen. Es herrscht eine latente Aversion gegenüber Privateigentum und freiem Unternehmertum; Eigeninitiative wird nach wie vor skeptisch betrachtet. Hinzu kommt ein starkes Misstrauen gegenüber formalen, auf einem korrekten Berichtswesen basierenden Steuerungsmechanismen.[44]

---

43 Vgl. *Jones, Harold B. Jr.*: The Ethical Leader: An Ascetic Construct, a.a.O. S. 868.

44 Vgl. u.a. *Meirovich, Gavriel* u. *Reichel, Arie*: An Inquiry into the Roots of Illegal Corporate Behaviour in Russia, a.a.O. S. 127 f.

(5) Informelle Strukturen der Mesoebene – „Organisationeller Hintergrund":

Organisationskultur, Gruppenanforderungen und innerbetriebliche Verhaltenserwartungen fördern oder hemmen die Bereitschaft des einzelnen, moralisch zu handeln. Oftmals fällt es ihm schwer, sich entgegen den etablierten Regeln der Gruppe zu verhalten. Strenge Rollenerwartung, hohe Gruppenkohäsion, unklare Prioritäten und Abschottung der Gruppe nach außen sowie der strenge Zusammenhalt der Gruppenmitglieder untereinander machen es dem einzelnen oft unmöglich, eine kritische Distanz zu den in der eigenen Gruppe gelebten Praktiken einzunehmen. Zudem macht häufig eine starke Abgrenzung gegenüber anderen Gruppen die eigene Gruppe für eine Kritik des Gruppenverhaltens von außen nahezu unempfänglich. Mindestens insgeheim wird hier vom einzelnen Entscheidungsträger die Durchsetzung ökonomischer Zielvorgaben erwartet; ethisch-moralische Zielvorgaben treten in den Hintergrund, sie gelten als allenfalls zulässig, solange sie die ökonomischen Primärziele nicht gefährden.[45]

Geht man von den unter 2.1. angeführten Untersuchungen aus, ergibt sich hier ein sehr heterogenes Bild der jeweiligen Erwartungen in Unternehmen. Auf der einen Seite stehen hier Verhaltenserwartungen wie Förderung der Gemeinschaftsinteressen, Erhalt des Kollektivs usw. Auf der anderen Seite stehen diesen Werten das illusionslose Eingeständnis egoistischen Verhaltens und Schädigung der Gruppe zum eigenen Vorteil gegenüber.[46] Entsprechend problematisch erscheint es, Aussagen über den „organisationellen Hintergrund" speziell in Organisationen der Transformationsökonomie machen zu wollen. Mit Sicherheit jedoch ergeben sich gerade aus diesen beiden unterschiedlichen Gruppen organisationeller Verhaltenserwartungen zusätzliche Schwierigkeiten bei der Durchsetzung moralischer Werthaltungen.

(6) Informelle Strukturen der Mikroebene – „Individueller Hintergrund":

Auf der Mikroebene sind es informelle Faktoren wie individuelle Normen, Werthaltungen, Fähigkeiten und Kenntnisse, die über die Bereitschaft zu morali-

---

45 Vgl. *Steinmann, Horst* u. *Löhr, Albert*: Grundlagen der Unternehmensethik, a.a.O. S. 40 – 46.

46 Vgl. u.a. *Deshpande, Satish P.* et al.: Ethical Climates and Managerial Success in Russian Organizations, a.a.O., *Deshpande, Satish P.* et al.: Perceptions of Proper Ethical Conduct of Male and Female Russian Managers, a.a.O., *Su, Zhan* und *Richelieu, Andre*: Western Managers Working in Romania: Perception and Attitude Regarding Business Ethics, a.a.O., *Fuxman Leonora*: Ethical Dilemmas of Doing Business in Post-Soviet Ukraine, a.a.O. u. *Neimanis, George J.*: Business Ethics in the Former Soviet Union: A Report, a.a.O.

schem Handeln entscheiden. Gerade hier spielen das moralische Urteilsvermögen, die Reflexionsebene, auf der eine Auseinandersetzung mit den moralischen Anforderungen des Betriebsalltags stattfindet, oder die Bereitschaft, anderen in ihrem unmoralischen Verhalten zu folgen, i.e. sich dem Gruppenzwang zu beugen, eine herausragende Rolle. Dies ist oftmals gekoppelt an subjektive Faktoren, wie Artikulationsfähigkeit, Selbstbewusstsein, Intelligenz oder informeller Status innerhalb der Gruppe. Untersuchungen, insbesondere von James C. Wimbush, zeigen, dass hier die Reflexionsebene, auf der die moralische Urteilsfindung stattfindet, von besonderer Bedeutung ist: Personen, deren Urteilsvermögen die postkonventionelle Ebene erreicht hat, lassen sich in signifikant geringerem Maße durch unmoralisches Verhalten anderer beeinflussen und wesentlich leichter zu moralischem Handeln motivieren.[47] Allerdings führt das Erreichen der postkonventionellen Phase nicht zwangsläufig zu moralischem Handeln.

In den postsowjetischen Gesellschaften ergibt sich hierbei insbesondere das Problem, dass gerade die Gruppe der über 40-jährigen häufig noch den überkommenen Werthaltungen der sowjetischen Gesellschaft anhängt. Ökonomie wird in diesem Sinne als „wertfrei" angesehen, da es staatliche Aufgabe sei, Wirtschaft zum Wohle der Partei und der Gesellschaft zu steuern. Ökonomie bildet in der Vorstellungswelt des „homo sowjeticus" kein eigenes „System", sie ist vielmehr Ausdruck staatlichen Ordnungswillens. Ungerechtigkeiten werden daher nicht einem schlecht organisierten Wirtschaftsgefüge oder dem unmoralischen Handeln einzelner Wirtschaftssubjekte zugeschrieben, sondern vielfach der staatlichen Ordnungsmacht angelastet.[48] Entsprechend hoch ist umgekehrt die Bereitschaft, staatliche Direktiven unhinterfragt als gültig anzuerkennen; ein kritisches demokratisches und moralisches Bewusstsein scheint nur schwach entwickelt.

Die Motivation zu richtigem Handeln hängt also von unterschiedlichen formalen und informellen Einflussfaktoren ab. Viele Autoren aus dem Bereich der Wirtschafts- und Unternehmensethik beschäftigen sich jedoch ausschließlich mit den formalen Barrieren, die moralisches Handeln in Unternehmen behindern können oder fördern sollen. Stillschweigend wird hier angenommen, dass eine Beseitigung derartiger Barrieren ausreichen würden, moralisches Verhalten hervorzurufen. Dies ist jedoch nicht der Fall. James C. Wimbush kommt in seiner

---

47  Vgl. *Wimbush, James C.*: The Effect of Cognitive Moral Development and Supervisory Influence on Subordinates Ethical Behavior, a.a.O. S. 386 f.

48  Vgl. hierzu u.a. *Sidorov, Alexey* u.a.: The Ethical Environment of Russian Business, a.a.O. S. 921.

Studie über das Moralverhalten in Unternehmen zu dem Ergebnis, dass selbst Personen, die ein moralisches Urteilsvermögen der postkonventionellen Phase besitzen, zwar schwerer zu unmoralischem Verhalten zu veranlassen sind und auch sichtlich leichter dem moralischen Beispiel anderer folgen, nicht aber in einem Klima der Unmoral zu „moralischen Helden" würden. Man geht also fehl in der Annahme, dass allein die Beseitigung formaler Handlungsbeschränkungen automatisch eine Anhebung der Mitarbeitermoral zur Folge hätte. Es bedarf weiterer „Motivators", um Mitarbeiter tatsächlich zu moralischem Handeln zu veranlassen. Nicht „zur Unmoral gezwungen sein" und nicht „in der Ausübung seiner moralischen Pflichten behindert sein" garantiert per se noch kein Motiv für moralisches Handeln, sondern erleichtert lediglich dessen Wirksamwerden.

### 4. Perspektiven der moralischen Erziehung in Mittelosteuropa

Transformationsökonomien werden irrtümlich als zeitlich begrenztes Übergangsphänomen eingestuft.[49] Diese Meinung herrscht dabei nicht nur in den westlichen Staaten vor, die prinzipiell versucht sind, rein ökonomische Aufbauhilfe zu leisten, in der Hoffnung, nach einer (möglichst kurzen) Übergangsphase westlich erprobte „Wirtschaftsmoral" in Anwendung bringen zu können. Auch in den Ländern mit Transformationsökonomien wird Wirtschaftsethik häufig aus dieser Perspektive gesehen: Ein Teil der ethischen Probleme in Transformationsökonomien resultiert entsprechend dieser Sichtweise aus dem kommunistischen Erbe, ein zweiter Teil ist speziell der Übergangsphase geschuldet und ein dritter Teil an ökonomisch-moralischen Problemen schließlich hängt mit den Besonderheiten der kapitalistischen Wirtschaftsweise per se zusammen. Insbesondere werden das Fehlen adäquater rechtlicher und politischer Strukturen und der schwierige Suchprozess nach neuen Werten und Normen von vielen Autoren als Grund für die gängigen (un)moralischen Wirtschaftspraktiken innerhalb des Transformationsprozesses angeführt.[50] Viele dieser Probleme werden sich von selbst auflösen – so die gängige Meinung –, wenn die neuen ökonomischen Strukturen etabliert sind, sich das marktwirtschaftliche Denken durchgesetzt hat und die entsprechenden politischen und rechtlichen Rahmenbedingungen den

---

49  Vgl. u.a. *Aßländer, Michael*: Lernen von Marx und Lenin? a.a.O. S. 78 f.

50  Vgl. u.a. *Meirovich, Gavriel* u. *Reichel, Arie*: An Inquiry into the Roots of Illegal Corporate Behaviour in Russia, a.a.O. S. 132 f. u. *Sidorov, Alexey* u.a.: The Ethical Environment of Russian Business, a.a.O. S. 918 ff.

westlichen Standards angeglichen sind.[51] Tatsächlich aber ist es insbesondere vielen der vormaligen Sowjetrepubliken bisher weder gelungen, ein adäquates Rechts- und Verwaltungssystem zu etablieren noch neue ökonomische Strukturen und neue moralische Werte zu entwickeln. „Nach nunmehr annähend 14 Jahren wirtschaftlicher Reformbemühungen (...) muss Ende der 90er Jahre konstatiert werden, dass eine komplex angelegte und konsistente Gesamtkonzeption für eine marktwirtschaftlich orientierte Wirtschaftsordnung in der russischen Politik noch immer fehlt. Eine russische ‚Wirtschaftsordnung' ließ und lässt sich im eigentlichen nur als eine Ansammlung inkonsistenter ordnungspolitischer Versatzstücke erkennen...“[52]

Es scheint sich dabei also keineswegs lediglich um ein „Übergangsphänomen" zu handeln. Betrachtet man die oben geschilderten Einflussfaktoren auf moralisches Handeln, stellt man fest, dass gerade die im Bereich der informellen Strukturen genannten Bestimmungsgrößen, wie kulturelle Hintergrundüberzeugungen, gesellschaftlich etablierte Verhaltensmuster, Gruppenerwartungen, individuelle Normen und Werthaltungen etc. nur langsam und allmählich veränderbar sind. Entsprechend gilt es zu fragen, wie unter den Bedingungen von Transformationsökonomien überhaupt einer adäquaten Wirtschaftsmoral zum Durchbruch verholfen werden soll. Hier stehen sich langfristig wirksame Hintergrundüberzeugungen auf der einen Seite und der Wunsch nach einem möglichst kurzfristigen und schmerzlosen Übergang zu marktwirtschaftlichen Strukturen auf der anderen Seite scheinbar unüberbrückbar gegenüber. Es gilt, eine „Wirtschaftsethik der Übergangszeit" zu etablieren, die einerseits versucht, den dominierenden Einstellungen innerhalb der Bevölkerung gerecht zu werden und in ihren kontraproduktiven Auswirkungen auf die Etablierung der neuen Wirtschaftsordnung zu dämpfen, die aber andererseits auch in der Lage ist, diese

---

51  Vgl. u.a. *Bohatá, Marie*: Business Ethics in Central and Eastern Europe with Special Focus on the Czech Republik, in: Journal of Business Ethics: Vol. 16, 14/1997. S. 1575, *Sidorov, Alexey* u.a.: The Ethical Environment of Russian Business, a.a.O. S. 16 f. u. 21 u. *Filatov, Alexander*: Unethical Business Behavior in Post-Communist Russia: Origins and Trends, in: Business Ethics Quarterly: Vol. 4, 1/1994. S. 12 ff.

52  *Peterhoff, Reinhard*: Russische Wirtschaftsordnungspolitik, a.a.O. S. 360. Zur Problematik des Russischen Steuersystems vgl. auch. *Meirovich, Gavriel* u. *Reichel, Arie*: An Inquiry into the Roots of Illegal Corporate Behaviour in Russia, a.a.O. S. 129 ff. Einen Überblick über die einzelnen Phasen der wirtschafts- und sozialpolitischen Reformen geben *Haarland, Hans Peter* u. *Niessen, Hans-Joachim*: Der Transformationsprozess in Russland – Ergebnisse einer empirischen Untersuchung, Bonn 1997. S. 115 – 131.

Einstellungen im Sinne der marktwirtschaftlichen Anforderungen langfristig zu ändern.

Die Anforderungen an eine Wirtschaftsethik in den mittelosteuropäischen Staaten mit Transformationsökonomien scheinen dabei ungleich viel höher zu sein als im Westen. Einerseits weisen fast alle moralisches Verhalten begrenzende Faktoren, sowohl auf der formalen wie auch auf der informellen Ebene, negative Vorzeichen auf. Die „Widerstände", die der einzelne für moralisches Handeln in einer derartigen „moralfeindlichen Umwelt" überwinden muss, um seinen Handlungswillen durchzusetzen, vermindern die Wahrscheinlichkeit, dass seine moralischen Einstellungen tatsächlich handlungswirksam werden. – Ein Problem, dem sich viele der westlichen Investoren in postkommunistischen Ländern in gleicher Weise wie einheimische Unternehmer ausgesetzt sehen.[53] – Andererseits sind es gerade die individuellen Einstellungen des einzelnen, sein moralisches Urteilsvermögen und sein moralisches Beispiel, die langfristig zu einer Veränderung der moralischen Einstellungen innerhalb der postkommunistischen Gesellschaften und insgesamt zur Verbesserung der formalen und informellen Rahmenbedingungen in diesen Ländern beitragen können.

Mittelosteuropäische Unternehmer müssen lernen, Wirtschaftsethik in ihrer kritischen Funktion zur Begrenzung unmoralischer wirtschaftlicher Aktivitäten zu sehen und nicht als kulturelle Legitimationsinstanz individueller Nutzenmaximierung.[54] Ziel einer moralischen Erziehung muss es sein, hierfür ein Bewusstsein zu schaffen. In Ländern mit ungenügenden rechtlichen und politischen Rahmenbedingungen scheint dies jedoch mehr als problematisch. „Man muss die Umstände, wie sie in Übergangsökonomien herrschen, berücksichtigen. Ethik kann nicht höchste Priorität besitzen, wenn andere drückende Probleme herrschen, wie: das Fehlen einer physischen Infrastruktur, ein schwaches Rechtssystem mit Defiziten im Wirtschaftsrecht, schlechte Produktqualität, die Allgegenwart schwarzer oder krimineller Märkte, das Fehlen einer kohärenten staatlichen Politik und selbst ethnische und regionale Konflikte."[55]

Einer moralischen Erziehung kommt somit eine zweifache Funktion zu: Sie muss zum einen – ganz im Sinne der klassischen Wirtschaftsethik – theoretisches

---

53 Vgl. *Filatov, Alexander*: Unethical Business Behavior in Post-Communist Russia: Origins and Trends, a.a.O. S. 12.

54 Vgl. *Apressyan, Ruben G.*: Business Ethics in Russia, in: Journal of Business Ethics: Vol. 16, 14/1997. S. 1569.

55 *Sexty, Robert W.*: Teaching Business Ethics in Transitional Economies: Avoiding Ethical Missionary, a.a.O. S. 1313.

Wissen vermitteln, um so das Moralbewusstsein des einzelnen und sein morali-sches Urteilsvermögen zu verbessern. Hierbei kann es jedoch nicht darum gehen, westliche Werte- und Moralvorstellungen zu exportieren. Vielmehr ist es Ziel, die bestehenden Normen zu hinterfragen, zu kritisieren und zu verbessern, ohne dabei die Anschlussfähigkeit dieser Normen an etablierte Werthaltungen und kulturelle Anschauungen und Traditionen aus den Augen zu verlieren. „Eine freie Marktwirtschaft garantiert nicht automatisch Erfolg. Langfristiger Erfolg tritt nur dann ein, wenn die Gesellschaft Regeln entwickelt, die gleichzeitig den Anforderungen der freien Marktwirtschaft und der Landeskultur entsprechen."[56]

Zum anderen ist es die Aufgabe einer moralischen Erziehung, zu morali-schem Handeln zu ermutigen. Hierzu bedarf es einerseits der Schaffung langfris-tiger Perspektiven, positiver Rollenbilder und selbstredend der Stabilisierung der ökonomischen, politischen und sozialen Gegebenheiten. Andererseits gilt es, Anreizsysteme zu schaffen, die die Bereitschaft und die Motivation zu morali-schem Handeln fördern, aber zugleich auch Sanktionen oder Selbstregulie-rungsmechanismen bereithalten, um unmoralisches Verhalten zu ächten. Entge-gen der schwer ausrottbaren Überzeugung vieler Bürger der vormalig kommu-nistischen Staaten ist es nicht Aufgabe der Regierung, für die Umsetzung einer Moral zu sorgen, sondern es ist die Aufgabe eines jeden einzelnen, hierfür einzu-treten. Rechtliche und politische Rahmenbedingungen können dies zwar erleich-tern, niemals aber ersetzen.

## Literatur

*Apressyan, Ruben G.*, Business Ethics in Russia. In: Journal of Business Ethics: Vol. 16, 14/1997.

*Aristoteles*, Nikomachische Ethik. In: Philosophische Schriften in 6 Bdn., Band 3. Hamburg 1995.

*Aßländer, Michael*, Management und Führungsethik: Durch Führungskultur richtig entscheiden. In: Gablers Magazin: 9/1997.

*Aßländer, Michael*, Instrumente der Unternehmensethik. In: Gablers Magazin: 11-12/1998.

---

56 *Fuxman, Leonora*: Ethical Dilemmas of Doing Business in Post-Soviet Ukraine, a.a.O. S. 1280.

*Aßländer, Michael*, Lernen von Marx und Lenin? In: Journal for East European Management Studies: Vol. 4, 1/1999.

*Bass, Bernard M.* u. a., Transformational Leadership and the Falling Dominoes Effect. In: Group und Organization Studies: Vol 12, 1/1987.

*Bohatá, Marie*, Business Ethics in Central and Eastern Europe with Special Focus on the Czech Republik. In: Journal of Business Ethics: Vol. 16, 14/1997.

*Carlson, Dawn S.* u. *Perrewe, Pamela L.*, Institutionalization of Organizational Ethics Through Transformational Leadership. In: Journal of Business Ethics: Vol. 14, 10/1995.

*Ciulla, Joanne B.*, Business Ethics in a New Russia. In: Business Ethics: A European Review: Vol. 3, 1/1994.

*Damon, William*, Die Moralentwicklung von Kindern. In: Spektrum der Wissenschaft: Oktober 1999.

*Deshpande, Satish P.* et al., Ethical Climates and Managerial Success in Russian Organizations. In: Journal of Business Ethics: Vol. 23, 2/2000.

*Deshpande, Satish P.* et al., Perceptions of Proper Ethical Conduct of Male and Female Russian Managers. In: Journal of Business Ethics: Vol. 24, 2/2000.

*Filatov, Alexander*, Unethical Business Behavior in Post-Communist Russia: Origins and Trends. In: Business Ethics Quarterly: Vol. 4, 1/1994.

*Fuxman Leonora*, Ethical Dilemmas of Doing Business in Post-Soviet Ukraine. In: Journal of Business: Vol. 16, 12-13/1997.

*Garz, Detlef*, Lawrence Kohlberg. Hamburg 1996.

*Haarland, Hans Peter* u. *Niessen, Hans-Joachim*, Der Transformationsprozess in Russland – Ergebnisse einer empirischen Untersuchung. Bonn 1997.

*Hügli, Anton*, Pädagogische Ethik. In: *Pieper, Annemarie* u. *Thurmherr, Urs* (Hrsg.), Angewandte Ethik. München 1998.

*Jones, Harold B. Jr.*, The Ethical Leader: An Ascetic Construct. In: Journal of Business Ethics: Vol. 14, 10/1995.

*Kaufmann, Franz-Xaver* u.a., Ethos und Religion bei Führungskräften. München 1986.

*Kohlberg, Lawrence*, Die Psychologie der Moralentwicklung. Frankfurt am Main 1996.

*Löhr, Albert*, Whistleblowing als Prozess: Auf welche Böden fällt Zivilcourage? In: *Reichold, Hermann* u.a. (Hrsg.), Wirtschaftsbürger oder Marktopfer? München 2001.

*Meirovich, Gavriel* u. *Reichel, Arie*, An Inquiry into the Roots of Illegal Corporate Behaviour in Russia. In: Business Ethics: A European Review: Vol. 9, 3/2000.

*Metzger, Michael* u.a., The Organization of Ethics and the Ethics of Organizations: The Case for Expanded Organizational Ethics Audits. In: Business Ethics Quarterly: Vol. 3, 1/1993.

*Neimanis, George J.*, Business Ethics in the Former Soviet Union: A Report. In: Journal of Business Ethics: Vol. 16, 3/1997.

*Paine, Lynn Sharp*, Managing for Organizational Integrity. In: Harvard Business Review: March-April 1994.

*Peterhoff, Reinhard*, Russische Wirtschaftsordnungspolitik. In: Osteuropa Wirtschaft: 4/1999.

*Piaget, Jean*, Die moralische Entwicklung beim Kinde. Stuttgart 1983.

*Pieper, Annemarie*, Einführung in die Ethik. Tübingen 2000.

*Platon*, Menon. In: Sämtliche Werke in 4 Bdn., Bd. 1, Reinbek 1994.

*Robertson, Chris* u. *Fadil, Paul A.*, Ethical Decision Making in Multinational Organizations. In: Journal of Business Ethics: Vol. 19 4/1999.

*Sexty, Robert W.*, Teaching Business Ethics in Transitional Economies: Avoiding Ethical Missionary. In: Journal of Business Ethics: Vol. 17, 12/1998.

*Sidorov, Alexey* u.a., The Ethical Environment of Russian Business. In: Business Ethics Quarterly: Vol. 10, 4/2000.

*Steinmann, Horst* u. *Löhr, Albert*, Grundlagen der Unternehmensethik. Stuttgart 1994.

*Su, Zhan* u. *Richelieu, Andre*, Western Managers Working in Romania: Perception and Attitude Regarding Business Ethics. In: Journal of Business Ethics: Vol. 20, 2/1999.

*Ulrich, Peter*, Die Weiterentwicklung der ökonomischen Rationalität. Zur Grundlegung der Ethik der Unternehmung. In: *Bievert, Bernd* u. *Held, Martin* (Hrsg.), Ökonomische Theorie und Ethik. Frankfurt am Main 1987.

*Ulrich, Peter,* Integrative Wirtschaftsethik – Grundlagen einer lebensdienlichen Ökonomie. Bern 1997.

*Wimbush, James C.,* The Effect of Cognitive Moral Development and Supervisory Influence on Subordinates Ethical Behavior. In: Journal of Business Ethics: Vol. 18, 4/1999.

*Zimmerli, Walther Ch.,* Wandelt sich die Verantwortung mit dem technischen Wandel? In: *Lenk, Hans* u. *Ropohl, Günter* (Hrsg.), Technik und Ethik. Stuttgart 1987.

*Zimmerli, Walther Ch.* u. *Aßländer, Michael,* Wirtschaftsethik. In: *Nida-Rümelin, Julian* (Hrsg.), Angewandte Ethik. Stuttgart 1996.

# Sachregister

**A**

Aktien (stock)  100, 144, 146, 153, 169, 171, 176, 187, 189f., 196
Altruismus (altruism)  33, 35f., 231
Allokation (allocation)  76, 83, 117, 169
Amerikanisierung (americanization)  54f.
Anreize (incentives)  36, 80f., 112, 114, 120
Anreizsysteme (incentive structures)  149, 224f., 241
Arbeit (labor)  15f., 59, 71, 76, 79, 83, 85f., 95, 99, 144, 185ff., 226, 229, 231, 233
Arbeitsmarkt (labor market)  69, 82, 86, 141

**B**

Bewusstsein (consciousness)  20, 25, 156, 175, 177, 182, 240
  - moralisches (moral)  26, 129f., 132, 135, 191, 217, 220ff., 233, 237, 241
  - Stufen des moralischen (levels of moral)  217-220, 222, 231
Brent Spar  144
Bürger (citizen)  12f., 23, 46-50, 56f., 59, 63f., 107, 115f., 119, 146, 153, 195, 207f., 211
Bürgergesellschaft  *siehe Civil Society*

**C**

Chemical Bank  226
Civil Society  48f., 172, 205
Corporate Citizen  53, 56f., 63, 121
Corporeate Citizenship  23, 57f., 62ff., 95

**D**

Daimler-Chrysler  85
Demokratie (democracy)  50, 54, 73, 75, 109, 116, 120, 158, 190f., 196, 201f., 204ff., 213f., 217, 233, 235, 237
Diskurs (discours)  23f., 70f., 87, 116, 119f., 128, 142, 148, 158, 177, 206f., 212
Diskursethik (discoursethics)  61, 70f., 75, 77, 85, 88, 199, 206
Distribution (distribution)  *siehe Verteilung*

**E**

E-Commerce  149
Economy  155

# AUTOREN- UND HERAUSGEBERVERZEICHNIS

*Aßländer*, Michael S., Dr., Internationales Hochschulinstitut Zittau, Lehrstuhl für Sozialwissenschaften, Markt 23, D-02763 Zittau
Email: asslaender@ihi-zittau.de

*Bolle*, Friedel, Prof. Dr., Europa-Universität Viadrina, Lehrstuhl für VWL/ Wirtschaftstheorie, Große Scharrnstraße 59, D-15230 Frankfurt (Oder)
Email: bolle@euv-frankfurt-o.de

*Breuer*, Markus, Dipl.-Päd., Universität St. Gallen, Institut für Wirtschaftsethik, Guisanstrasse 11, CH-9010 St. Gallen
Email: markus.breuer@unisg.ch

*Dietzfelbinger*, Daniel, Dr., Deutsches Netzwerk Wirtschaftsethik, Mitglied des Vorstandes, Klenzestr. 91, 80469 München
Email: dd@daniel-dietzfelbinger.de

*Ivanov*, Michail Arkadevich, Dr., The Five, Unternehmensberatungsagentur, Schelkovskoe shosse 9-15, RU-105122 Moscow
Email: maivanov@mail.ru

*Joerden*, Jan C., Prof. Dr., Europa-Universität Viadrina Frankfurt (Oder), Lehrstuhl für Strafrecht, insbesondere Internationales Strafrecht und Strafrechtsvergleichung, Rechtsphilosophie, Große Scharrnstraße 59, D-15230 Frankfurt (Oder)
Email: joerden@euv-frankfurt-o.de

*Löhr*, Albert, Dr., Internationales Hochschulinstitut Zittau, Lehrstuhl für Sozialwissenschaften, Markt 23, D-02763 Zittau
Email: loehr@ihi-zittau.de

*Ribhegge*, Hermann, Prof. Dr., Europa-Universität Viadrina, Lehrstuhl für Volkswirtschaftslehre insbesondere Wirtschafts- und Sozialpolitik, Große Scharrnstraße 59, D-15230 Frankfurt (Oder)
Email: ribhegge@euv-frankfurt-o.de

*Shklyarik*, Elena Nikolaevna, Prof. Dr., Moscow State University, Department of Philosophy, Vorobjevy gory, RU-119899 Moscow
Email: shklyarik@mail.ru

*Sidorow*, Alexei Jurievich, Prof. Dr., Moscow Aviation Institut, ul. Novaya Basmannaya d. 16 a, RU-107078 Moscow
Email: sidorow-au@mtu-net.ru

*Sojka*, Jacek, Prof. Dr., Adam Mickiewicz Universität Poznan, ul. Szamarzewskiego 91, PL-60568 Poznan
Email: jsojka@amu.edu.pl

*Steinmann*, Horst, Prof. (em.) Drs. h.c., Universität Erlangen-Nürnberg, Lange Gasse 20, D-90403 Nürnberg
Email: horst.steinmann@wiso.uni-erlangen.de

*Ulrich*, Peter, Prof. Dr., Universität St. Gallen, Institut für Wirtschaftsethik, Guisanstrasse 11, CH-9010 St. Gallen
Email: peter.ulrich@unisg.ch

**Studien zur Ethik
in Ostmitteleuropa**

Herausgegeben von Jan C. Joerden

Axel Gerloff

# Wechselkurspolitik in Mittel- und Osteuropa

Eine theoretische Analyse unter besonderer Berücksichtigung der Erfahrungen der zehn Kandidaten für eine EU-Osterweiterung

Frankfurt/M., Berlin, Bern, Bruxelles, New York, Oxford, Wien, 2001.
261 S., 6 Abb., 13 Tab.
CeGE-Schriften. Bd. 1
Verantwortlicher Herausgeber: Hans-Joachim Jarchow
ISBN 3-631-38269-3 · br. € 40.40*

Aufbauend auf der Analyse des Reformbedarfs zu Beginn der Transformationsprozesse in Mittel- und Osteuropa untersucht die Arbeit anhand von zwei Modellrahmen die Rolle der Wechselkurspolitik beim Übergang zur Marktwirtschaft. Es wird gezeigt, daß die Wahl des optimalen Wechselkurssystems von der relativen Gewichtung der beiden Zielsetzungen „Aufrechterhaltung der internationalen Wettbewerbsfähigkeit" und „makroökonomische Stabilisierung" sowie dem Offenheitsgrad der Volkswirtschaft abhängt. Den Ergebnissen der theoretischen Analyse werden die Erfahrungen der zehn mittel- und osteuropäischen EU-Beitrittskandidaten gegenübergestellt. Ein Ausblick behandelt die wechselkurspolitischen Herausforderungen, die sich für diese Länder aus einer EU-Mitgliedschaft ergeben.

*Aus dem Inhalt:* Ausgangslage und Reformbedarf der Transformationsländer · Modelltheoretische Ansätze für die Wahl des Wechselkurssystems · Wechselkurs- und stabilitätspolitische Erfahrungen der zehn mittel- und osteuropäischen EU-Beitrittskandidaten · Wechselkurspolitik nach dem EU-Beitritt

Frankfurt/M · Berlin · Bern · Bruxelles · New York · Oxford · Wien
Auslieferung: Verlag Peter Lang AG
Jupiterstr. 15, CH-3000 Bern 15
Telefax (004131) 9402131

*inklusive der in Deutschland gültigen Mehrwertsteuer
Preisänderungen vorbehalten
Homepage http://www.peterlang.de